Der Schleim-Reiseführer in das Land der Dämonen 8

Story **Fuse**
Artwork **Sho Okagiri**
Character Design **Mitz Vah**

Inhalt

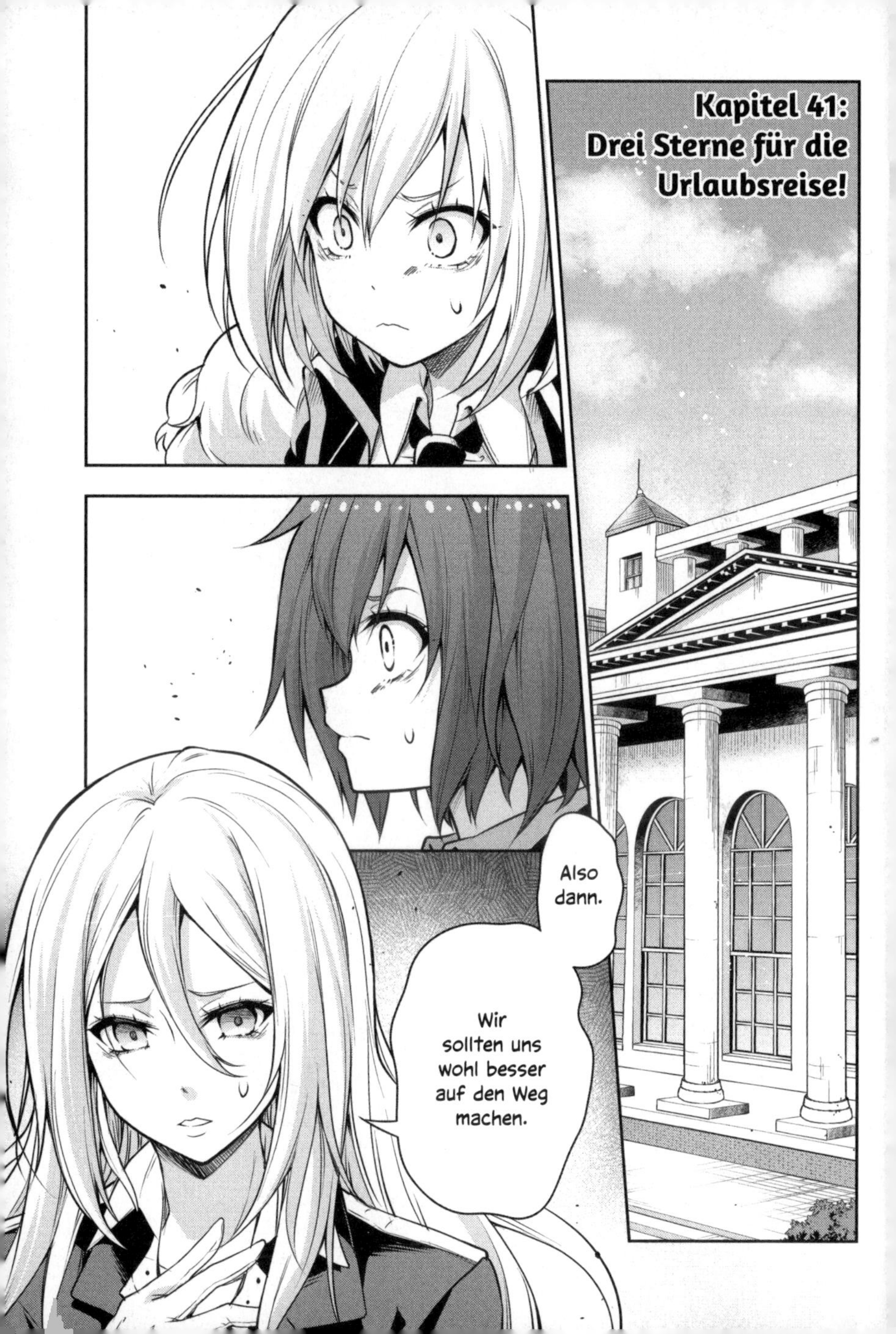
Kapitel 41:
Drei Sterne für die Urlaubsreise!
Also dann.
Wir sollten uns wohl besser auf den Weg machen.

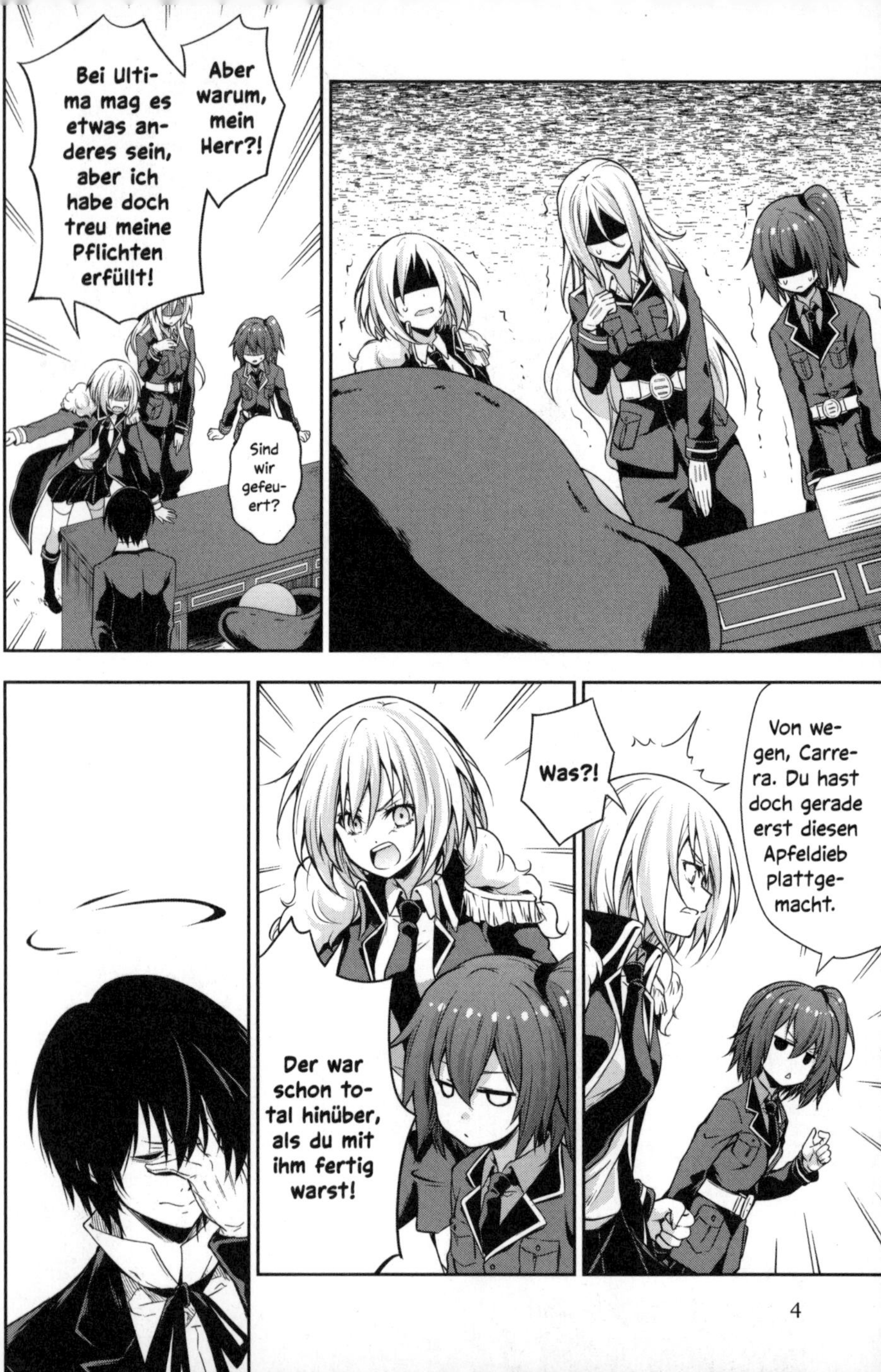
Aber warum, mein Herr?!
Bei Ultima mag es etwas anderes sein, aber ich habe doch treu meine Pflichten erfüllt!
Sind wir gefeuert?
Von wegen, Carrera. Du hast doch gerade erst diesen Apfeldieb plattgemacht.
Was?!
Der war schon total hinüber, als du mit ihm fertig warst!

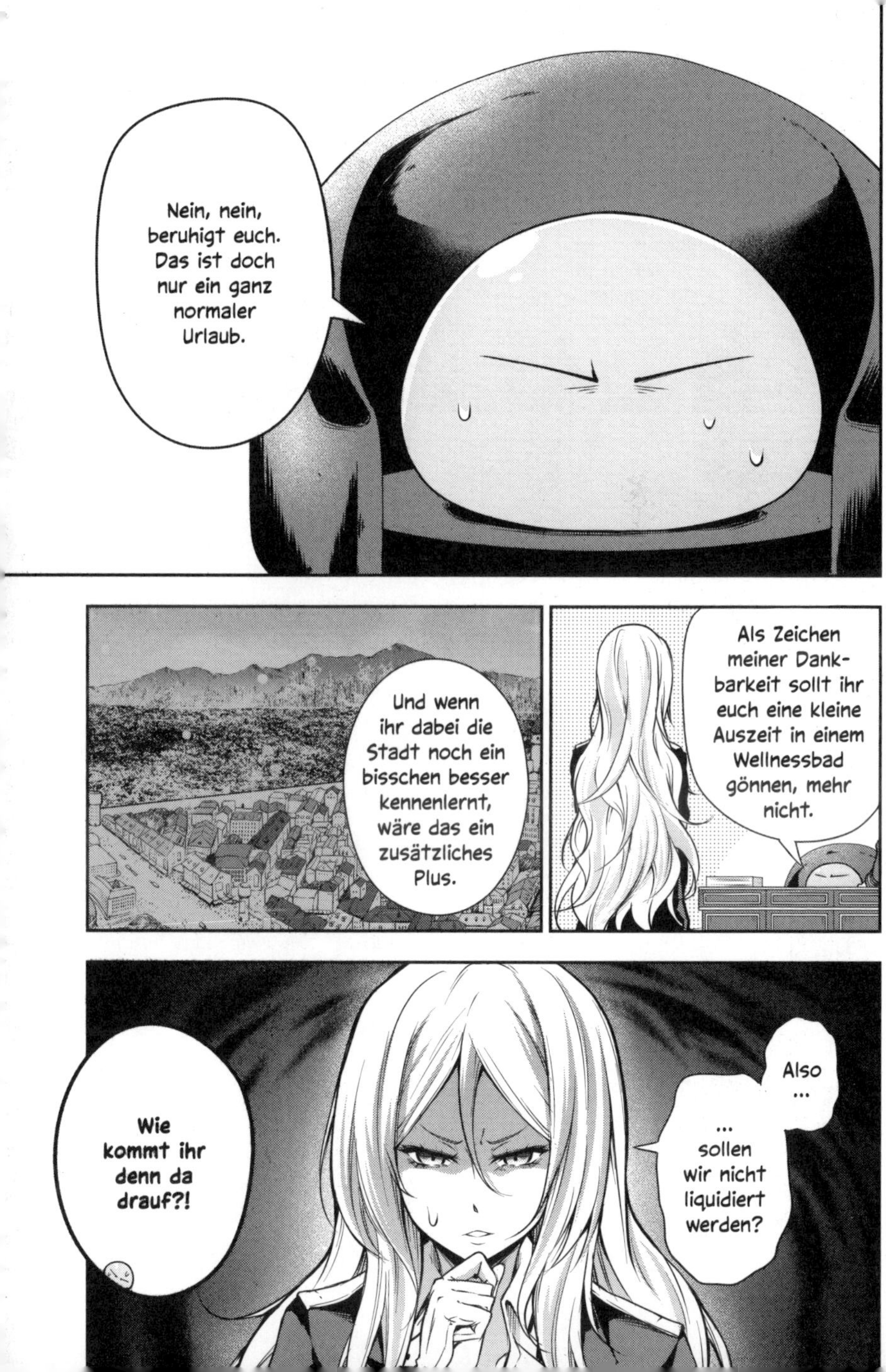
Nein, nein, beruhigt euch. Das ist doch nur ein ganz normaler Urlaub.
Als Zeichen meiner Dank-barkeit sollt ihr euch eine kleine Auszeit in einem Wellnessbad gönnen, mehr nicht.
Und wenn ihr dabei die Stadt noch ein bisschen besser kennenlernt, wäre das ein zusätzliches Plus.
Also …
… sollen wir nicht liquidiert werden?
Wie kommt ihr denn da drauf?!

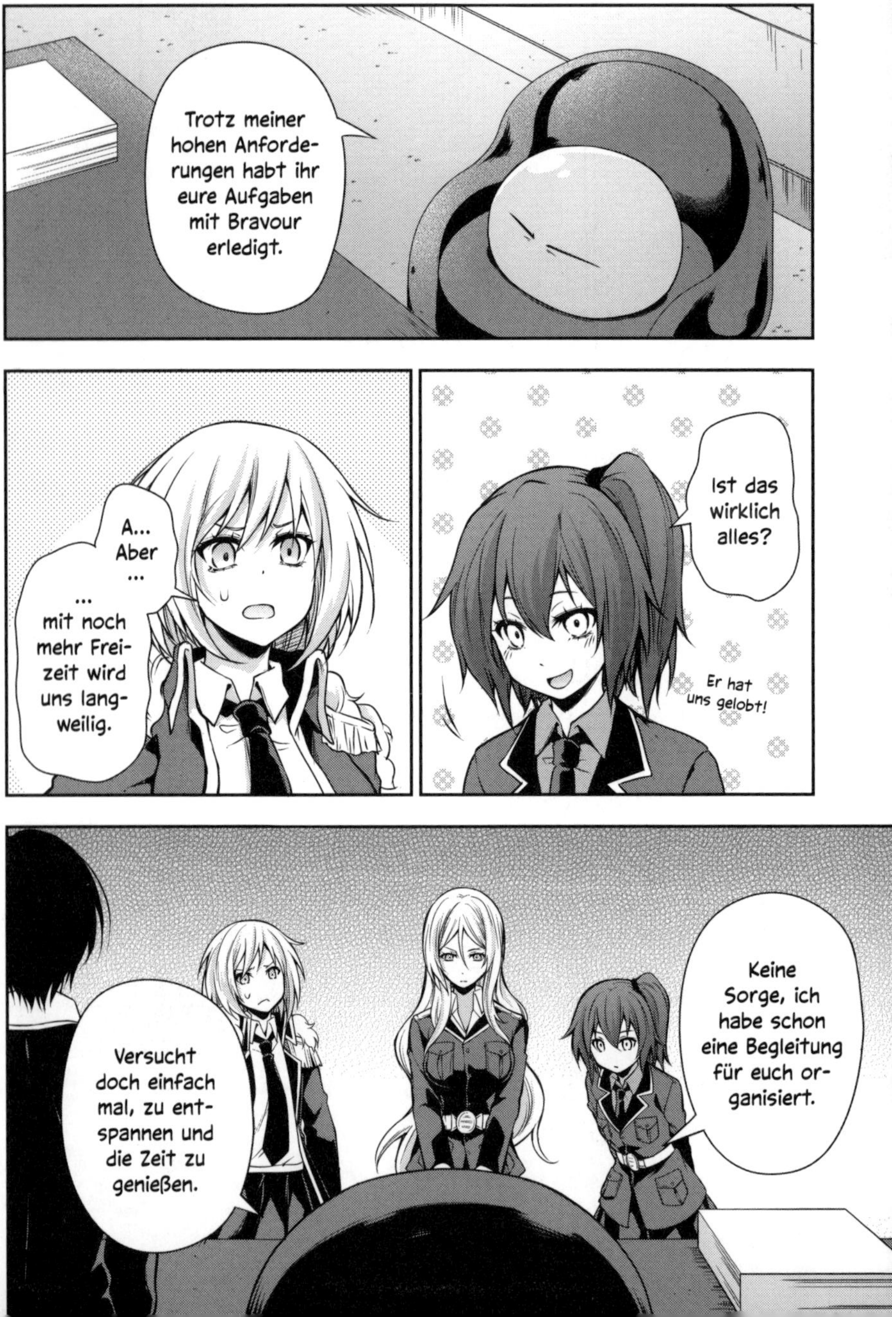
Trotz meiner hohen Anforde-rungen habt ihr eure Aufgaben mit Bravour erledigt.
Ist das wirklich alles?
Er hat uns gelobt!
A... Aber ...
... mit noch mehr Frei-zeit wird uns lang-weilig.
Keine Sorge, ich habe schon eine Begleitung für euch or-ganisiert.
Versucht doch einfach mal, zu ent-spannen und die Zeit zu genießen.

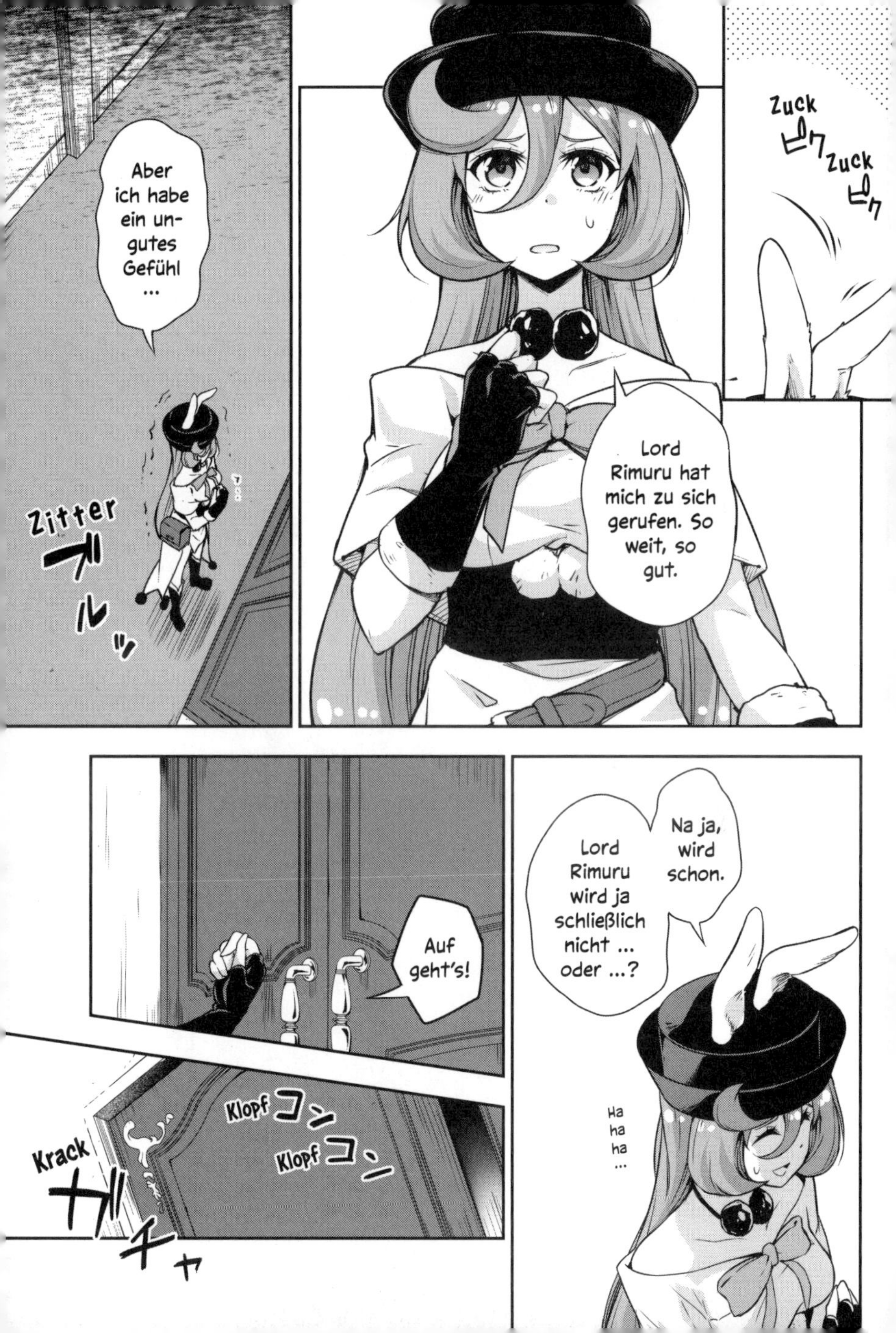
Zuck ピク
Zuck ピク
Lord Rimuru hat mich zu sich gerufen. So weit, so gut.
Aber ich habe ein ungutes Gefühl ...
Zitter ブルッ
Na ja, wird schon.
Lord Rimuru wird ja schließlich nicht ... oder ...?
Ha ha ha ...
Auf geht's!
Klopf コン
Klopf コン
Krack ガチャ

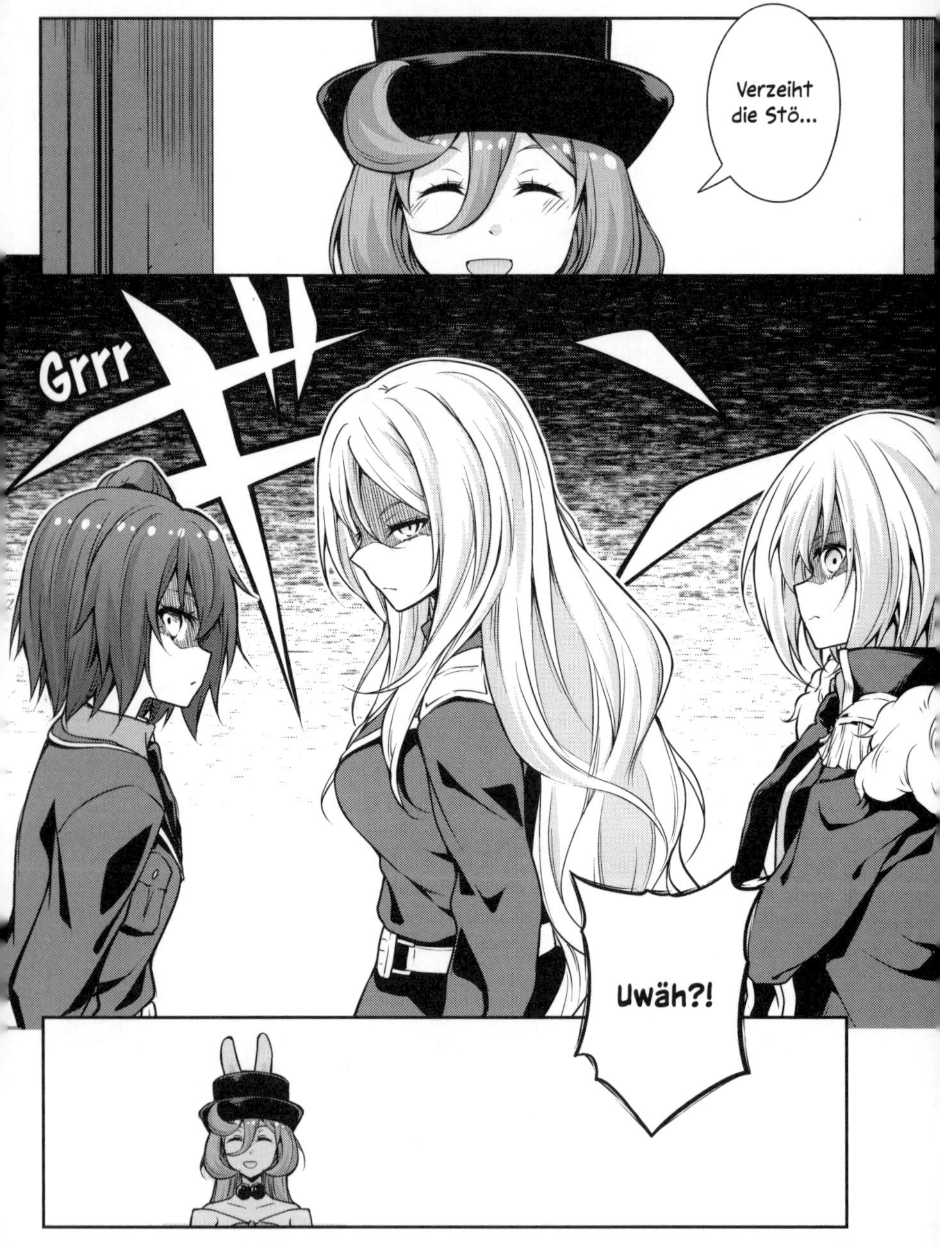
Verzeiht die Stö...
Grrr
Uwäh?!

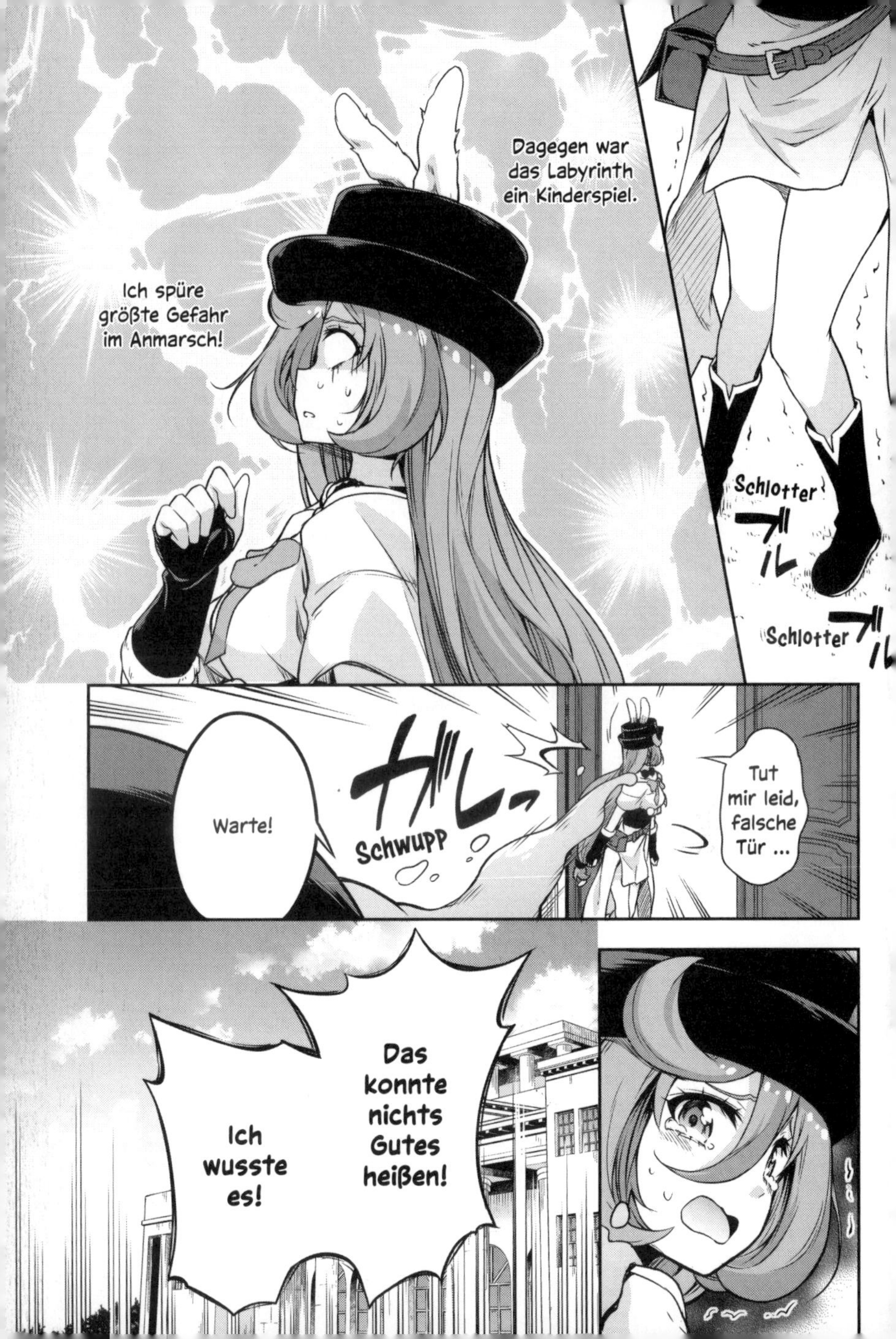
Dagegen war das Labyrinth ein Kinderspiel.
Schlotter
Schlotter
Ich spüre größte Gefahr im Anmarsch!
Tut mir leid, falsche Tür ...
Schwupp
Warte!
Das konnte nichts Gutes heißen!
Ich wusste es!

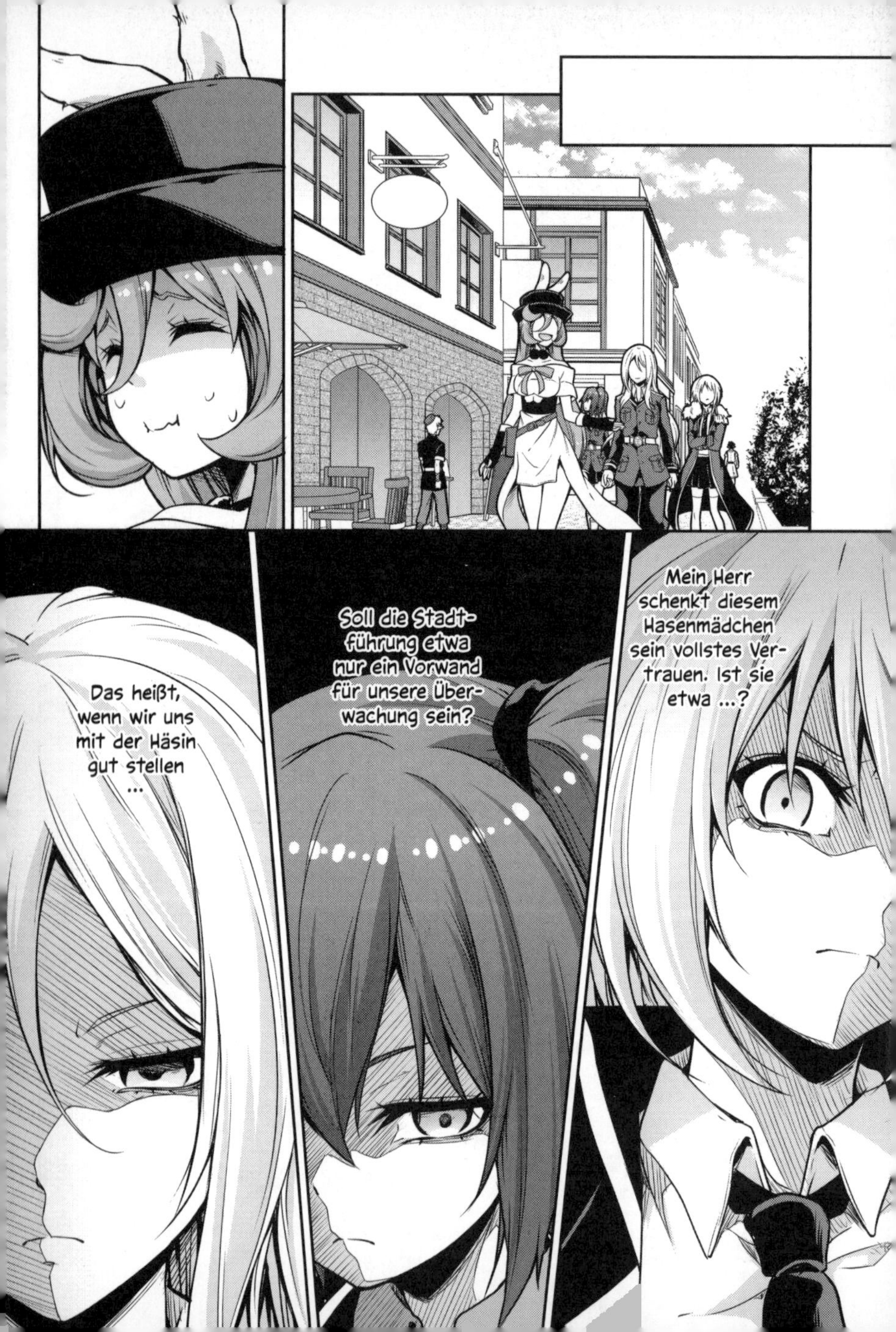
Mein Herr schenkt diesem Hasenmädchen sein vollstes Vertrauen. Ist sie etwa ...?
Soll die Stadtführung etwa nur ein Vorwand für unsere Überwachung sein?
Das heißt, wenn wir uns mit der Häsin gut stellen ...

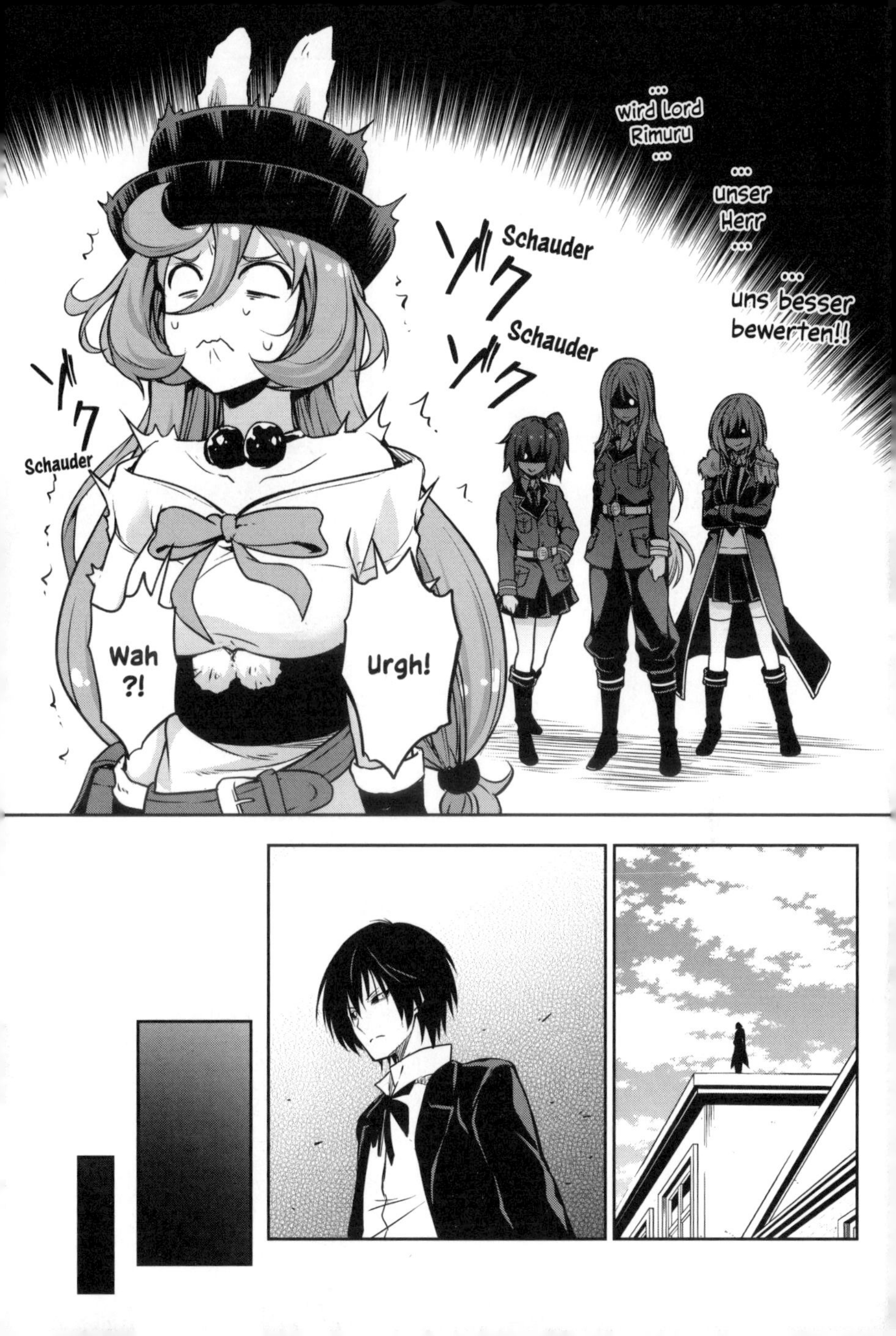
... wird Lord Rimuru ...
... unser Herr ...
... uns besser bewerten!!
Schauder
Schauder
Schauder
Urgh!
Wah ?!

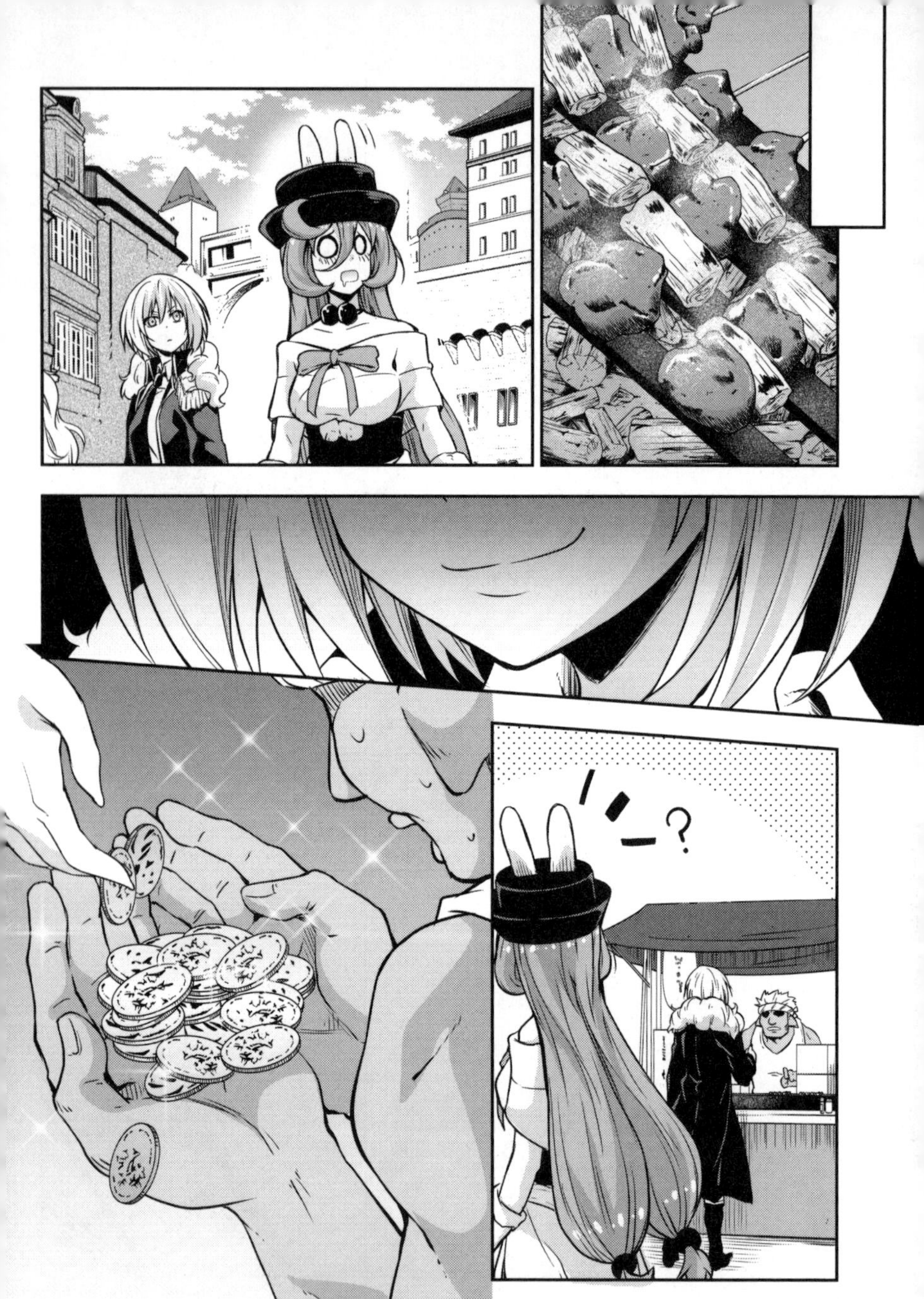

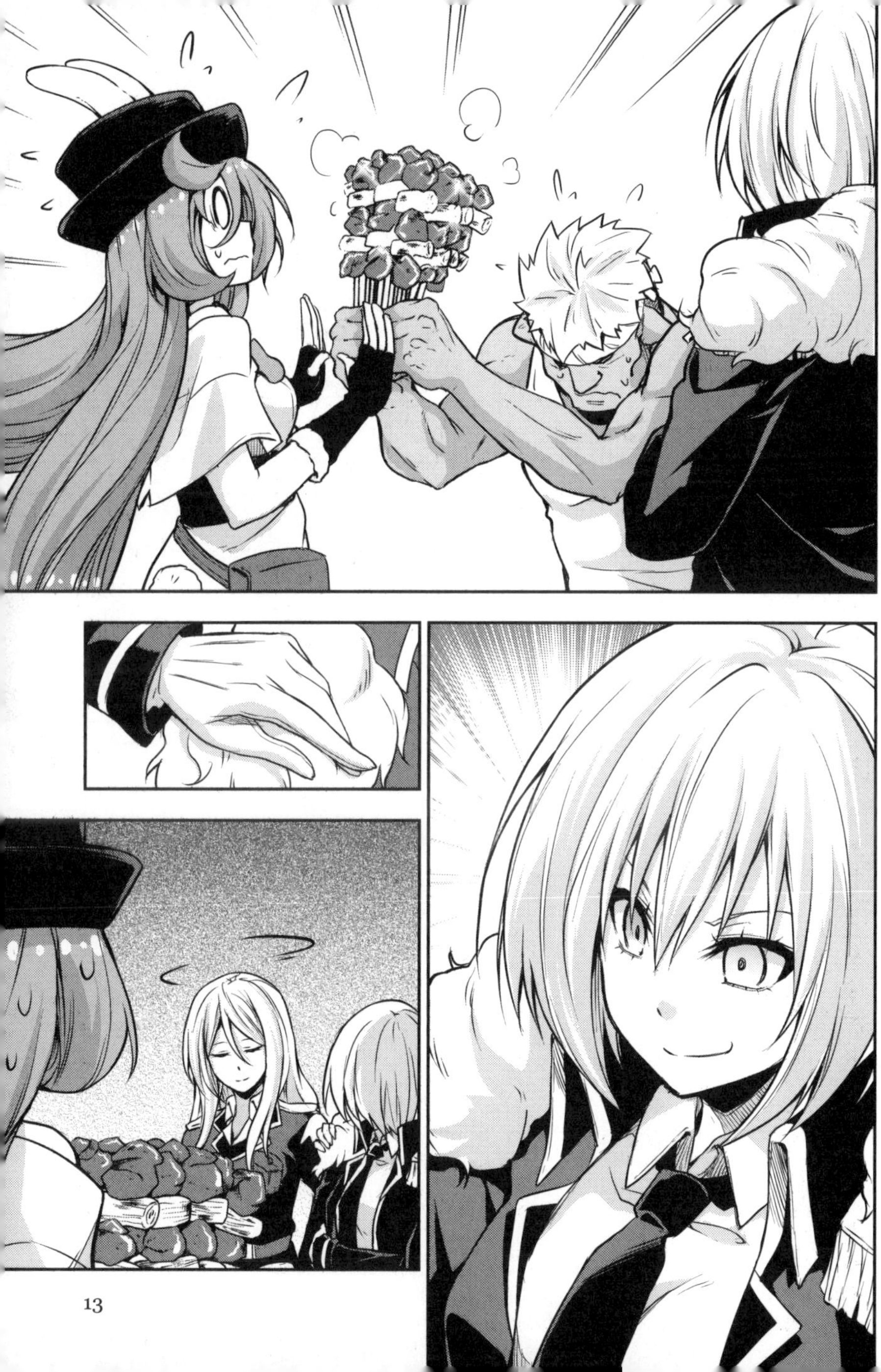

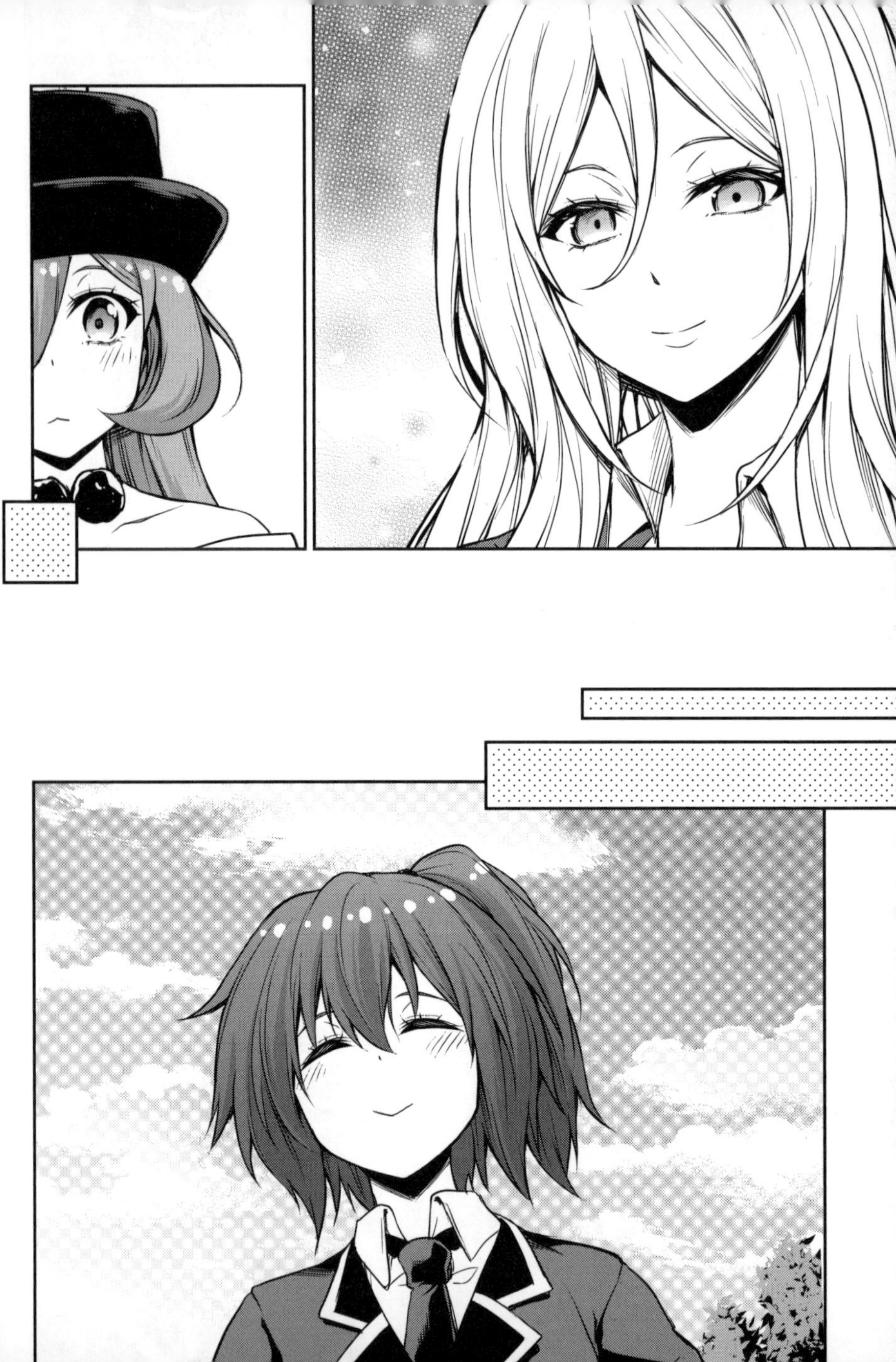

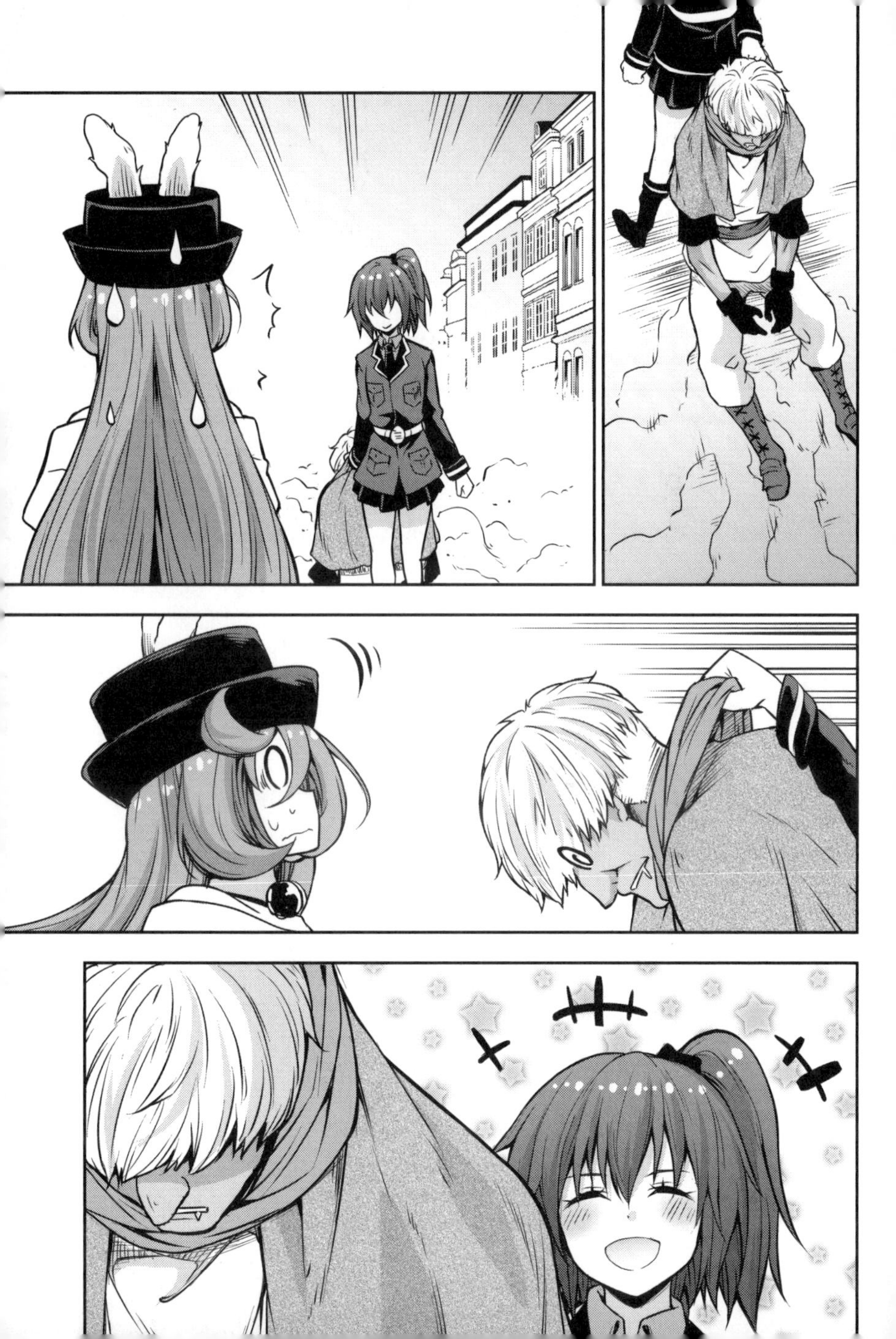

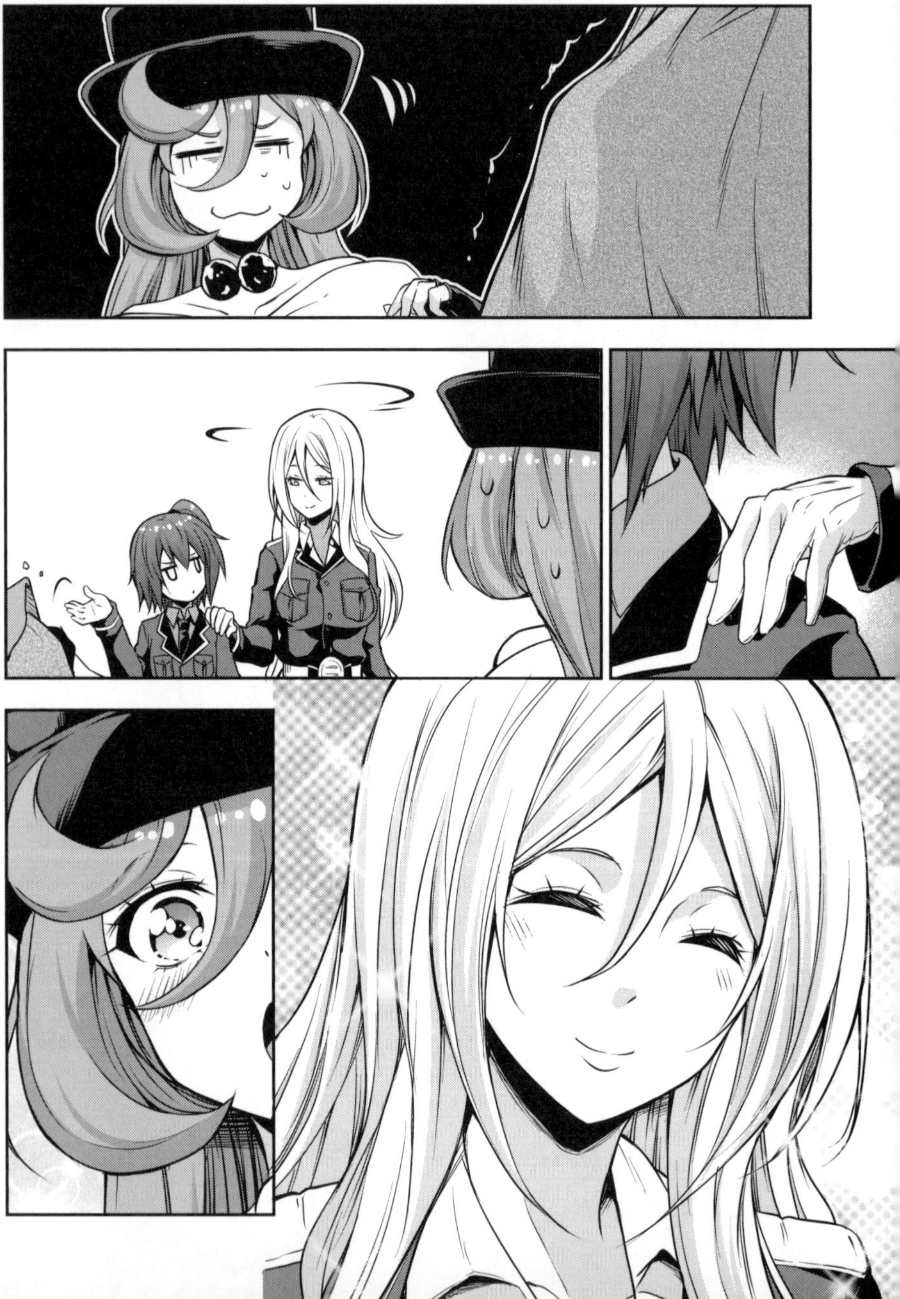

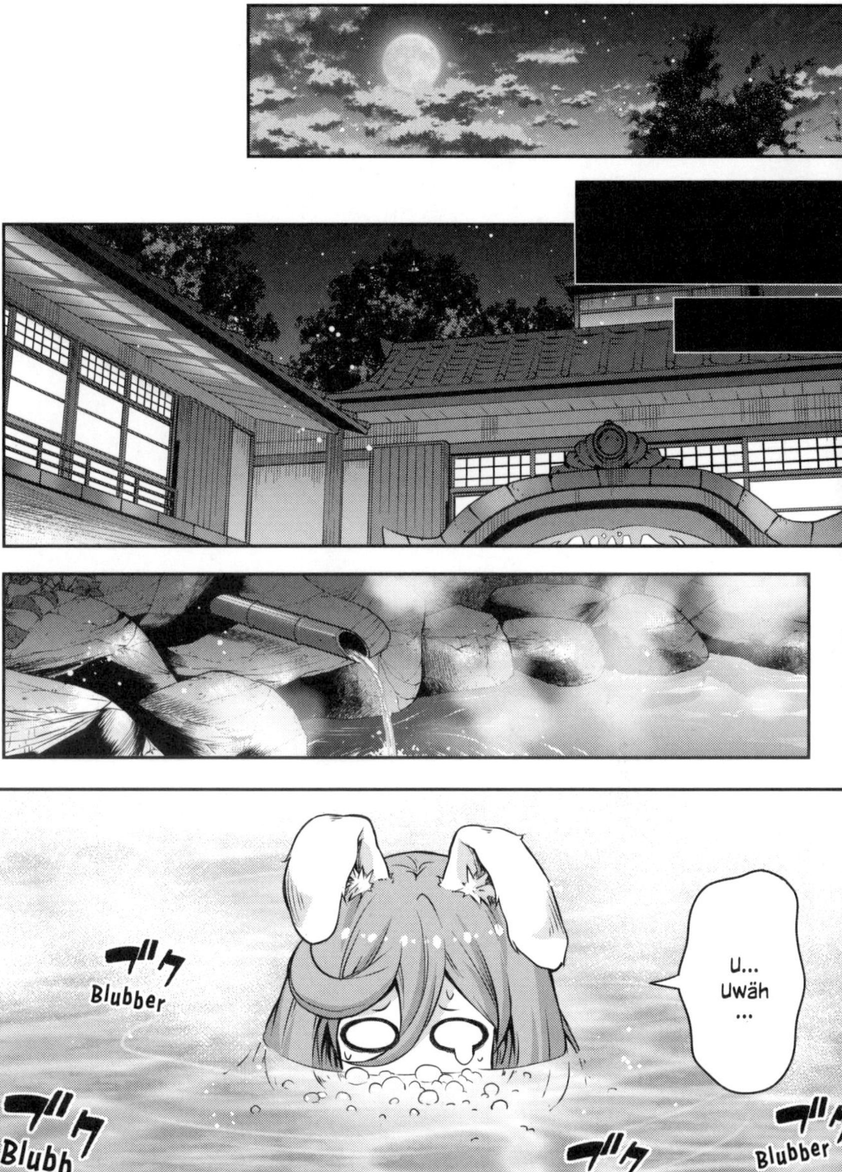
U... Uwäh ...
ブク
Blubber
ブク
Blubb
ブク
Blubber
ブク
Blubb

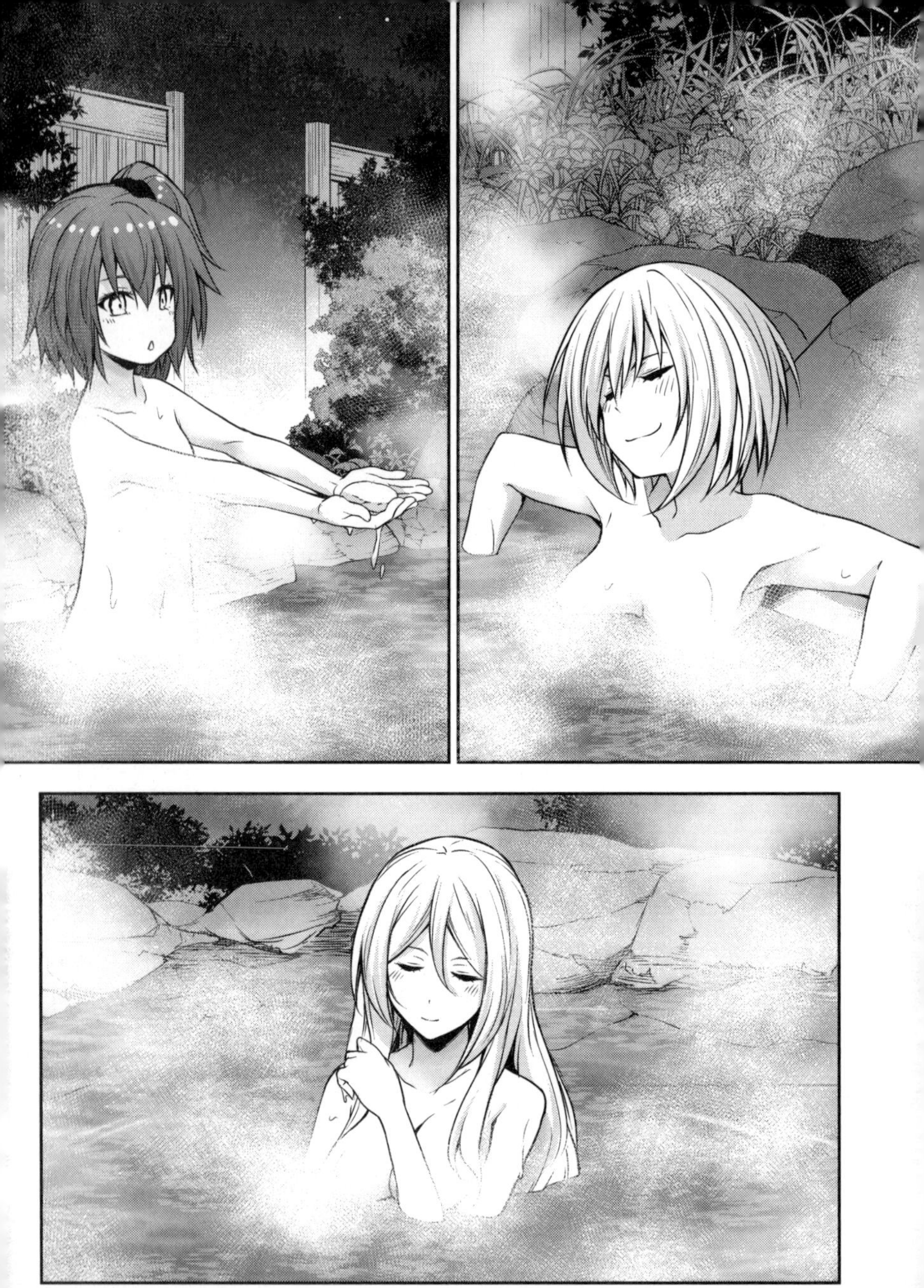

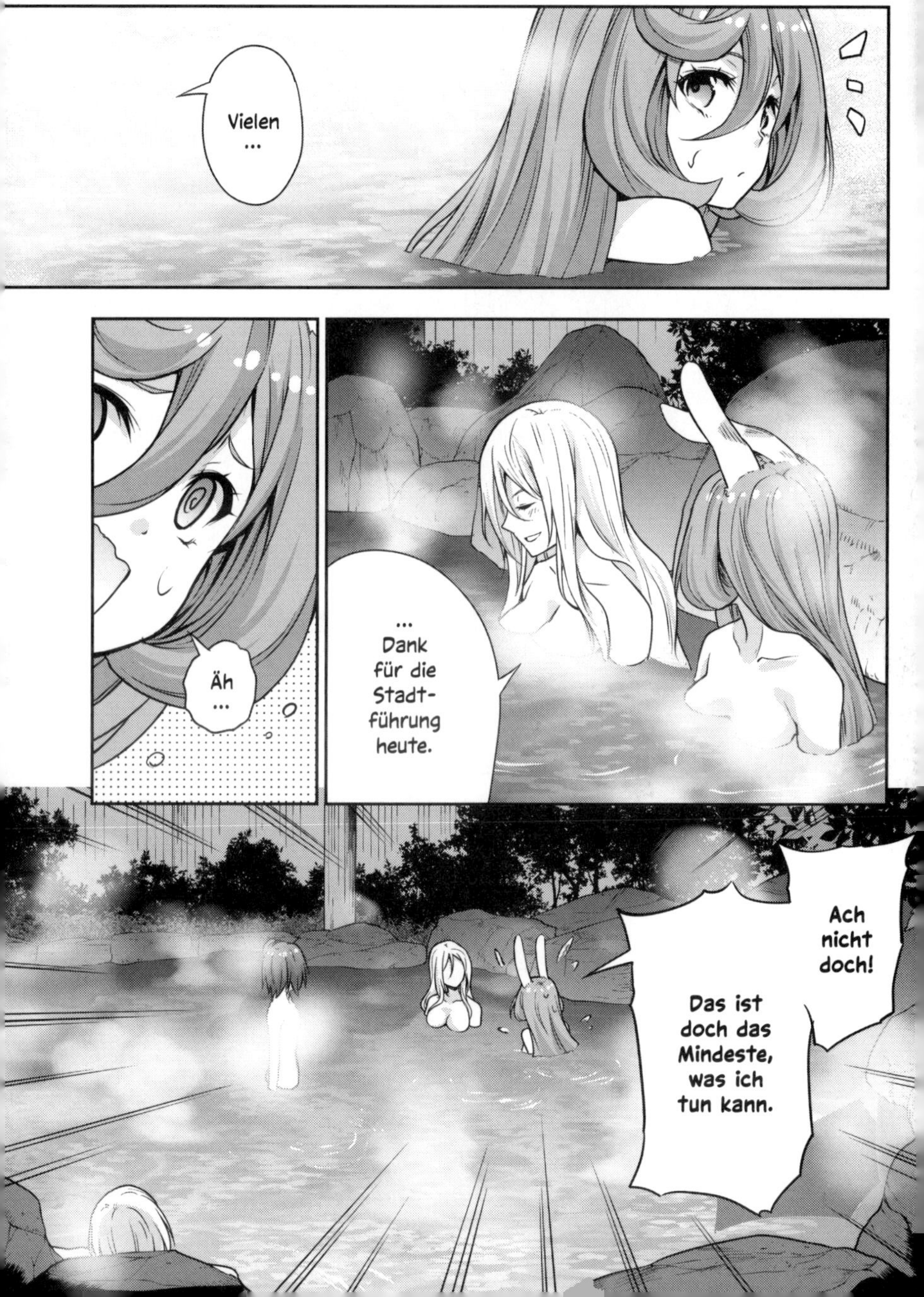

Vielen ...
Äh ...
... Dank für die Stadtführung heute.
Ach nicht doch!
Das ist doch das Mindeste, was ich tun kann.

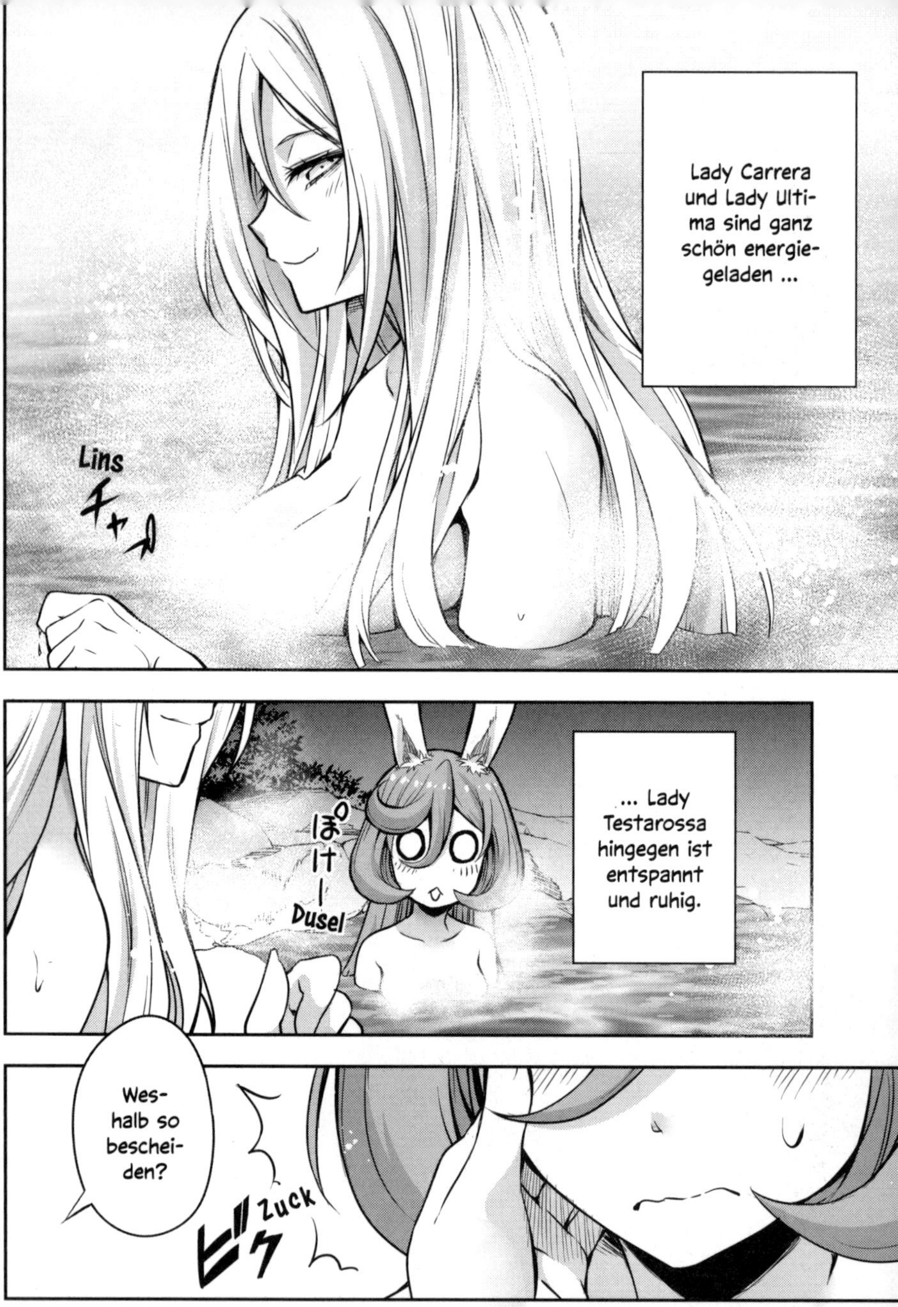

Lady Carrera und Lady Ultima sind ganz schön energiegeladen ...
Lins
チャプ
... Lady Testarossa hingegen ist entspannt und ruhig.
ぽけー
Dusel
Weshalb so bescheiden?
ビク
Zuck

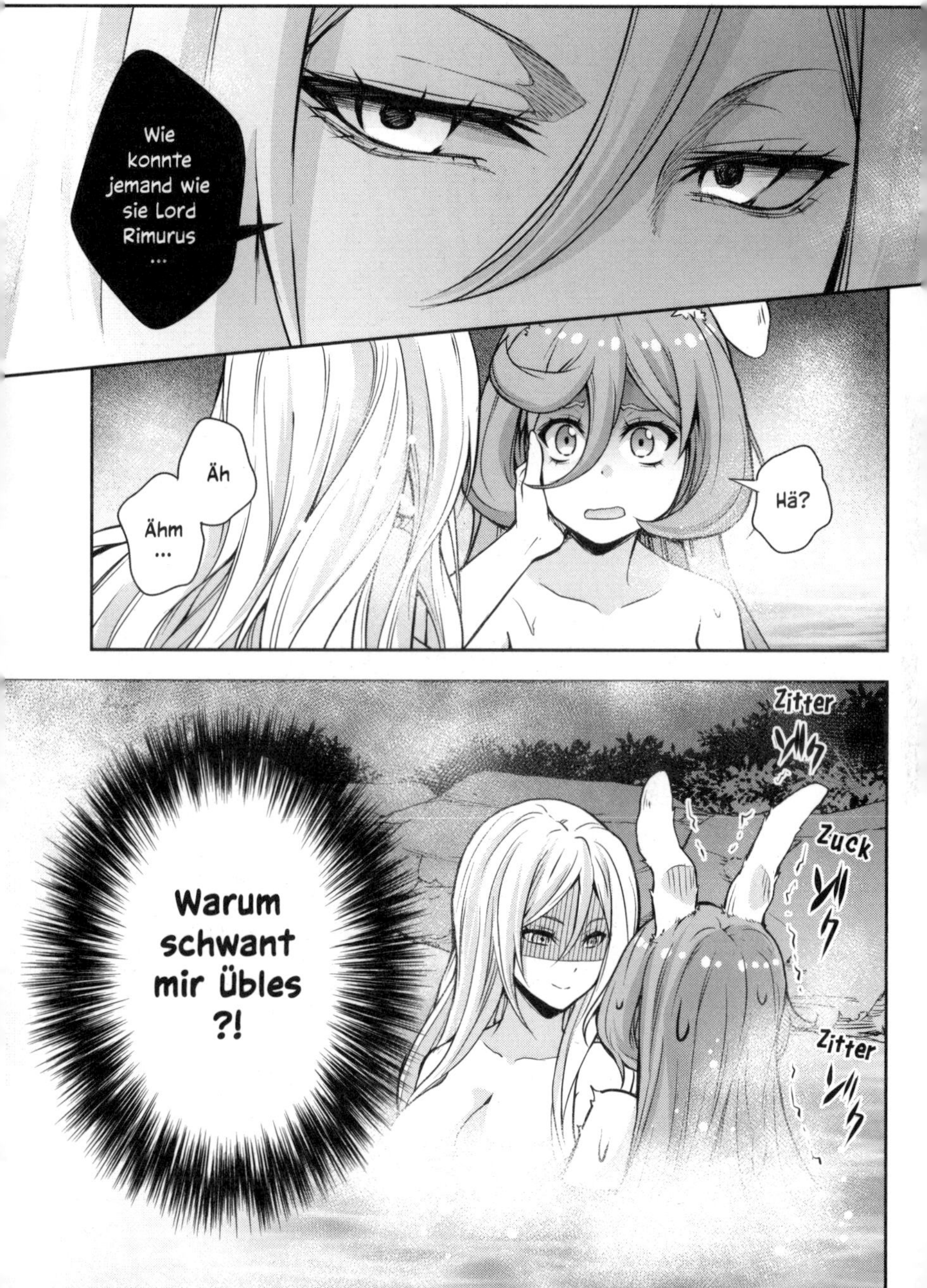
Wie konnte jemand wie sie Lord Rimurus ...
Hä?
Äh
Ähm ...
Zitter
Zuck
Zitter
Warum schwant mir Übles ?!

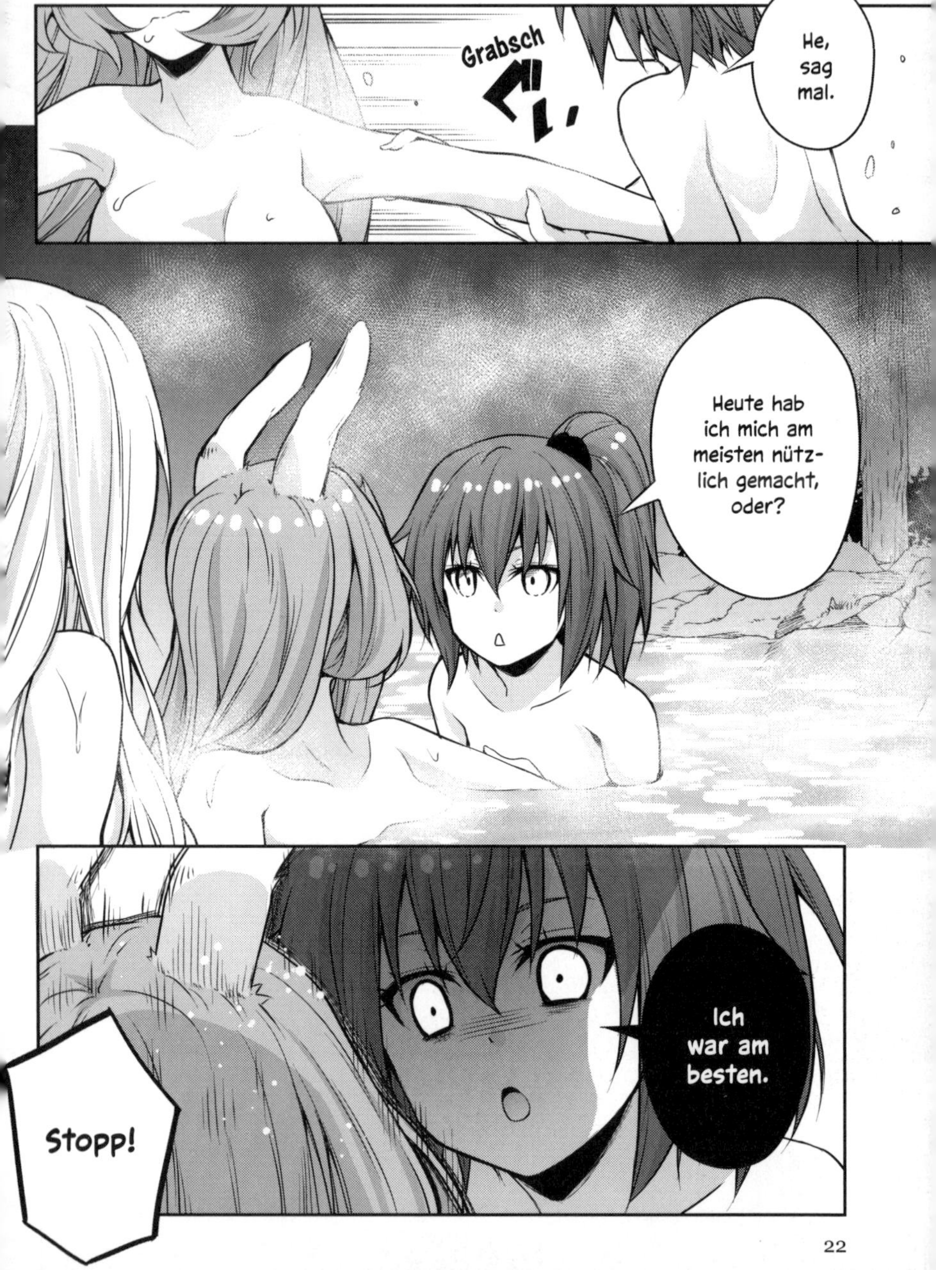
He, sag mal.
Grabsch
Heute hab ich mich am meisten nützlich gemacht, oder?
Ich war am besten.
Stopp!

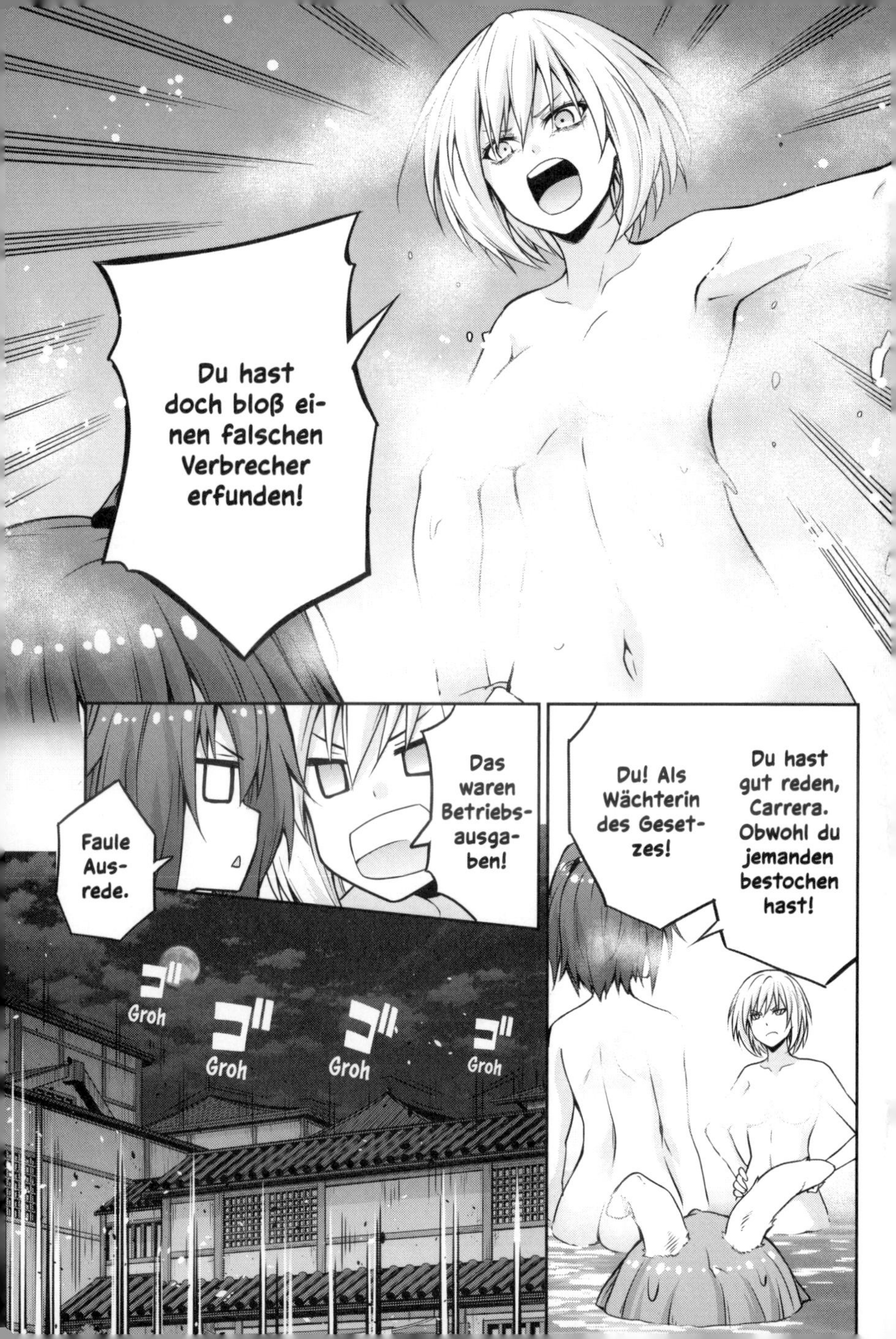
Du hast doch bloß einen falschen Verbrecher erfunden!
Du hast gut reden, Carrera. Obwohl du jemanden bestochen hast!
Du! Als Wächterin des Gesetzes!
Das waren Betriebsausgaben!
Faule Ausrede.
Groh
Groh
Groh
Groh

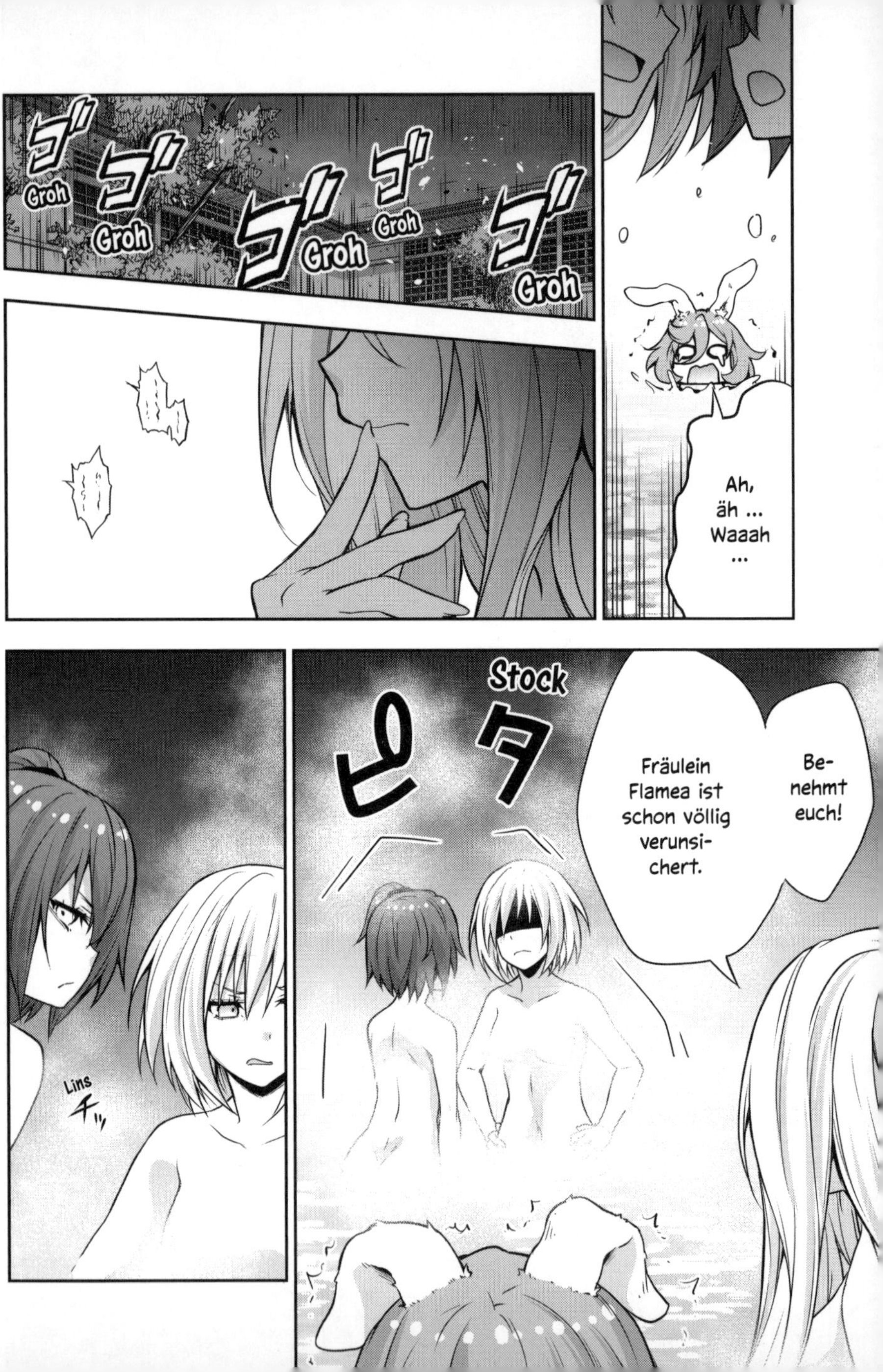
Ah, äh ... Waaah ...
Groh
Groh
Groh
Groh
Groh
Be-nehmt euch!
Fräulein Flamea ist schon völlig verunsi-chert.
Stock
Lins

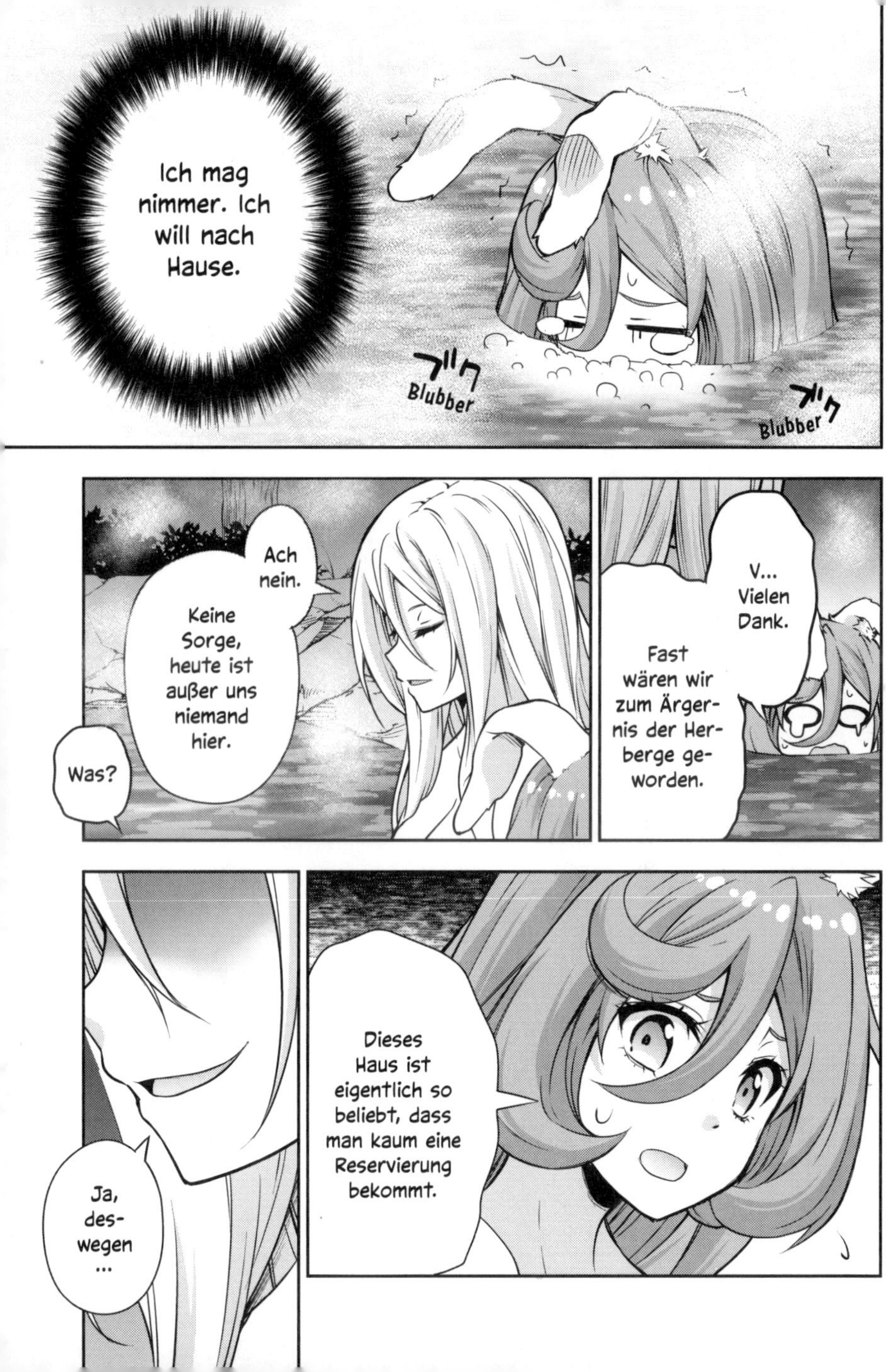
Ich mag nimmer. Ich will nach Hause.
Blubber
Blubber
V... Vielen Dank.
Fast wären wir zum Ärgernis der Herberge geworden.
Ach nein.
Keine Sorge, heute ist außer uns niemand hier.
Was?
Dieses Haus ist eigentlich so beliebt, dass man kaum eine Reservierung bekommt.
Ja, deswegen ...

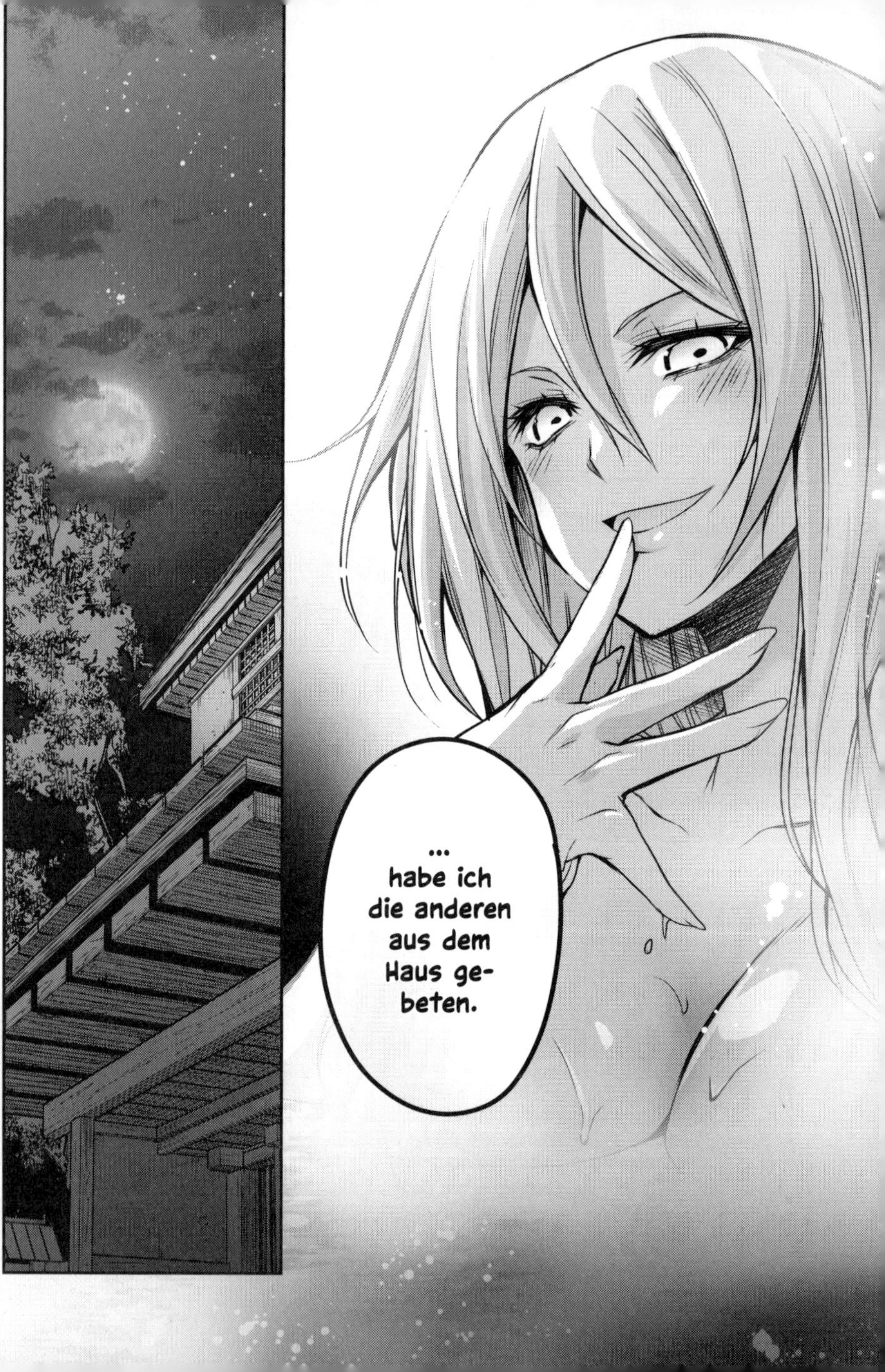
... habe ich die anderen aus dem Haus ge-beten.

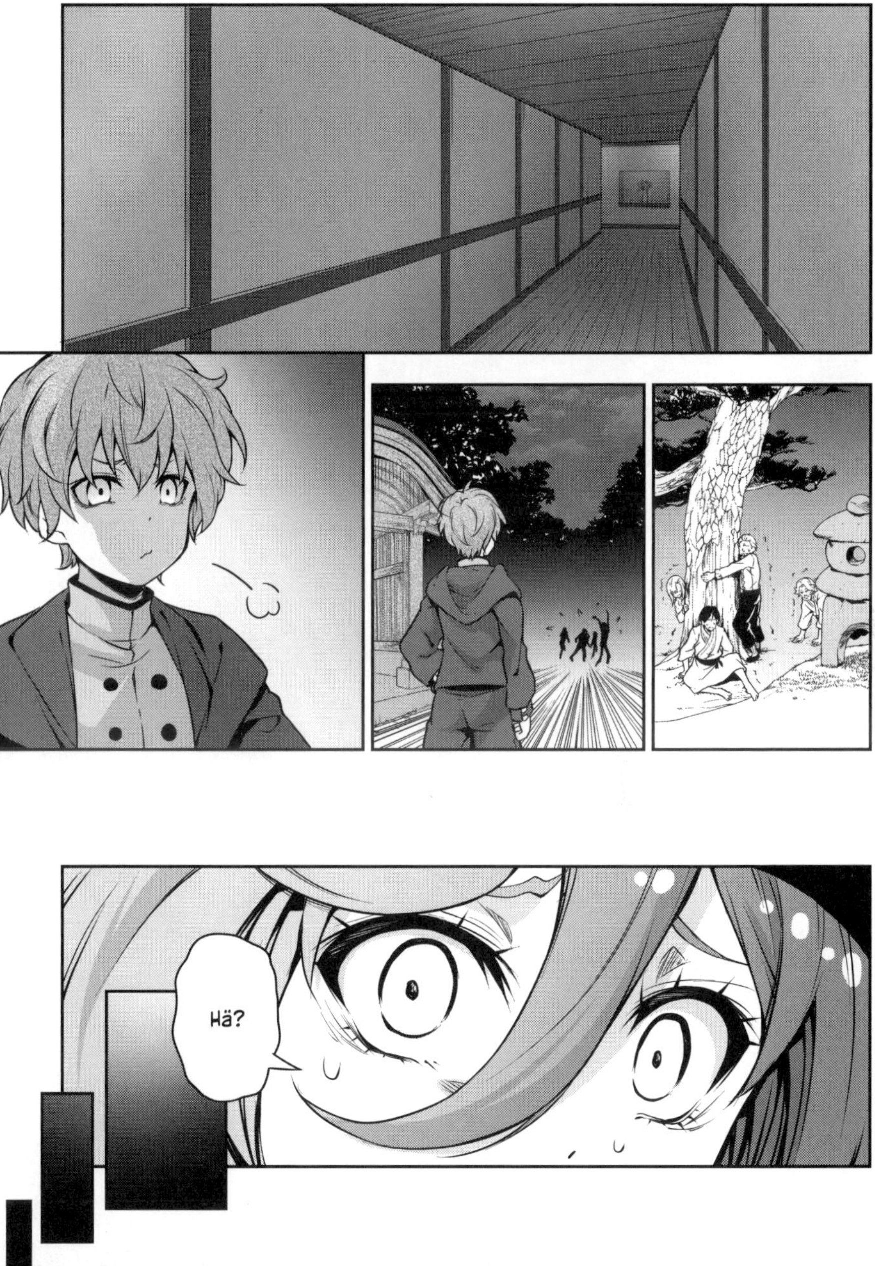
Hä?

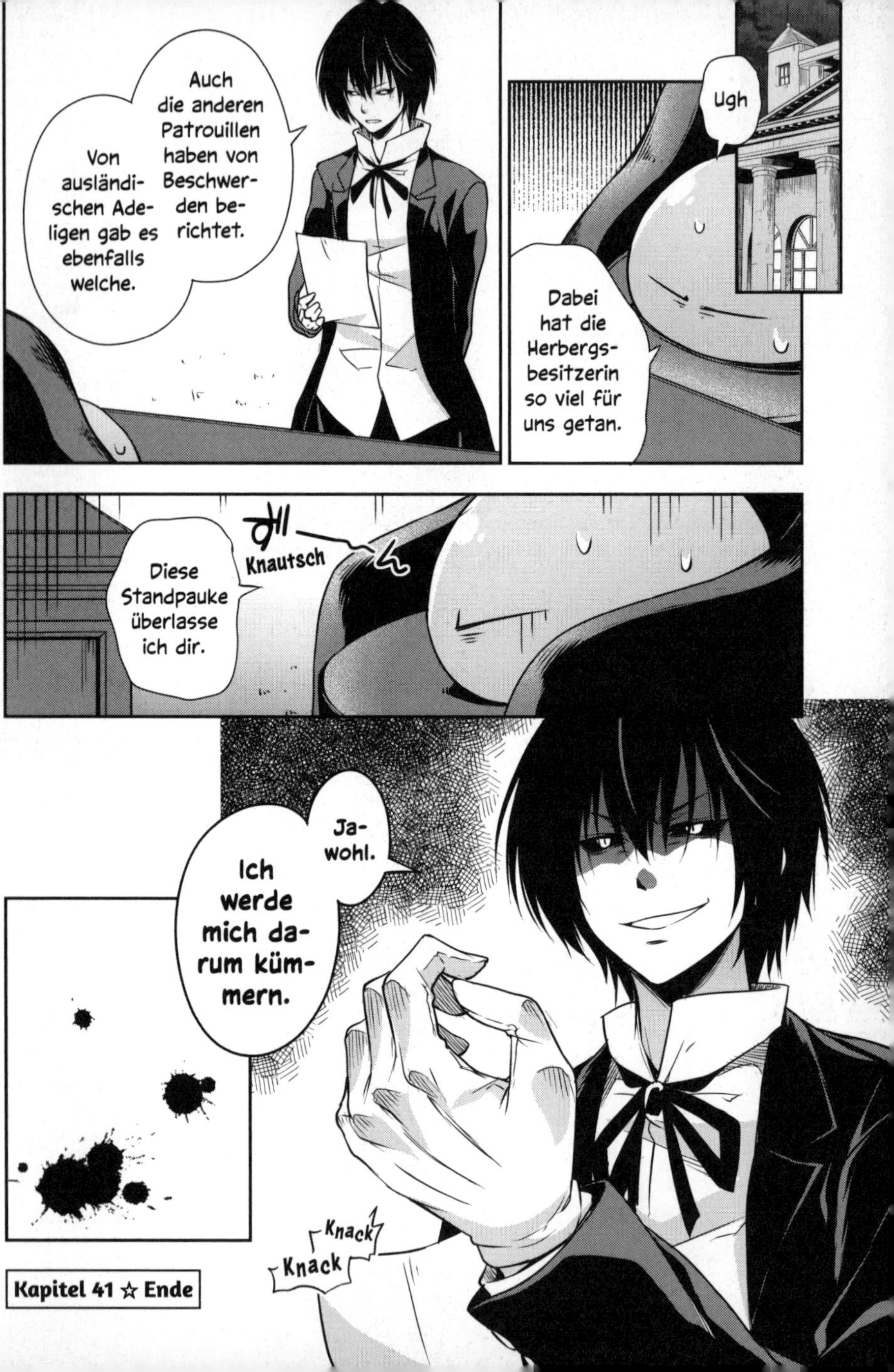
Ugh
Dabei hat die Herbergs-besitzerin so viel für uns getan.
Auch die anderen Patrouillen haben von Beschwer-den be-richtet.
Von ausländi-schen Ade-ligen gab es ebenfalls welche.
Knautsch
Diese Standpauke überlasse ich dir.
Ja-wohl.
Ich werde mich da-rum küm-mern.
Knack
Knack
Kapitel 41 ☆ Ende

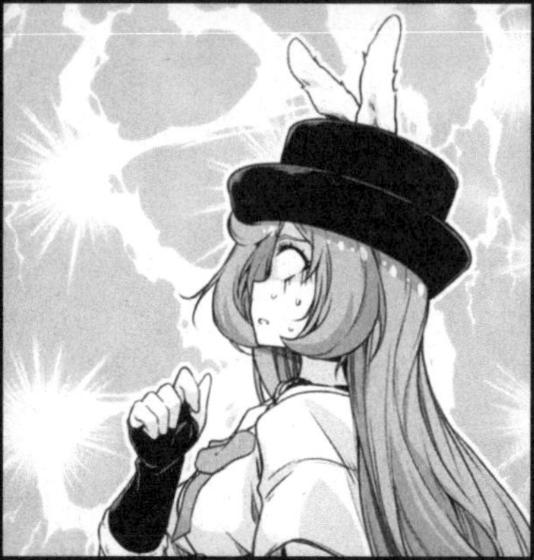

Der

SCHLEIM-

Reiseführer in das Land der Dämonen

8

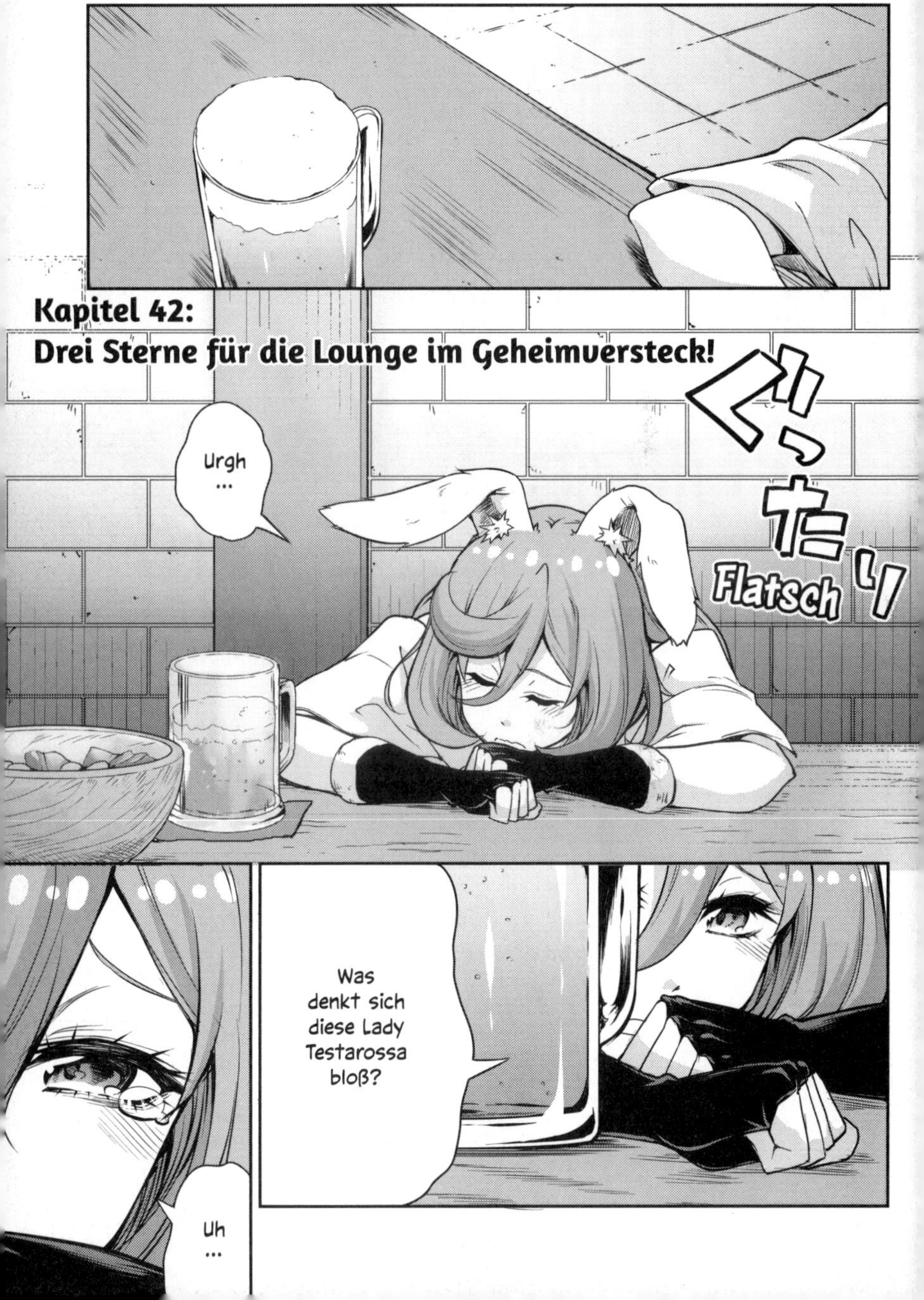
Kapitel 42:
Drei Sterne für die Lounge im Geheimversteck!
ぐったり
Flatsch
Urgh …
Was denkt sich diese Lady Testarossa bloß?
Uh …

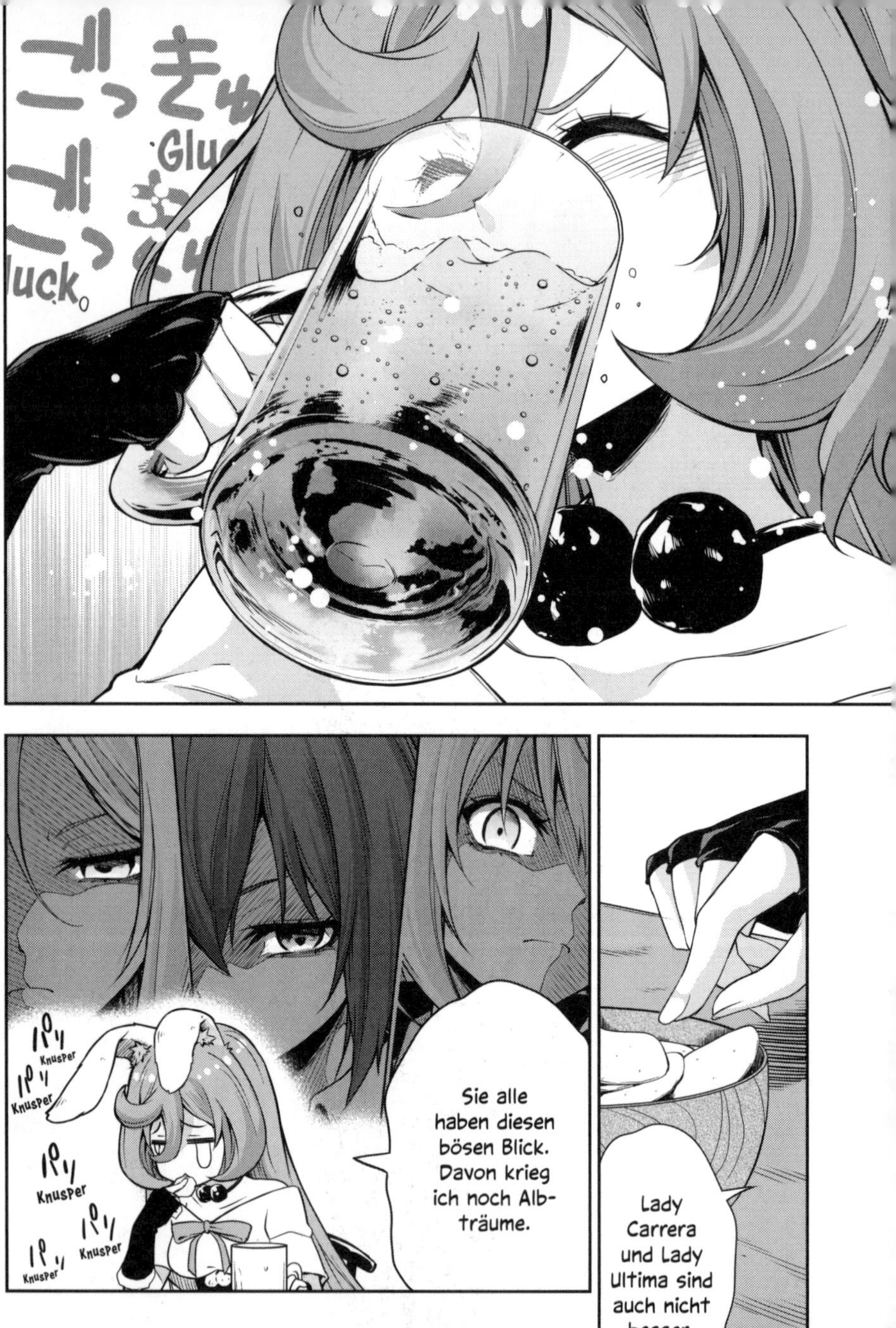

Gluck
Lady Carrera und Lady Ultima sind auch nicht besser.
Sie alle haben diesen bösen Blick. Davon krieg ich noch Alb-träume.
Knusper
Knusper
Knusper
Knusper
Knusper

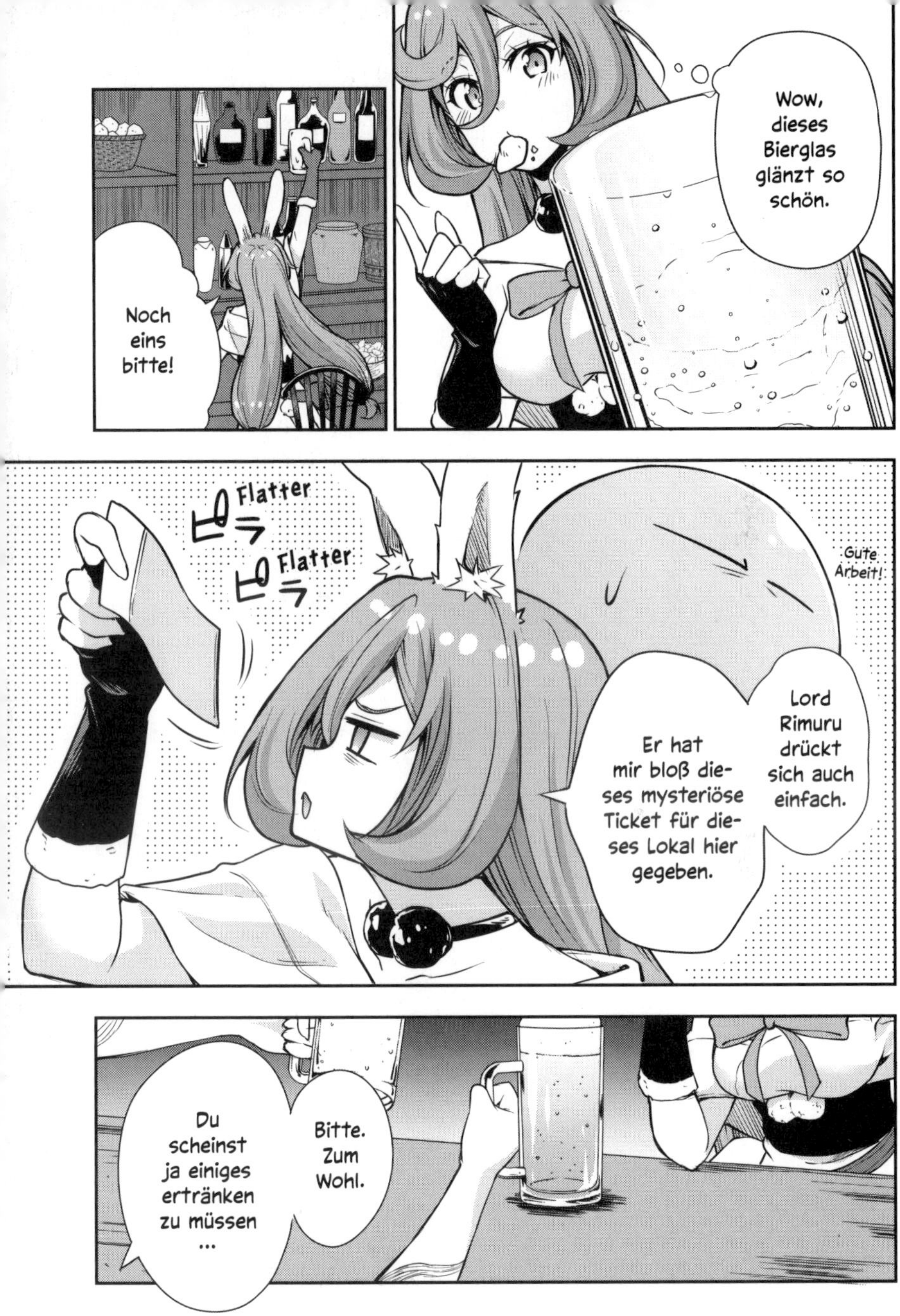
Wow, dieses Bierglas glänzt so schön.
Noch eins bitte!
Flatter
Flatter
Gute Arbeit!
Lord Rimuru drückt sich auch einfach.
Er hat mir bloß dieses mysteriöse Ticket für dieses Lokal hier gegeben.
Bitte. Zum Wohl.
Du scheinst ja einiges ertränken zu müssen ...

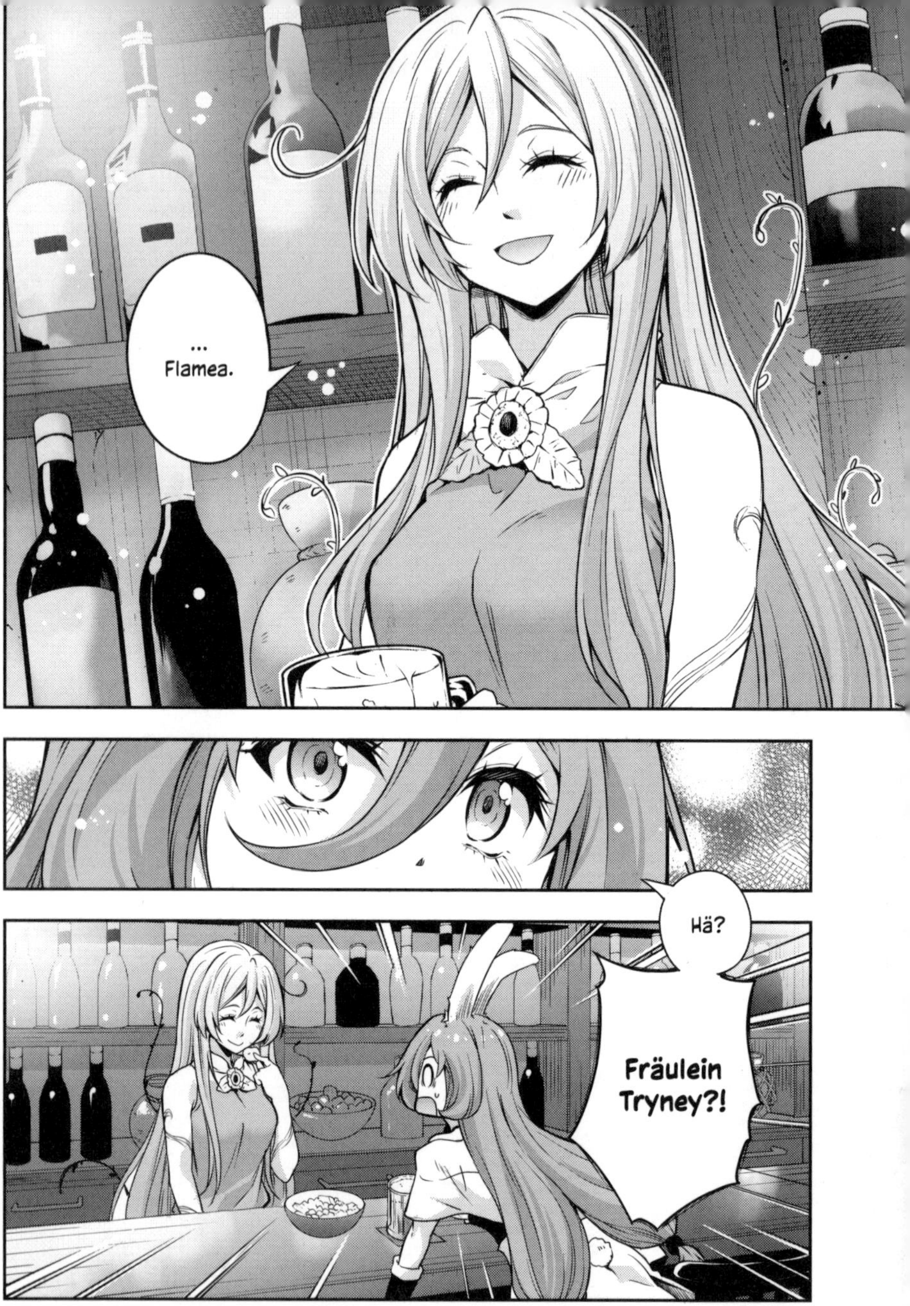

...
Flamea.
Hä?
Fräulein Tryney?!

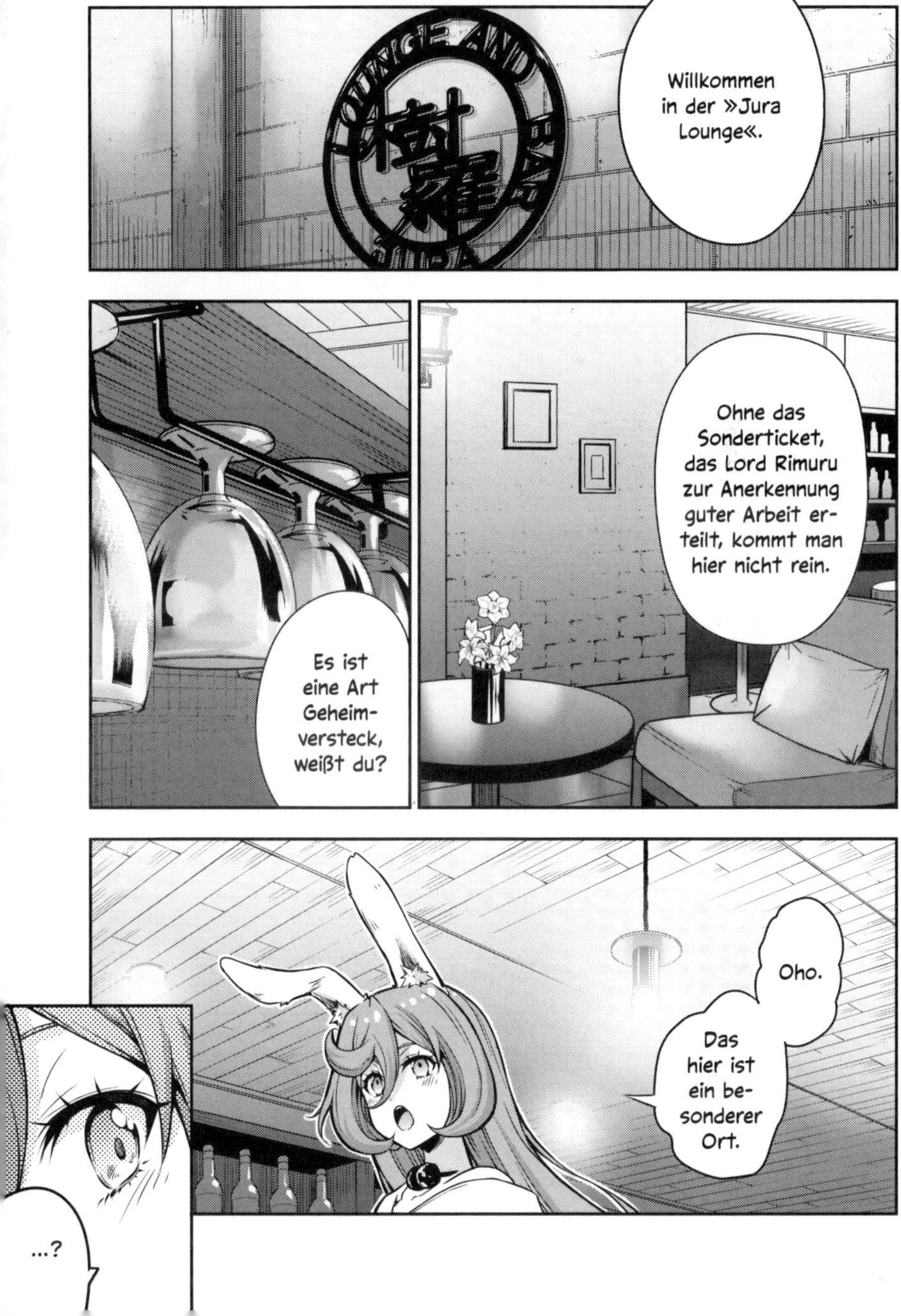
Willkommen in der »Jura Lounge«.
Ohne das Sonderticket, das Lord Rimuru zur Anerkennung guter Arbeit erteilt, kommt man hier nicht rein.
Es ist eine Art Geheimversteck, weißt du?
Oho.
Das hier ist ein besonderer Ort.
...?

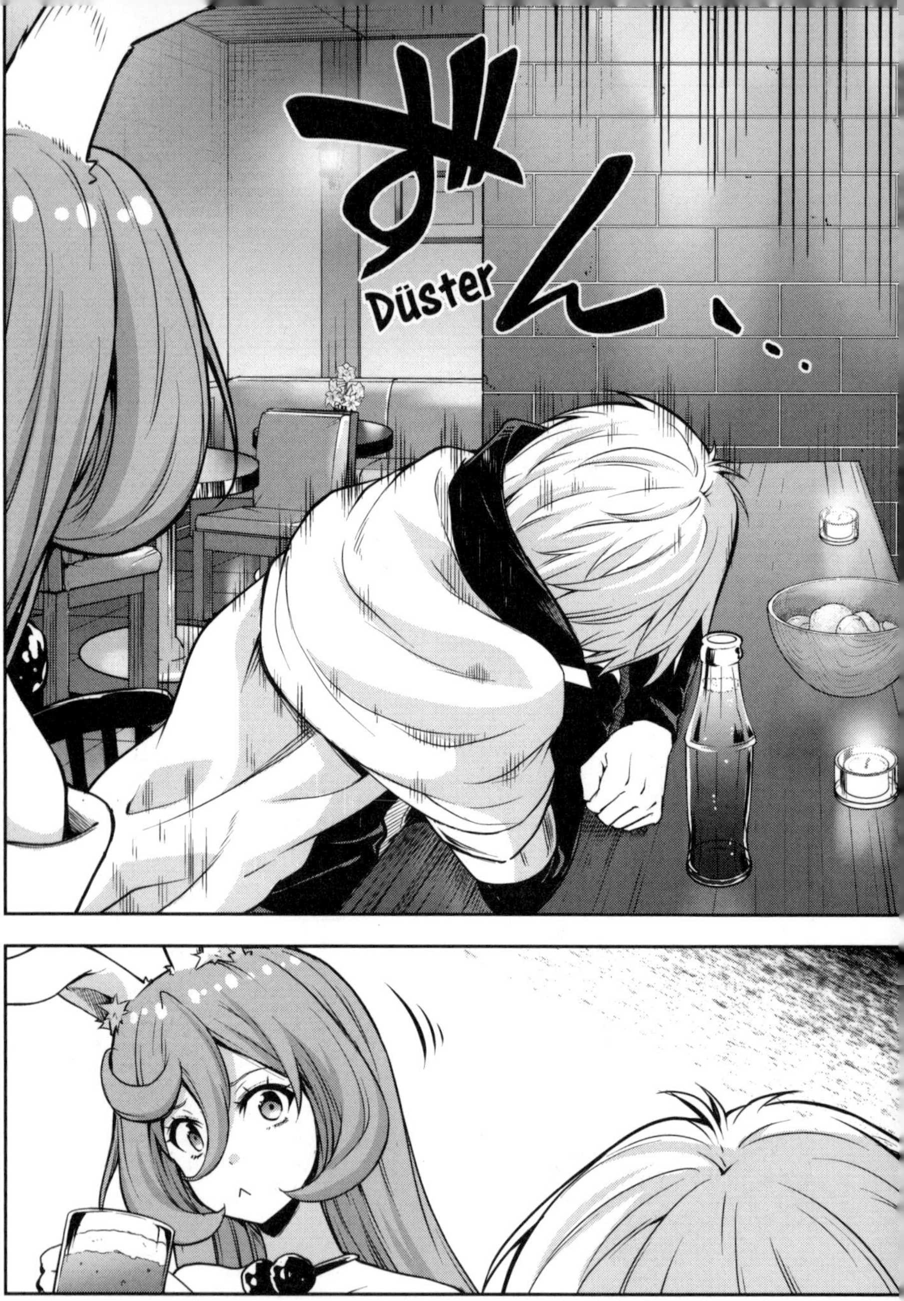
ずーん、..
Düster

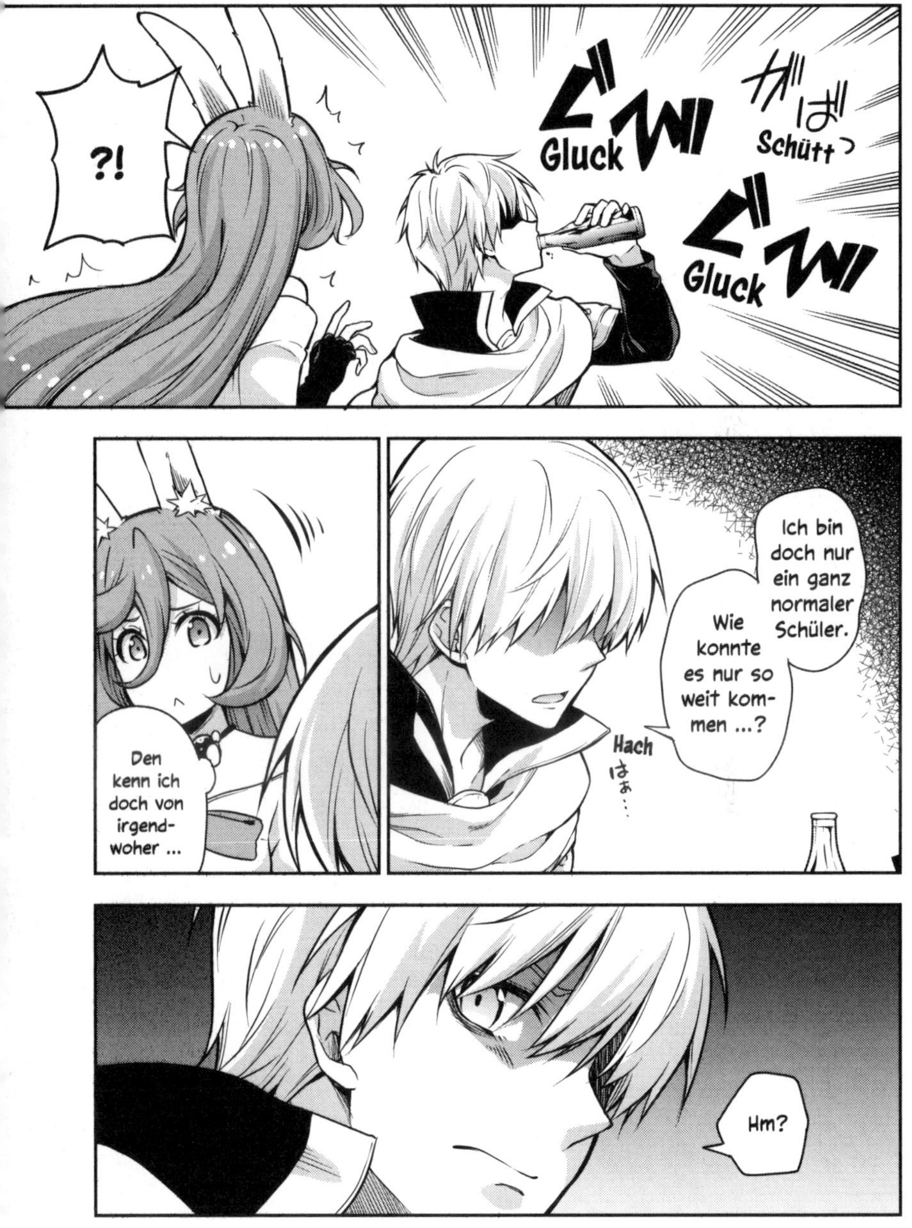
Schütt
Gluck
Gluck
?!
Ich bin doch nur ein ganz normaler Schüler.
Wie konnte es nur so weit kommen ...?
Hach
Den kenn ich doch von irgendwoher ...
Hm?

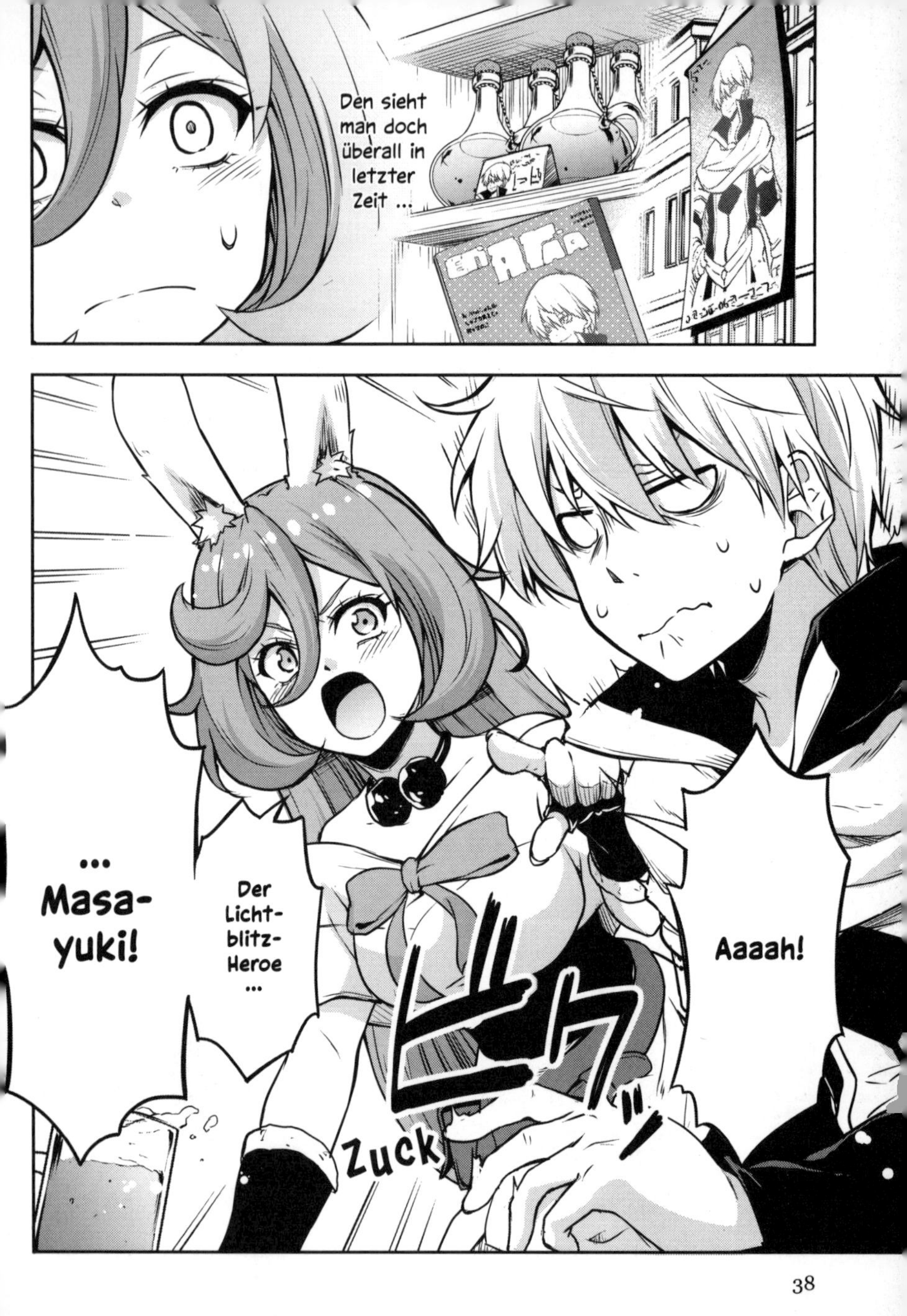
Den sieht man doch überall in letzter Zeit ...
Aaaah!
Der Licht-blitz-Heroe ...
... Masa-yuki!
Zuck

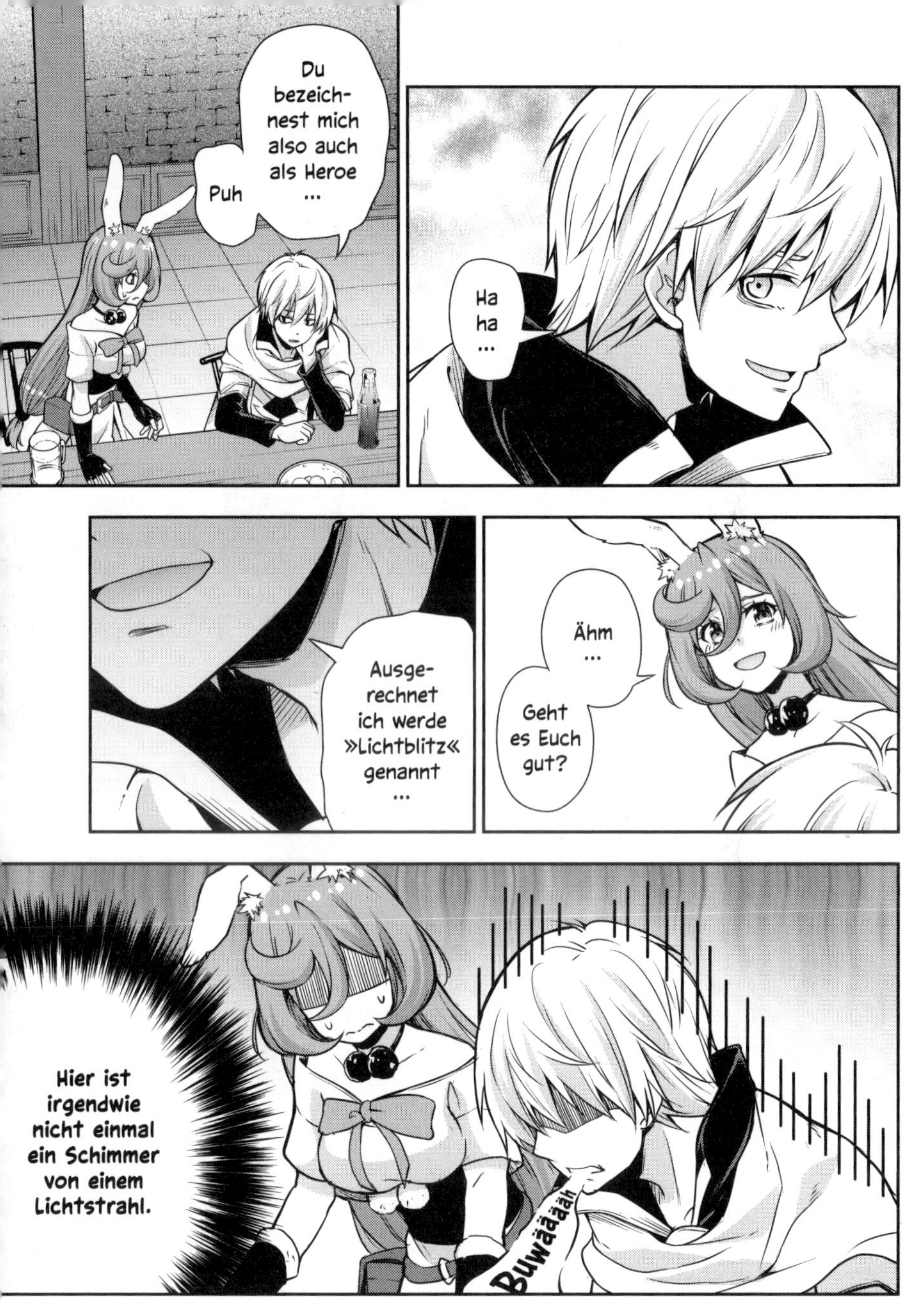
Du bezeich- nest mich also auch als Heroe ...
Puh
Ha ha ...
Ausge- rechnet ich werde »Lichtblitz« genannt ...
Ähm ...
Geht es Euch gut?
Hier ist irgendwie nicht einmal ein Schimmer von einem Lichtstrahl.
Buwäääh

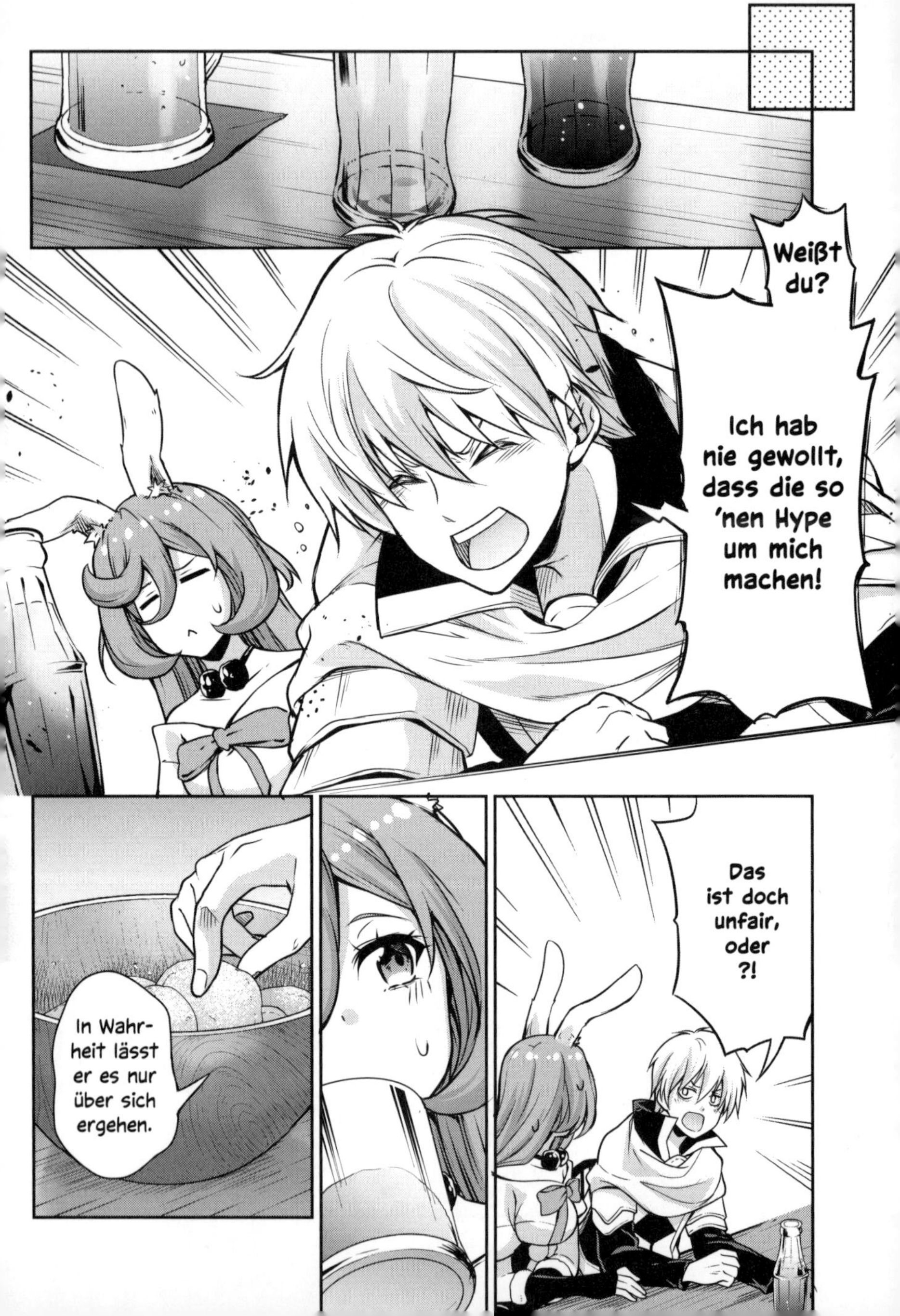
Weißt du?
Ich hab nie gewollt, dass die so 'nen Hype um mich machen!
Das ist doch unfair, oder ?!
In Wahrheit lässt er es nur über sich ergehen.

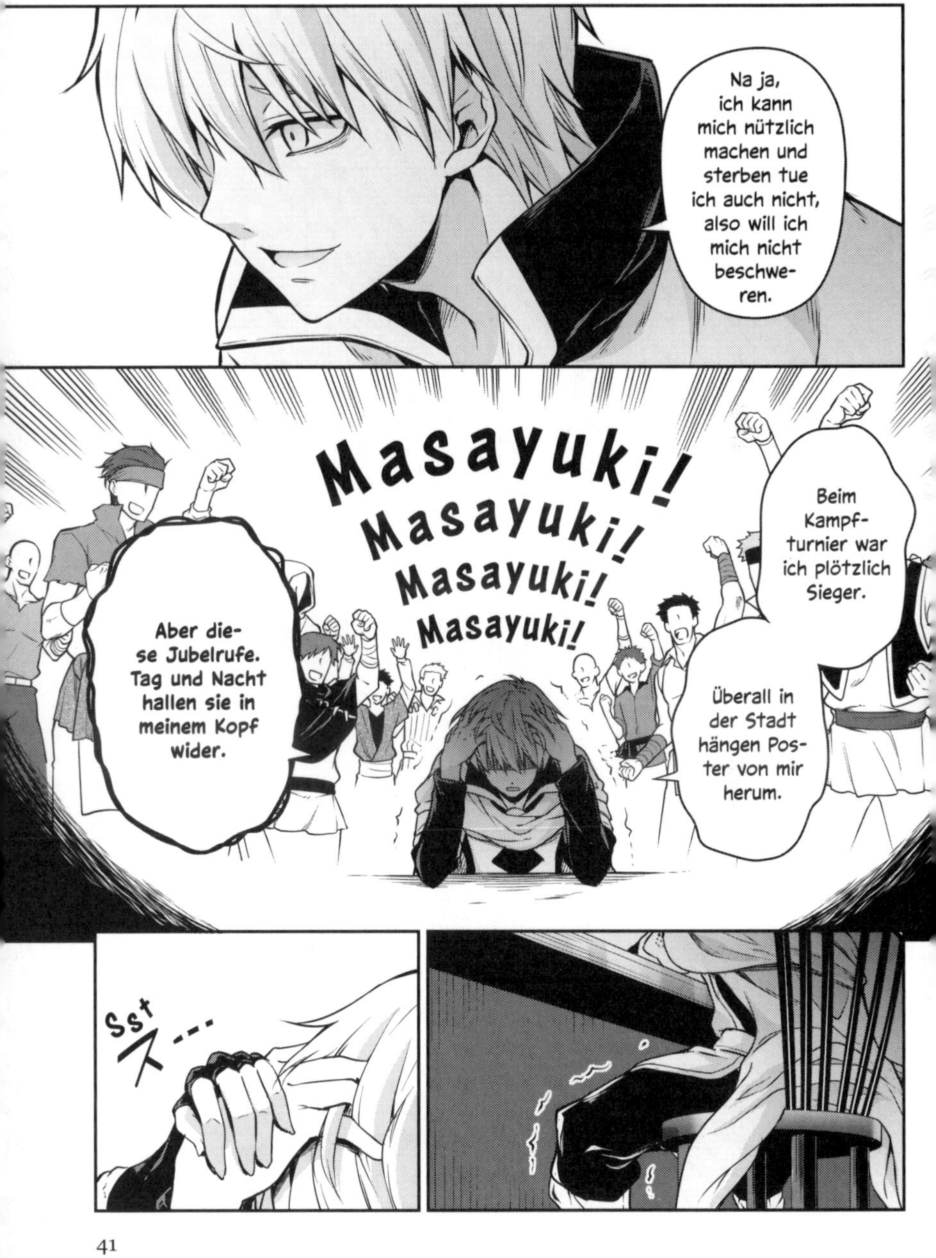
Na ja, ich kann mich nützlich machen und sterben tue ich auch nicht, also will ich mich nicht beschwe-ren.
Masayuki! Masayuki! Masayuki! Masayuki!
Beim Kampf-turnier war ich plötzlich Sieger.
Überall in der Stadt hängen Pos-ter von mir herum.
Aber die-se Jubelrufe. Tag und Nacht hallen sie in meinem Kopf wider.
Sst ...

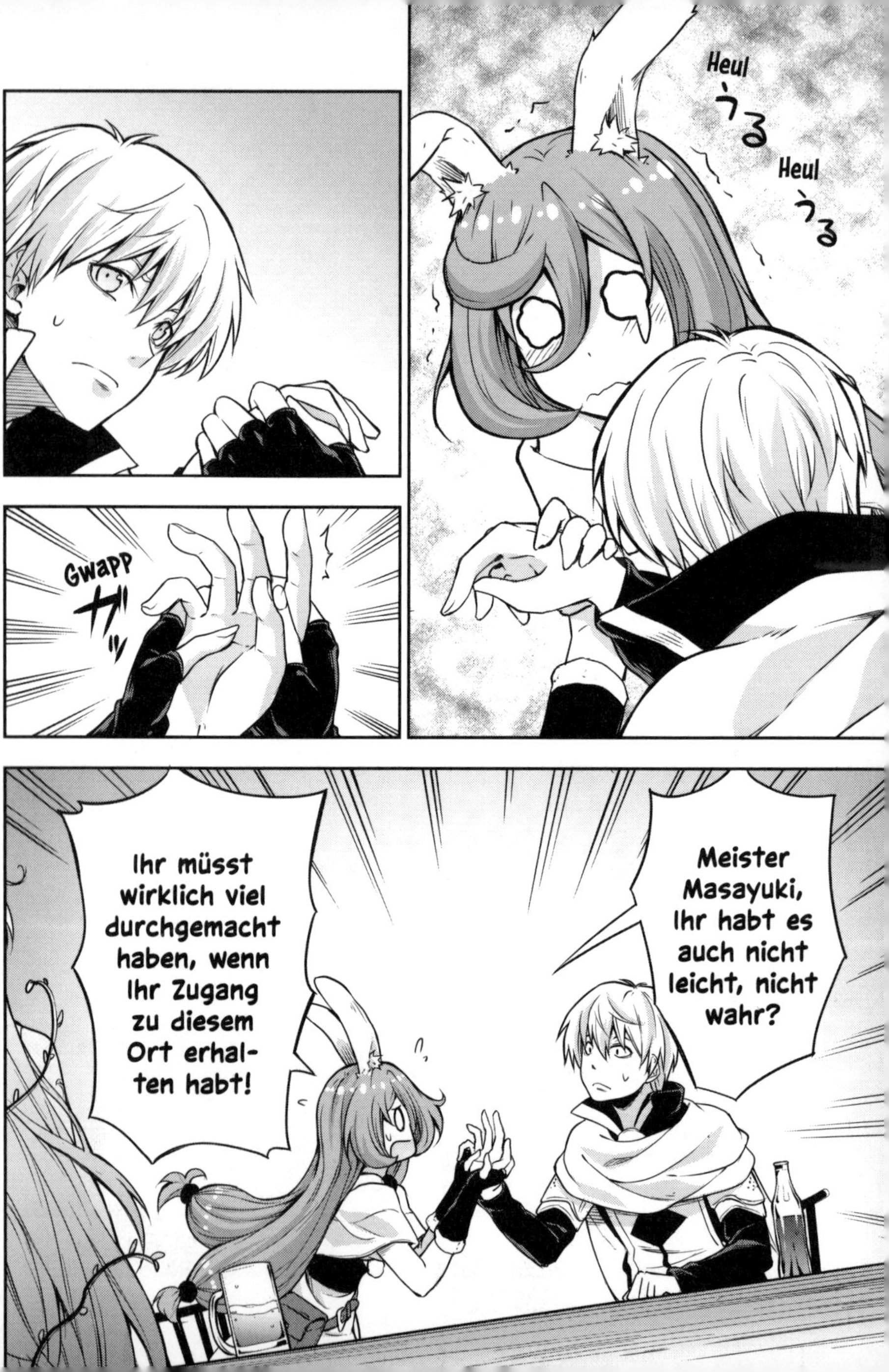

Heul
うる
Heul
うる
Gwapp
ガ
ッ
Meister Masayuki, Ihr habt es auch nicht leicht, nicht wahr?
Ihr müsst wirklich viel durchgemacht haben, wenn Ihr Zugang zu diesem Ort erhalten habt!

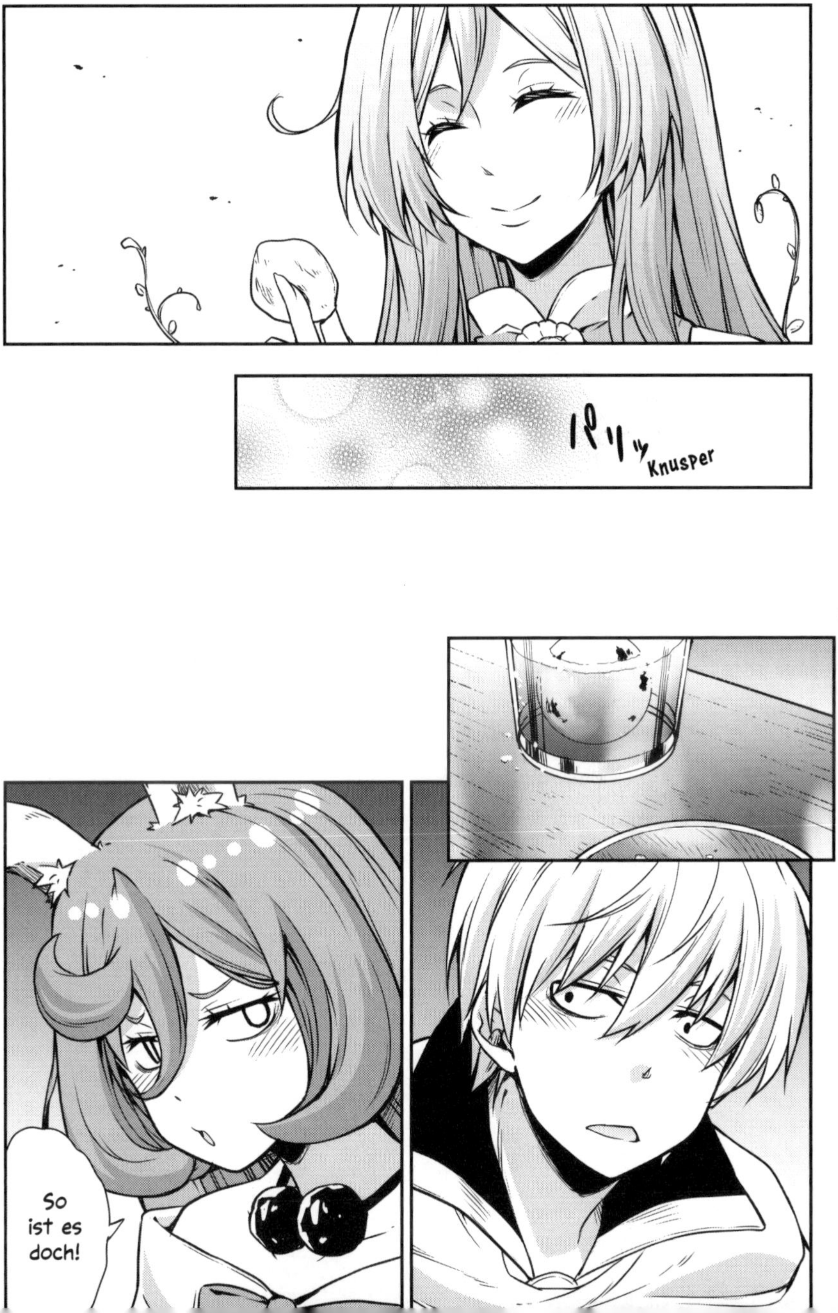
パリッ
Knusper
So ist es doch!

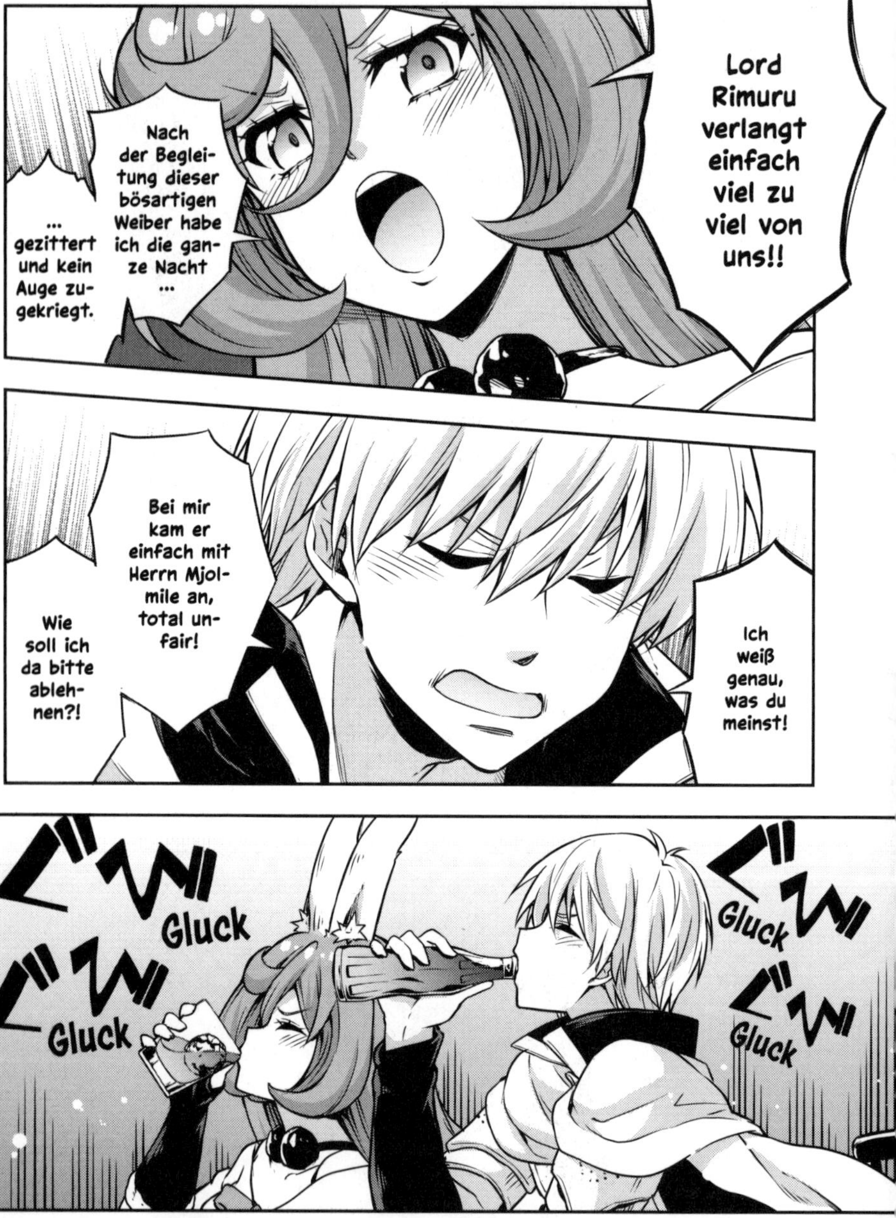
Lord Rimuru verlangt einfach viel zu viel von uns!!
Nach der Beglei-tung dieser bösartigen Weiber habe ich die gan-ze Nacht ...
... gezittert und kein Auge zu-gekriegt.
Ich weiß genau, was du meinst!
Bei mir kam er einfach mit Herrn Mjol-mile an, total un-fair!
Wie soll ich da bitte ableh-nen?!
Gluck
Gluck
Gluck
Gluck

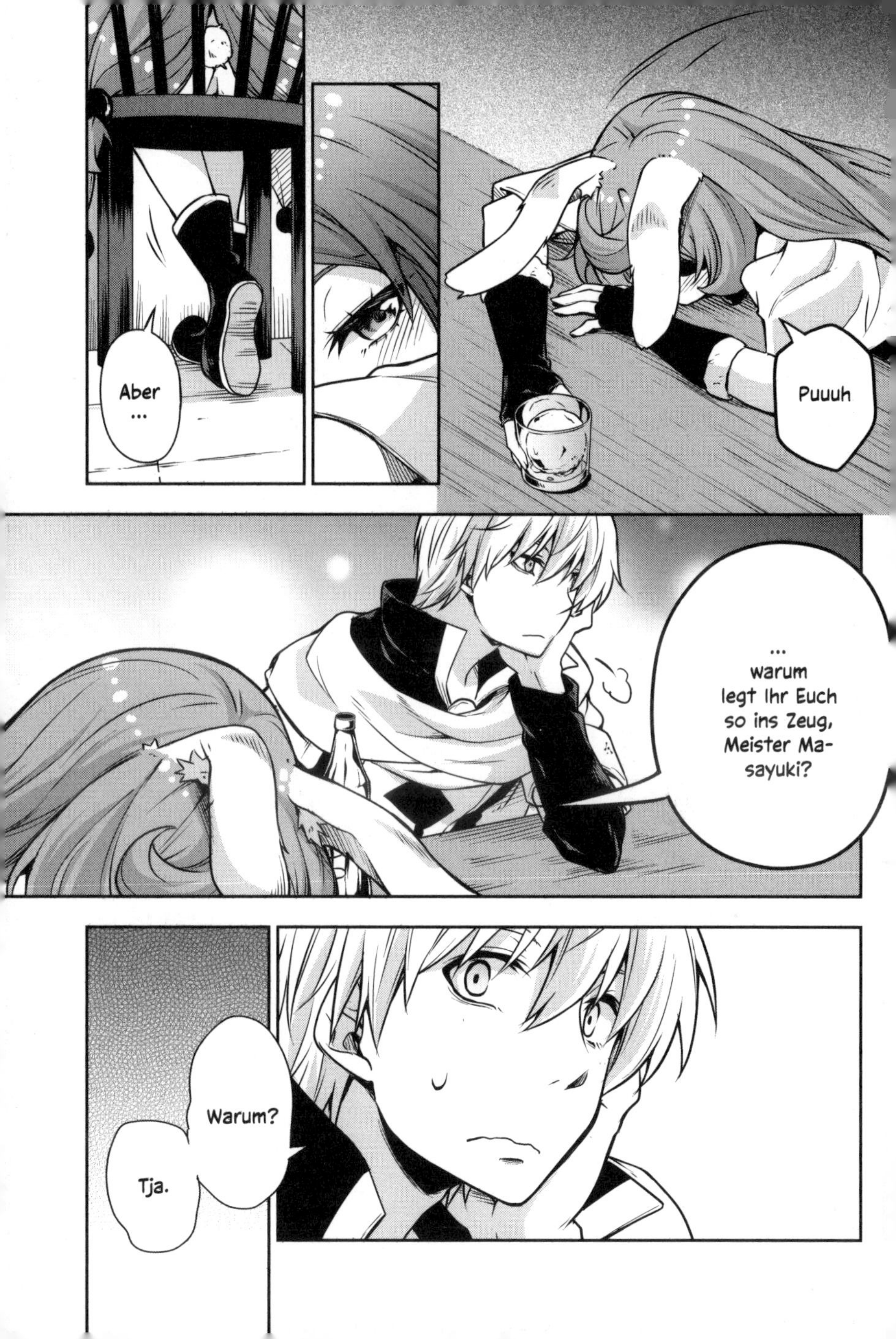
Puuuh
Aber ...
... warum legt Ihr Euch so ins Zeug, Meister Ma-sayuki?
Warum?
Tja.

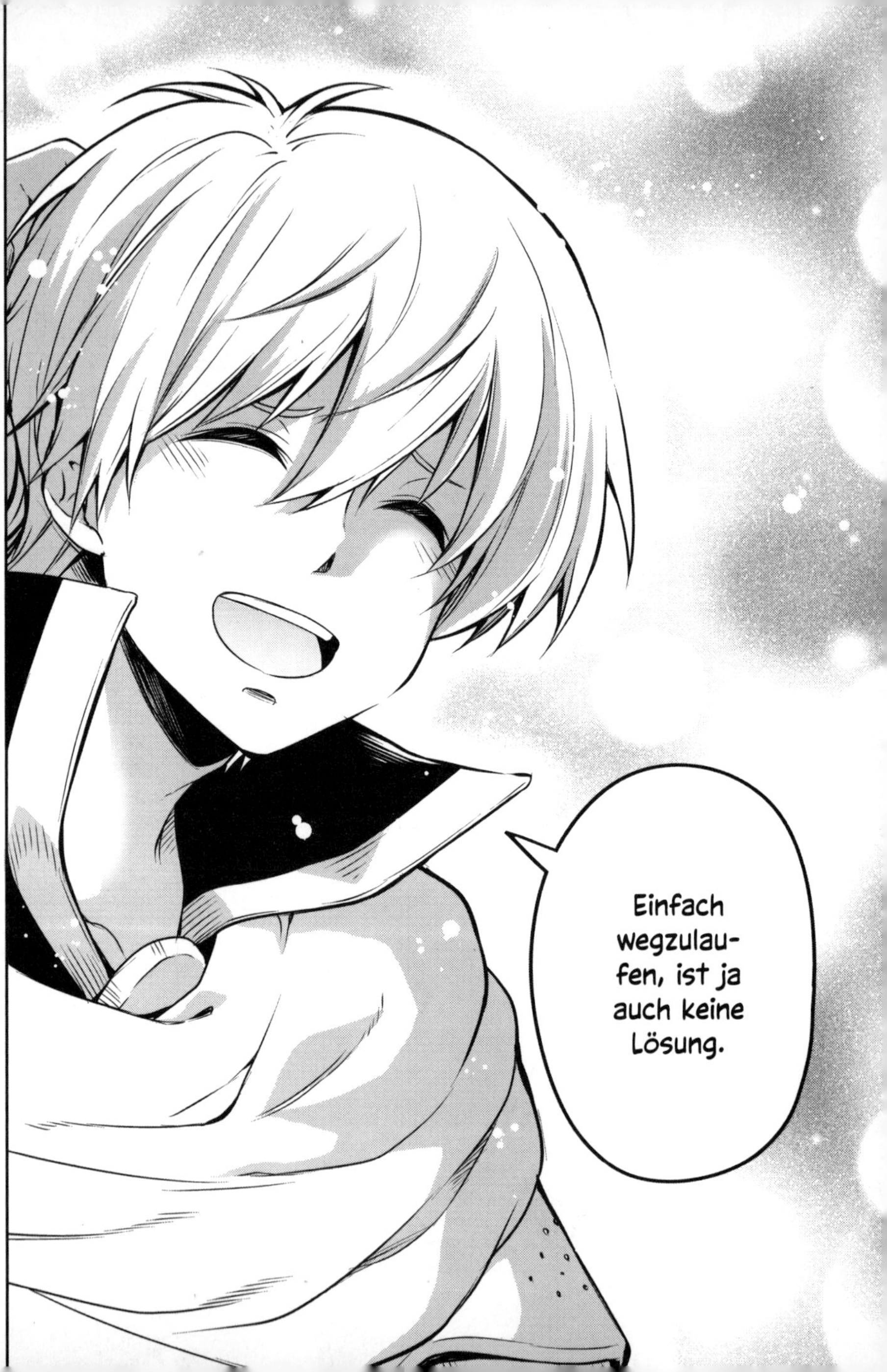
Einfach wegzulaufen, ist ja auch keine Lösung.

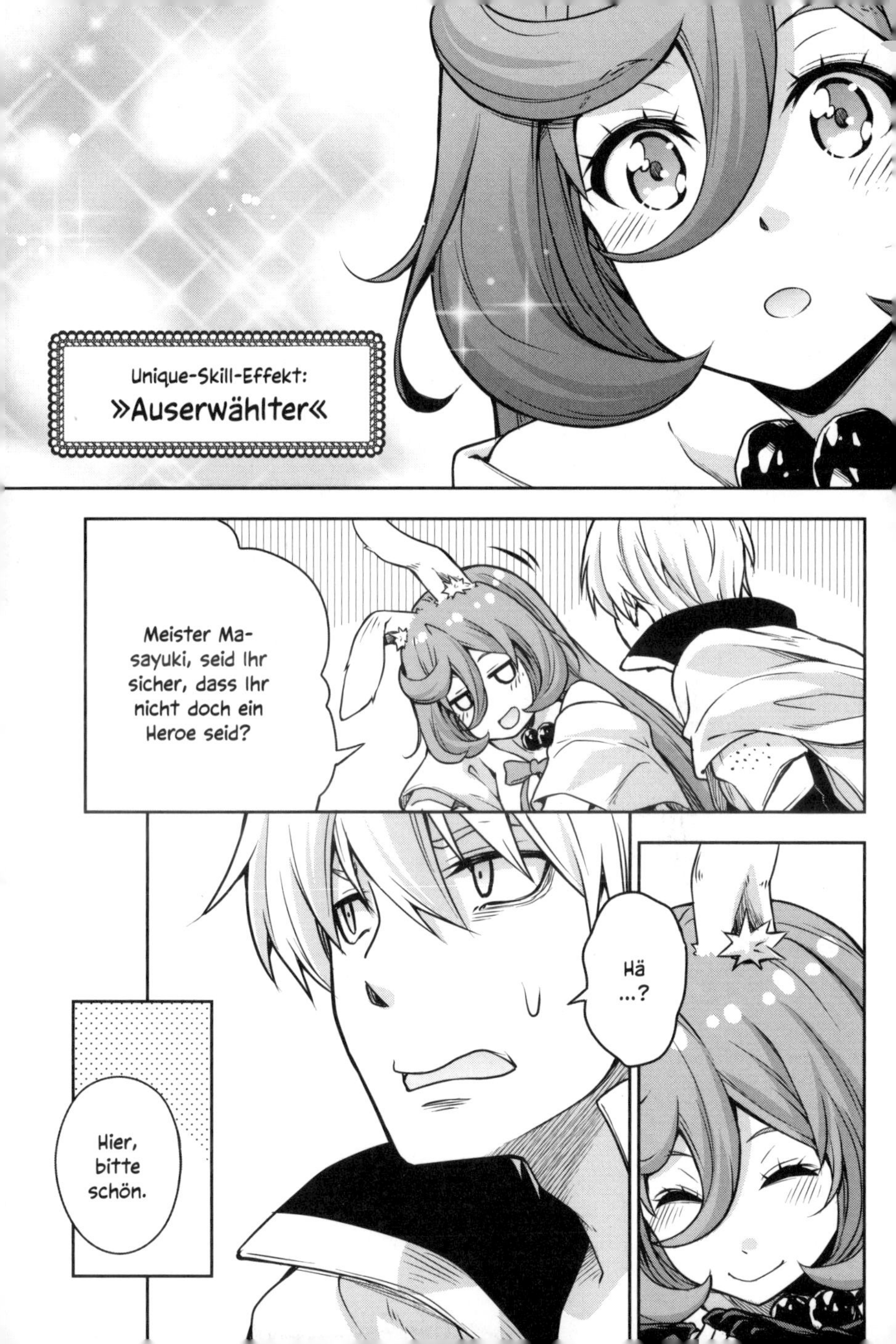
Unique-Skill-Effekt:
»Auserwählter«
Meister Masayuki, seid Ihr sicher, dass Ihr nicht doch ein Heroe seid?
Hä …?
Hier, bitte schön.

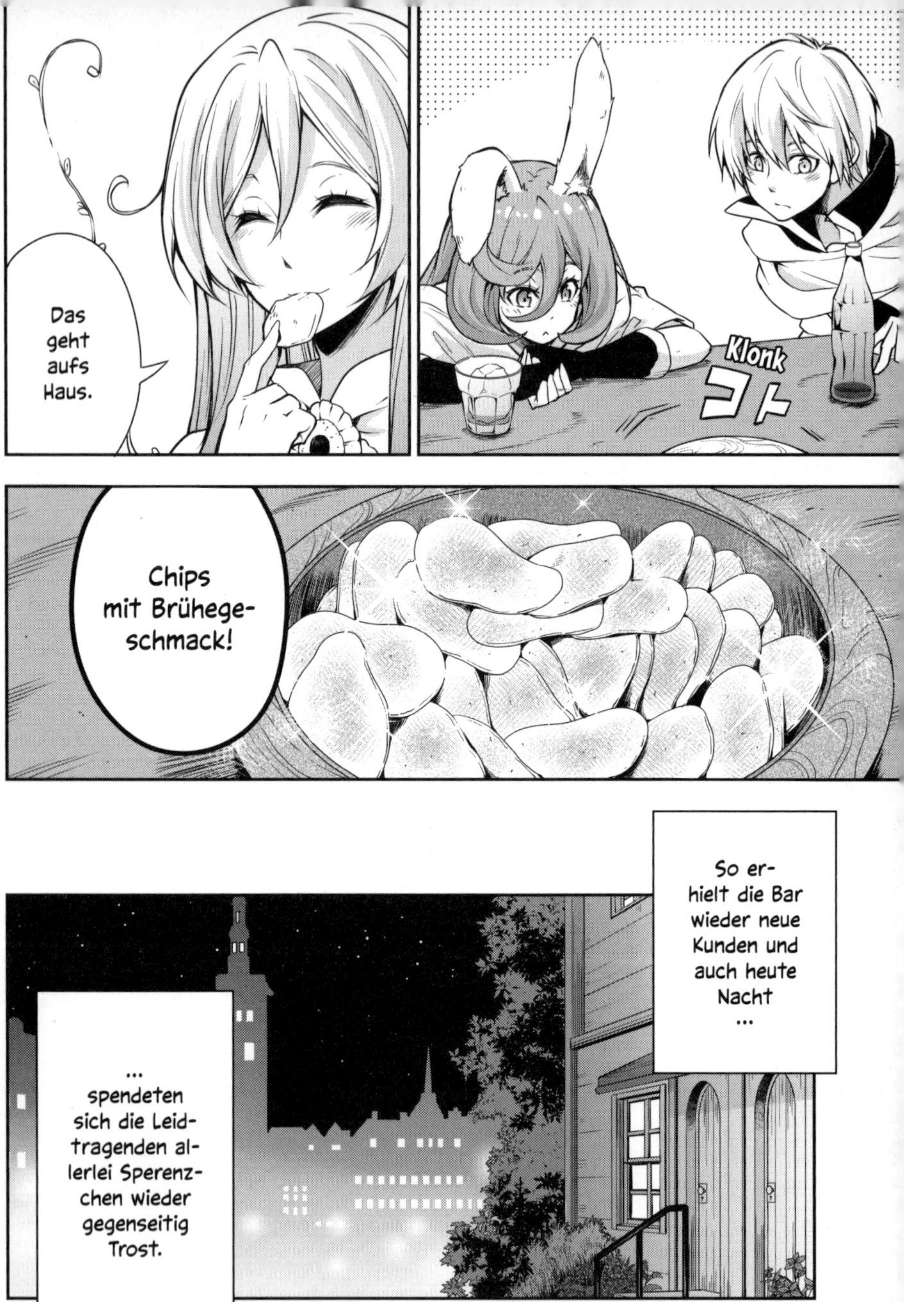

Kapitel 42 ☆ Ende

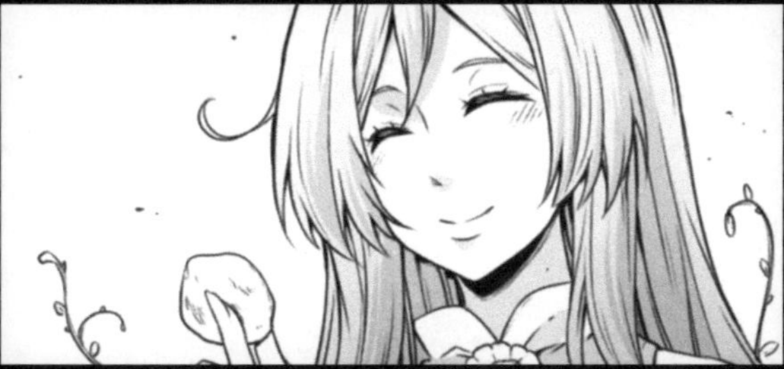

Der

SCHLEIM-

Reiseführer in das Land der Dämonen

8

Kapitel 43: Drei Sterne für die Evakuierung in die Stadt!

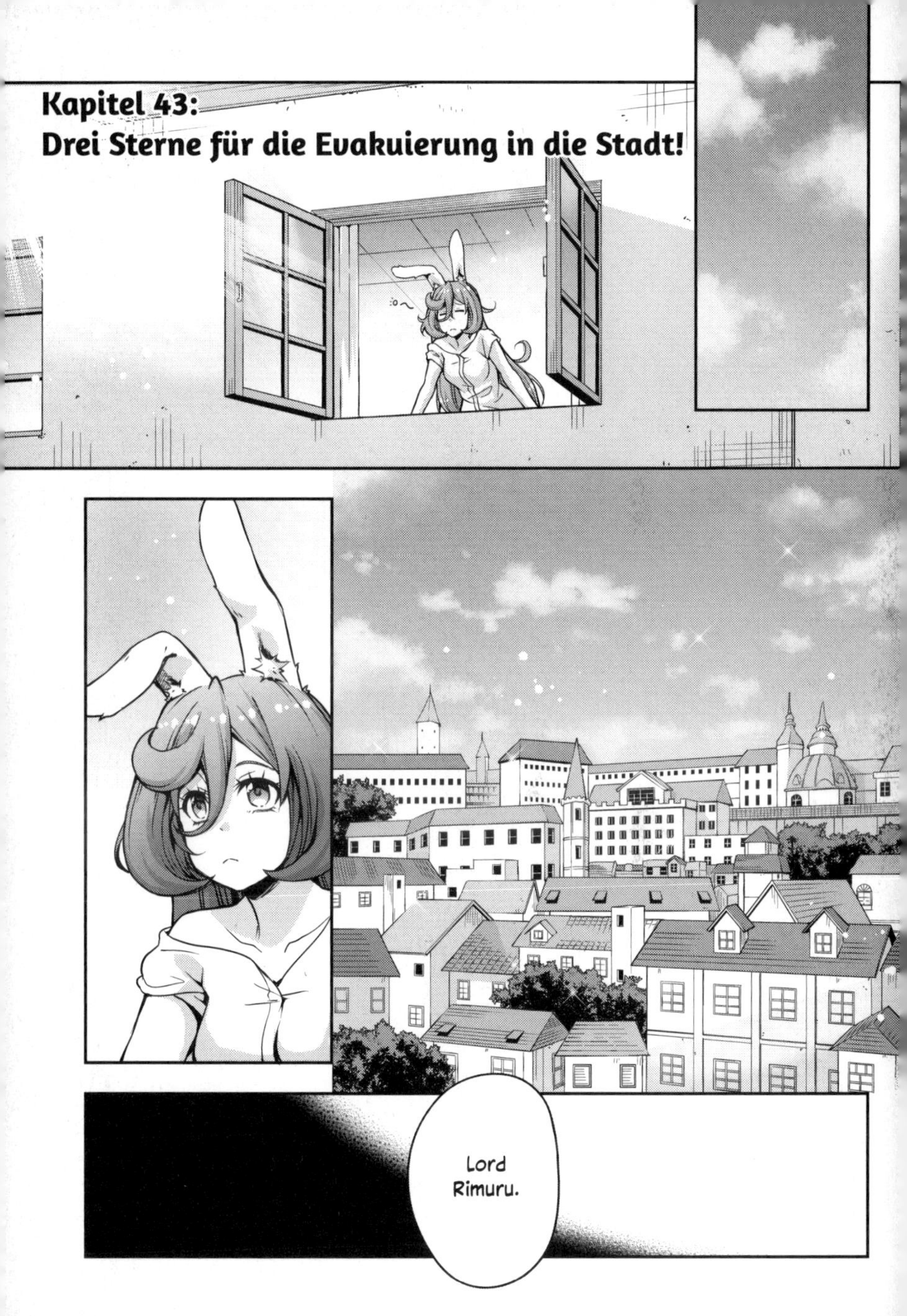

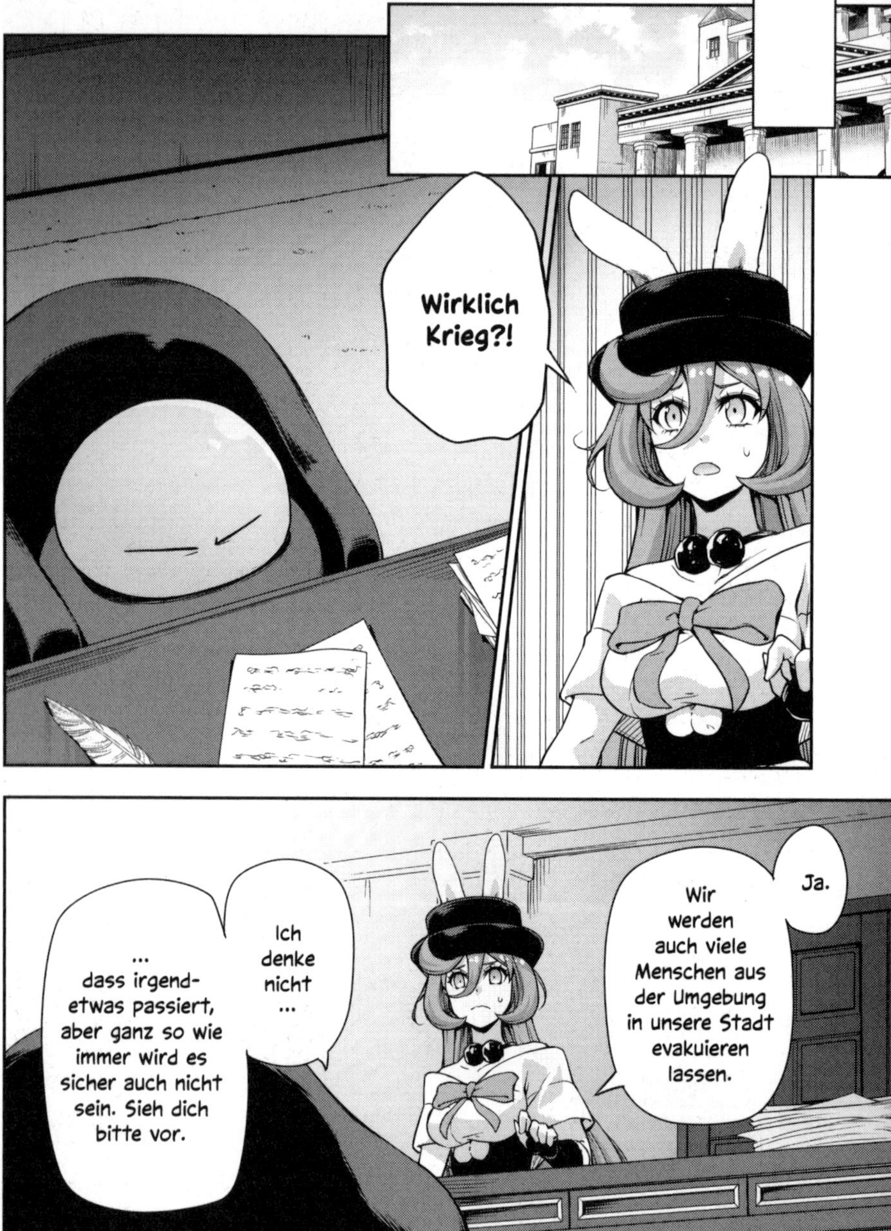
Wirklich Krieg?!
Ja.
Wir werden auch viele Menschen aus der Umgebung in unsere Stadt evakuieren lassen.
Ich denke nicht ...
... dass irgend-etwas passiert, aber ganz so wie immer wird es sicher auch nicht sein. Sieh dich bitte vor.

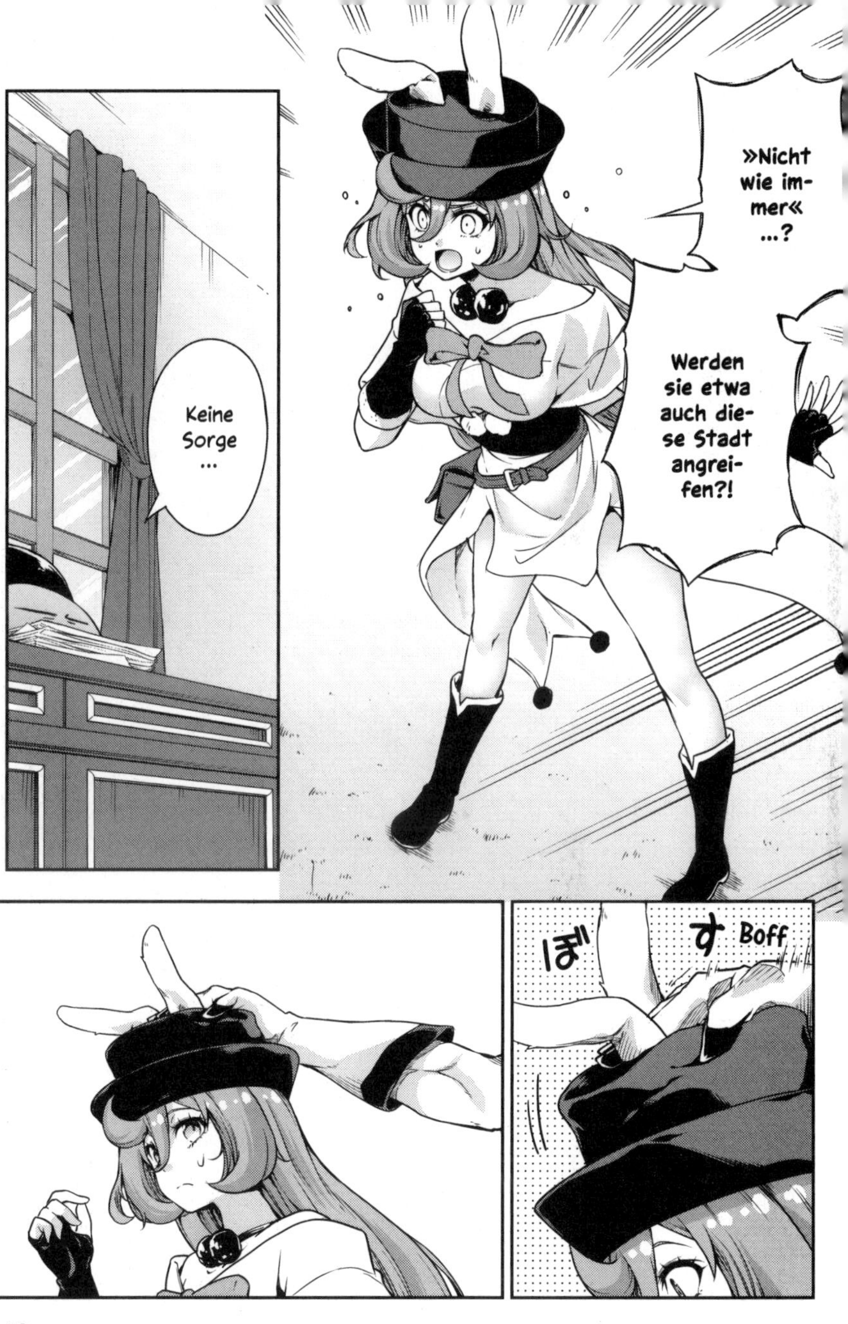
»Nicht wie immer« ...?
Werden sie etwa auch diese Stadt angreifen?!
Keine Sorge ...
ぼす Boff

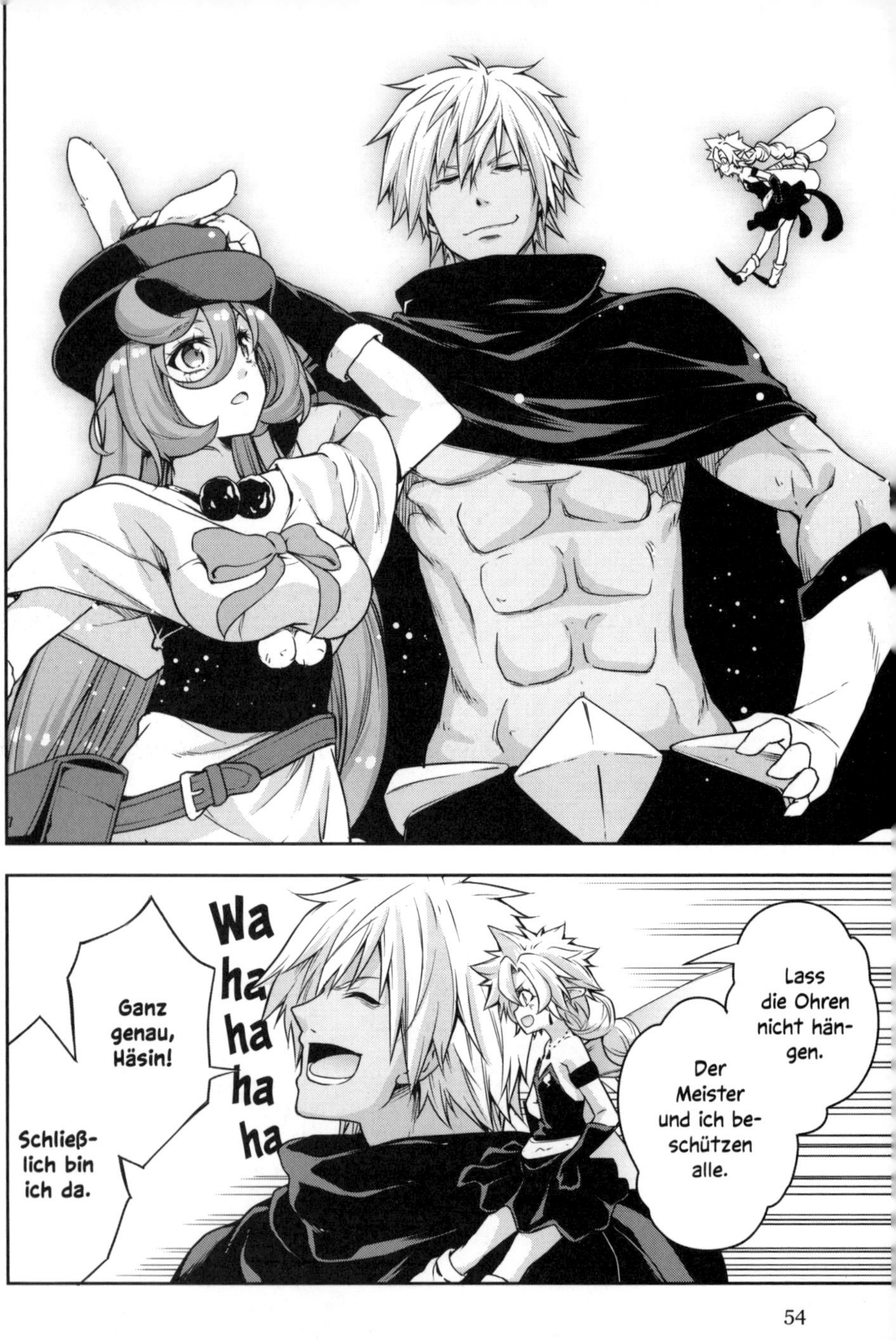
Lass die Ohren nicht hängen.
Der Meister und ich beschützen alle.
Wahahahahaha
Ganz genau, Häsin!
Schließlich bin ich da.

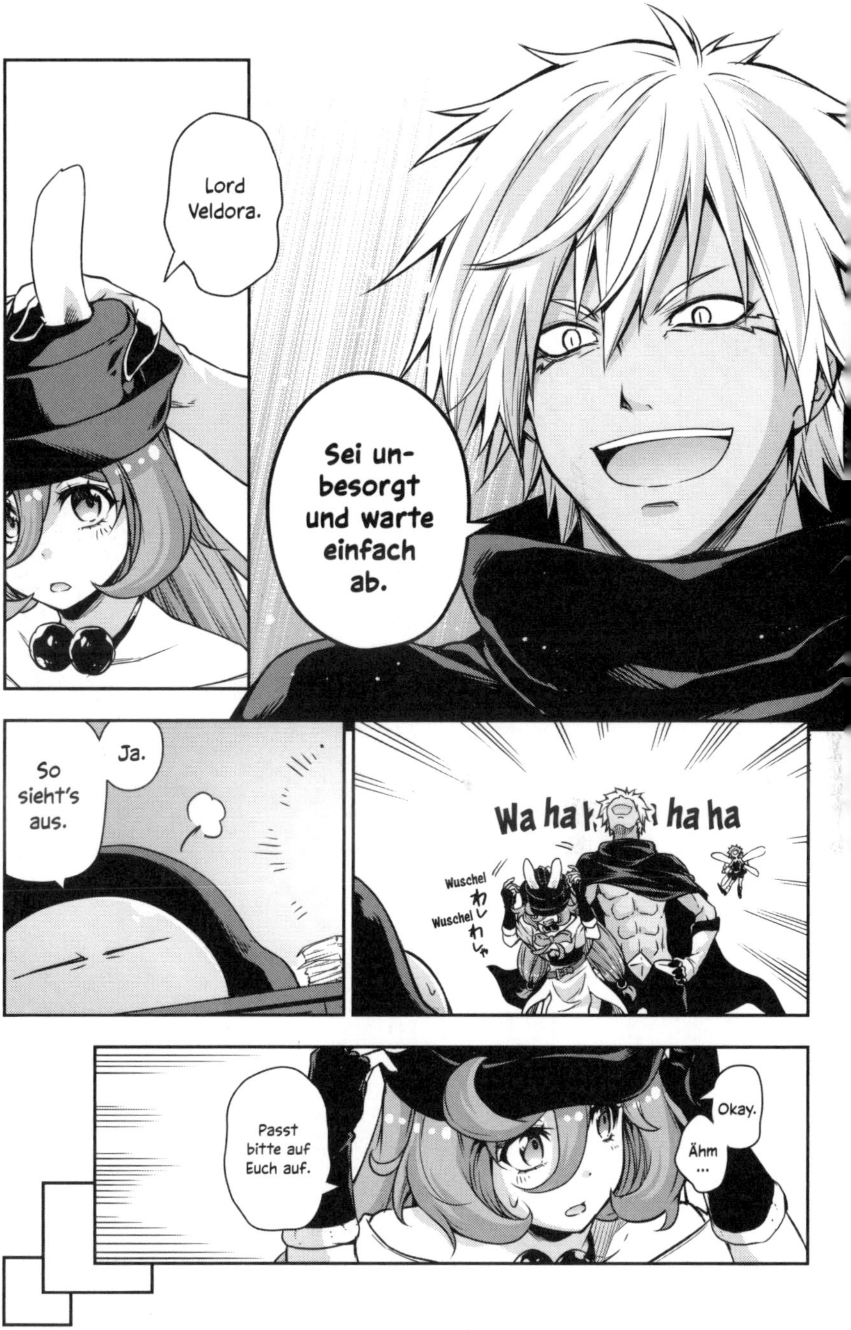
Lord Veldora.
Sei unbesorgt und warte einfach ab.
Ja.
So sieht's aus.
Wa ha ha ha ha
Wuschel
Wuschel
Okay.
Ähm ...
Passt bitte auf Euch auf.

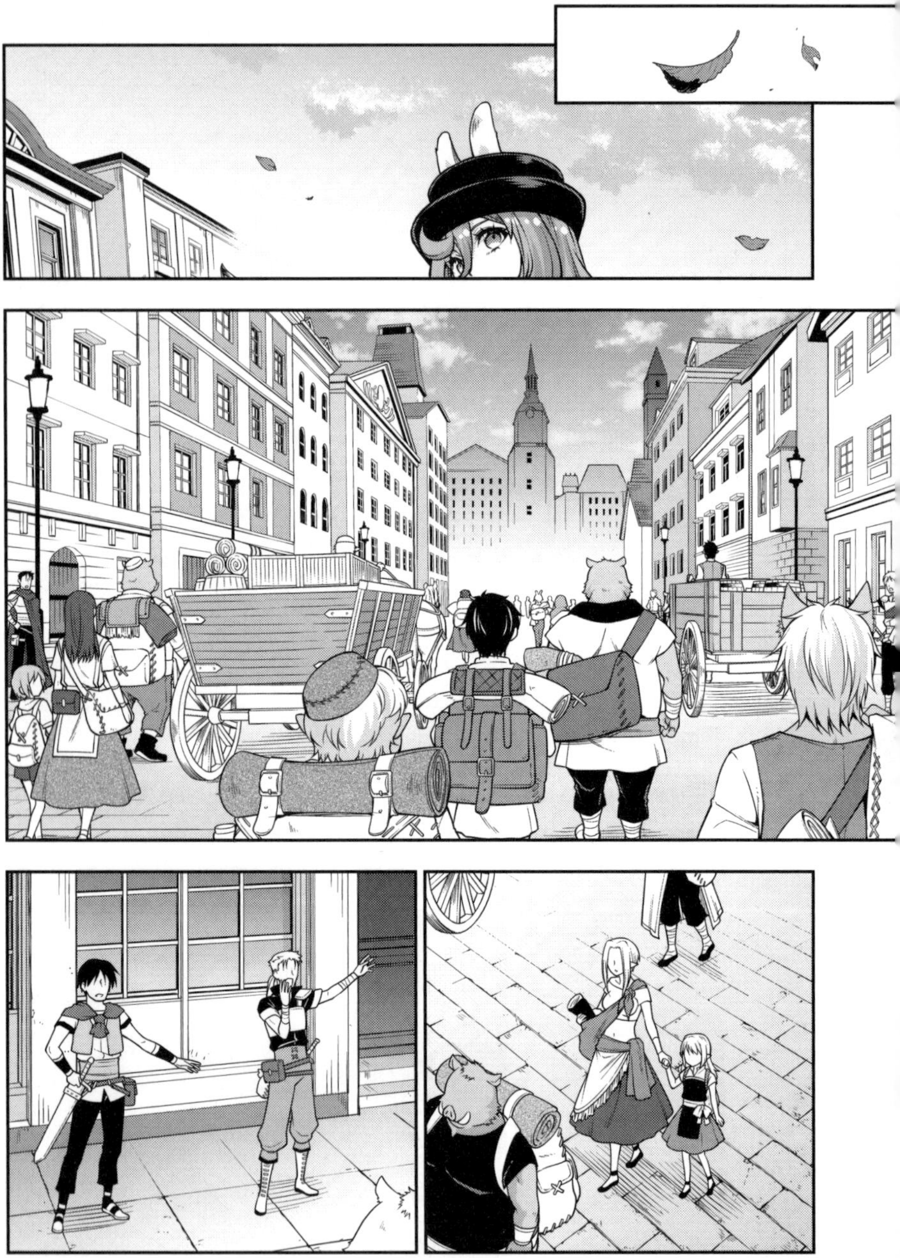

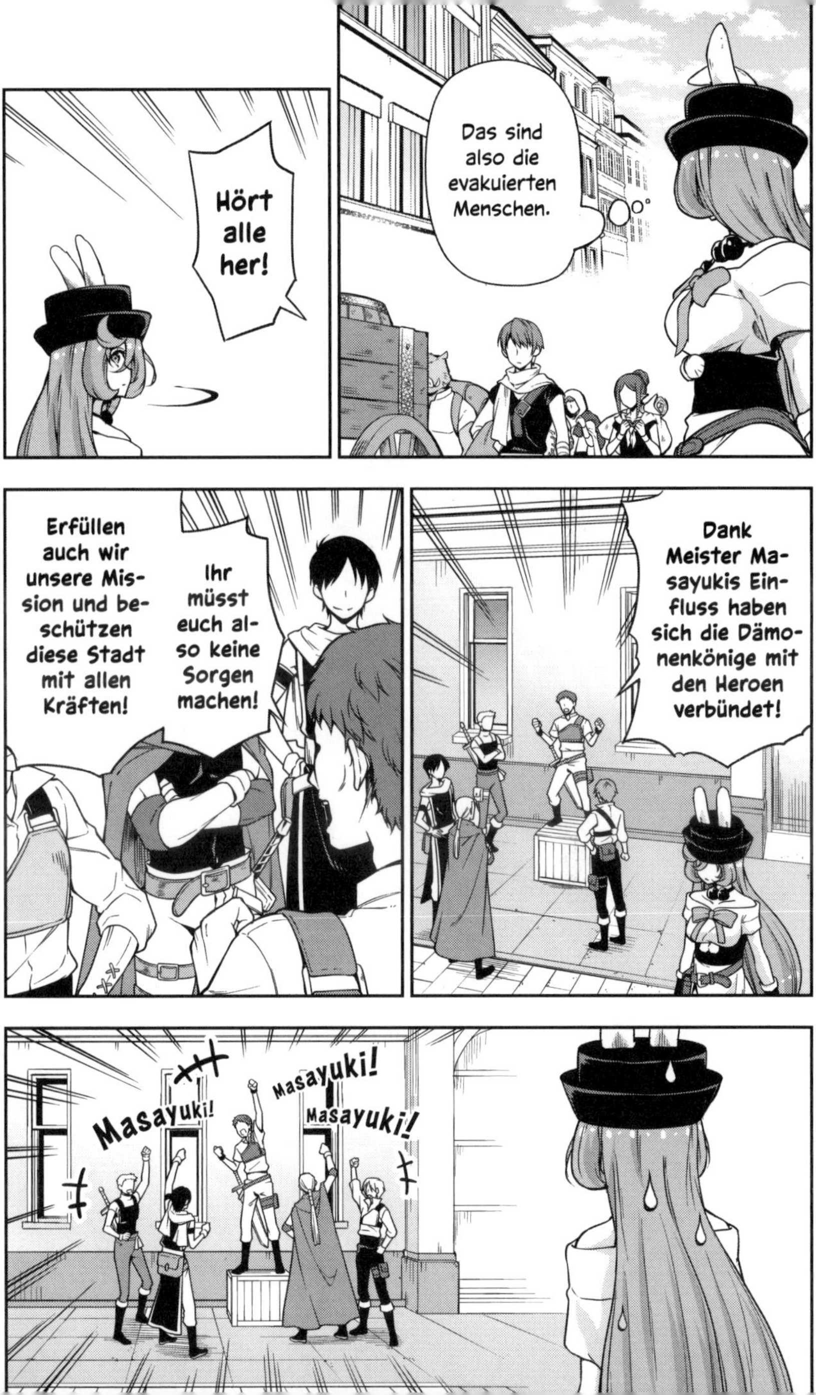

Das sind also die evakuierten Menschen.
Hört alle her!
Dank Meister Masayukis Einfluss haben sich die Dämonenkönige mit den Heroen verbündet!
Ihr müsst euch also keine Sorgen machen!
Erfüllen auch wir unsere Mission und beschützen diese Stadt mit allen Kräften!
Masayuki!
Masayuki!
Masayuki!

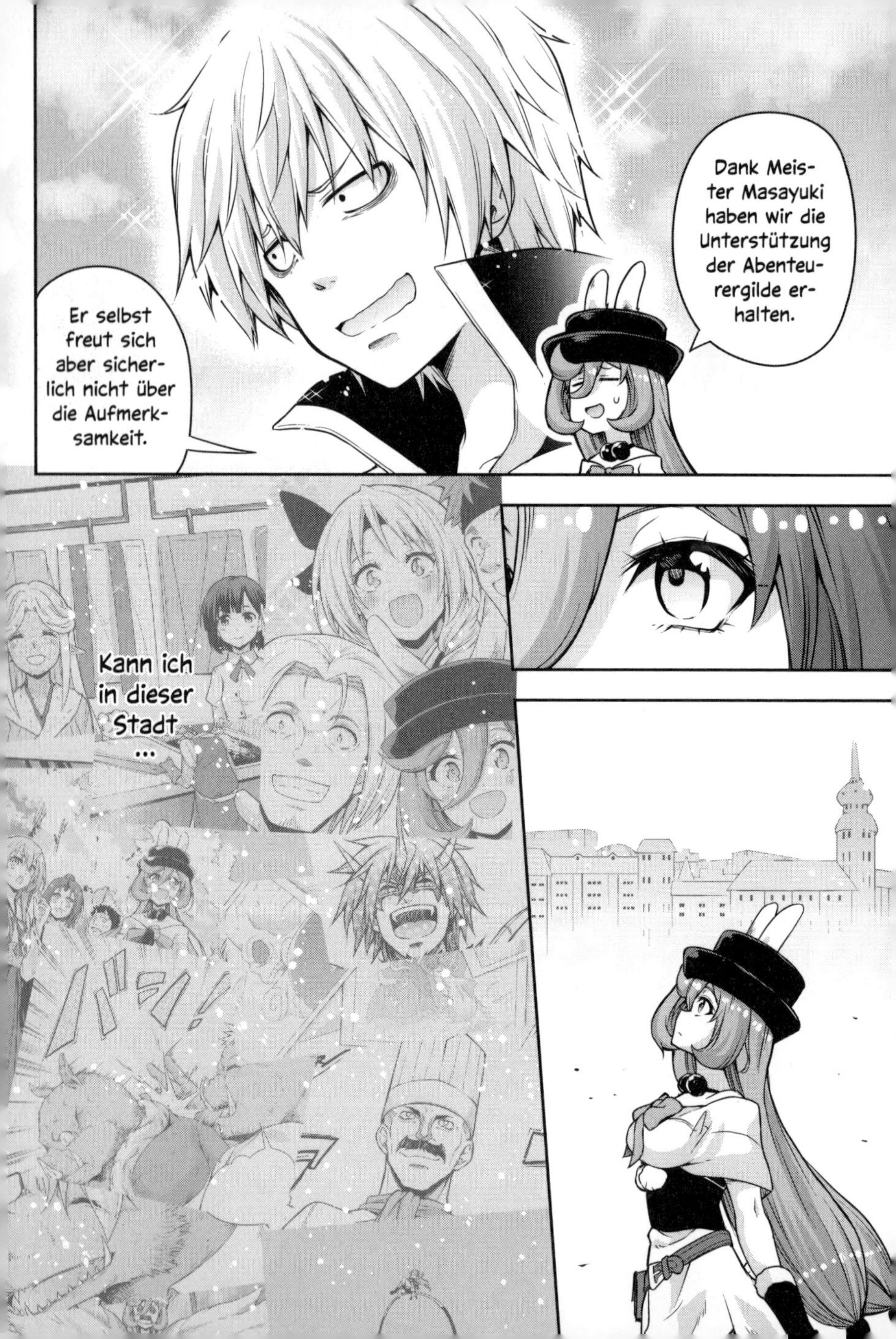
Dank Meister Masayuki haben wir die Unterstützung der Abenteuergilde erhalten.
Er selbst freut sich aber sicherlich nicht über die Aufmerksamkeit.
Kann ich in dieser Stadt ...

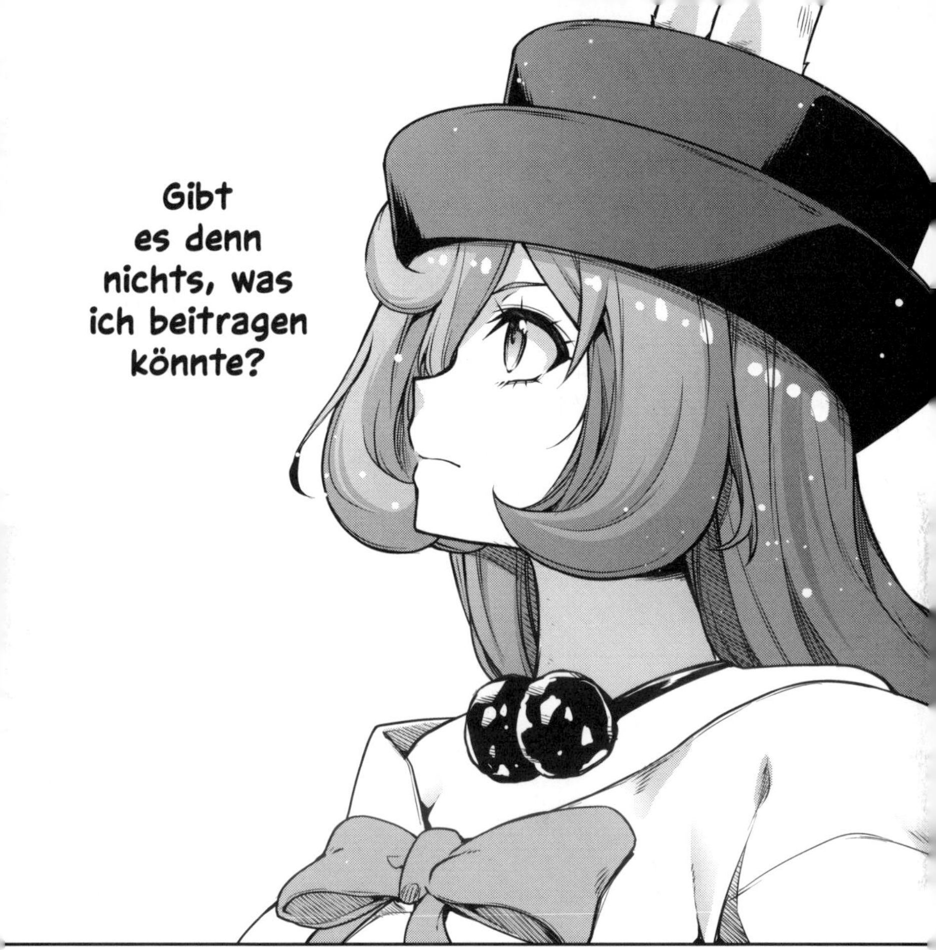
Gibt es denn nichts, was ich beitragen könnte?

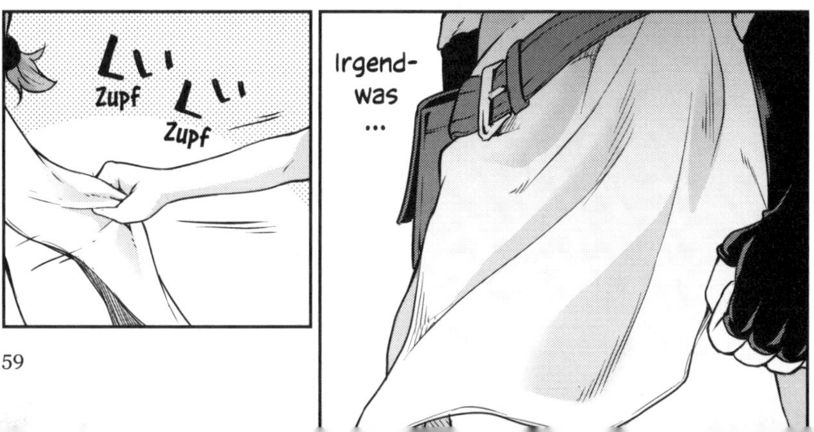
Irgend-was ...
Zupf
Zupf

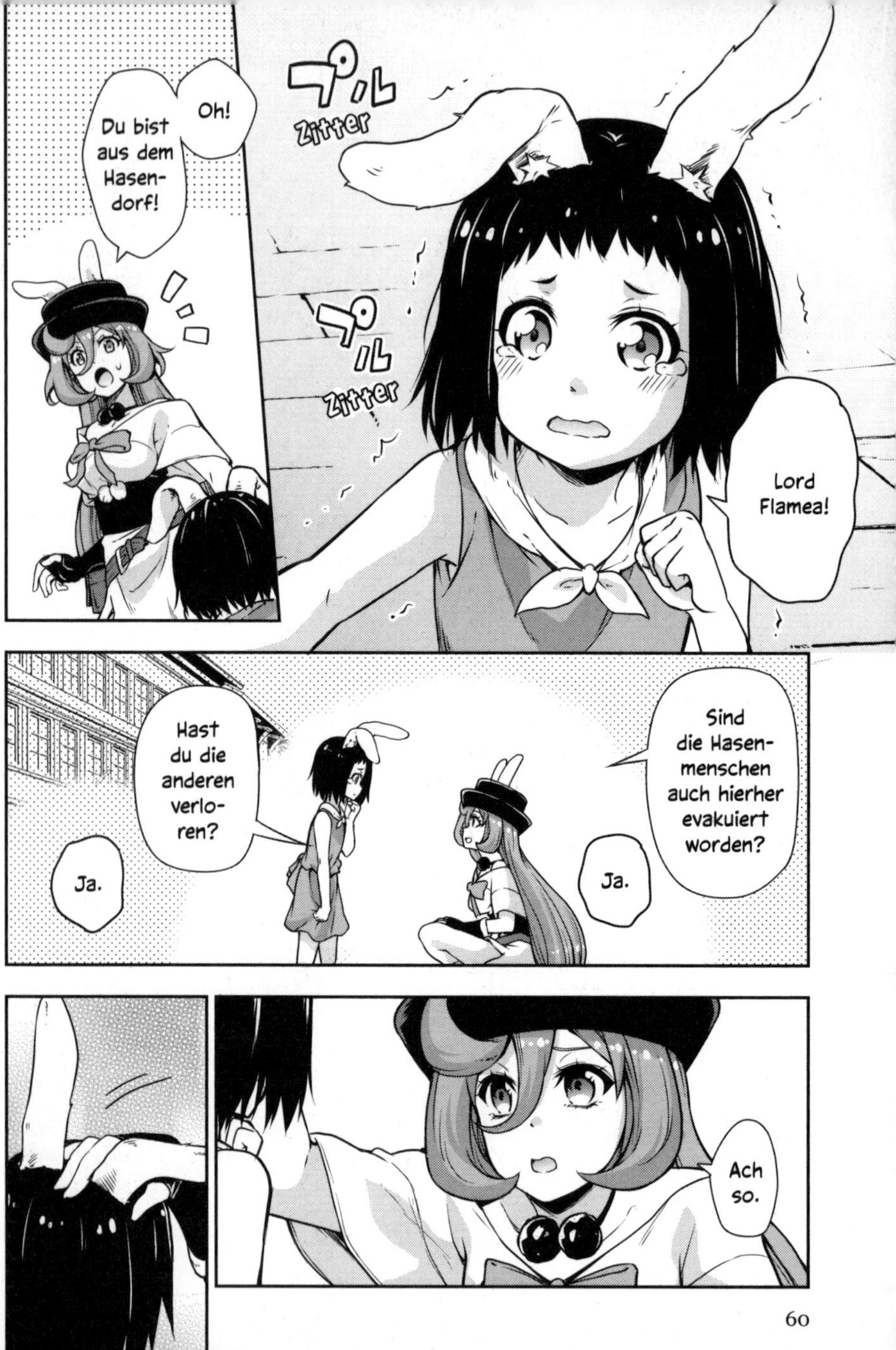

Lord Flamea!
プル
Zitter
プル
Zitter
Oh!
Du bist aus dem Hasen-dorf!
Sind die Hasen-menschen auch hierher evakuiert worden?
Ja.
Hast du die anderen verlo-ren?
Ja.
Ach so.

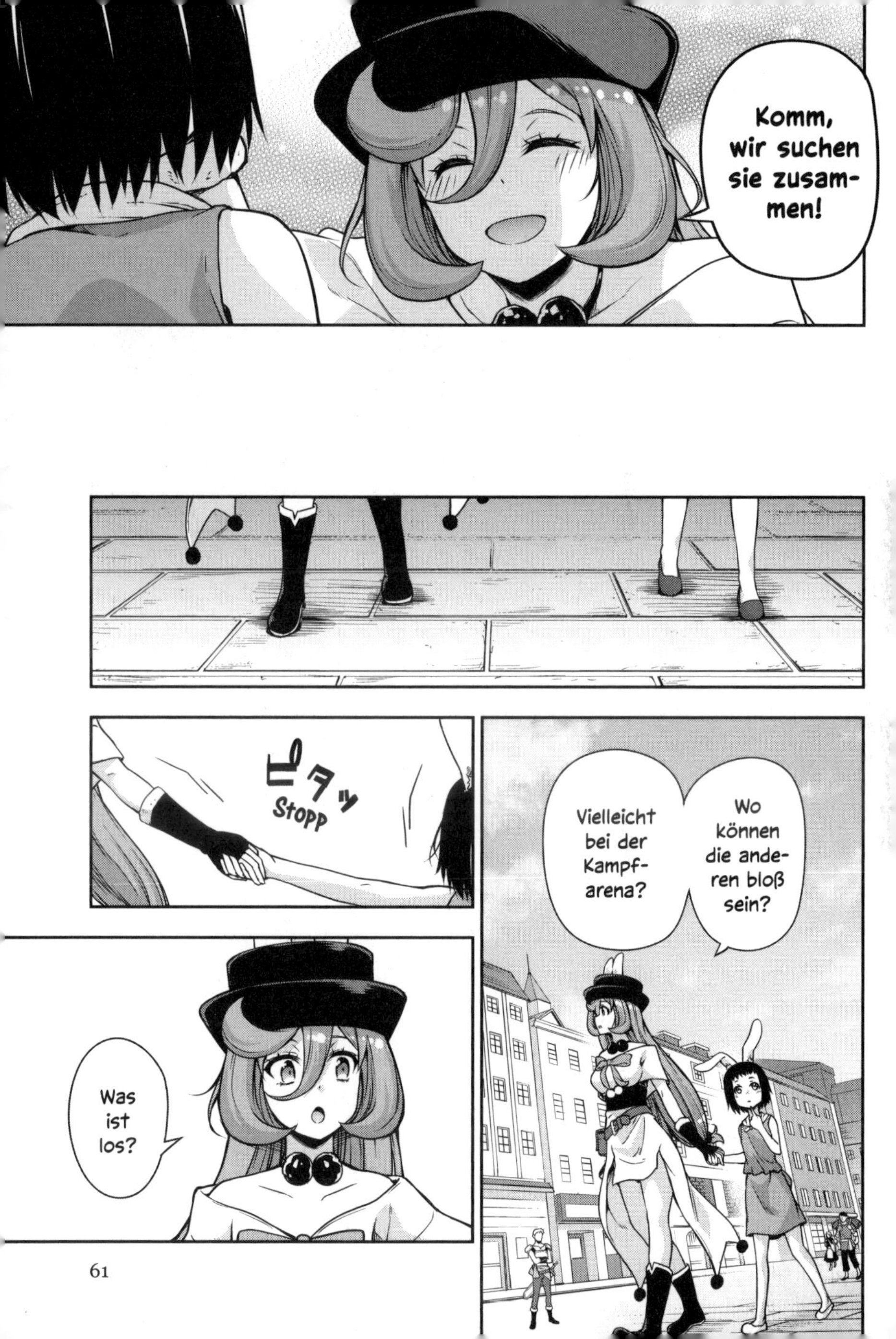
Komm, wir suchen sie zusammen!
ピタッ
Stopp
Wo können die anderen bloß sein?
Vielleicht bei der Kampfarena?
Was ist los?

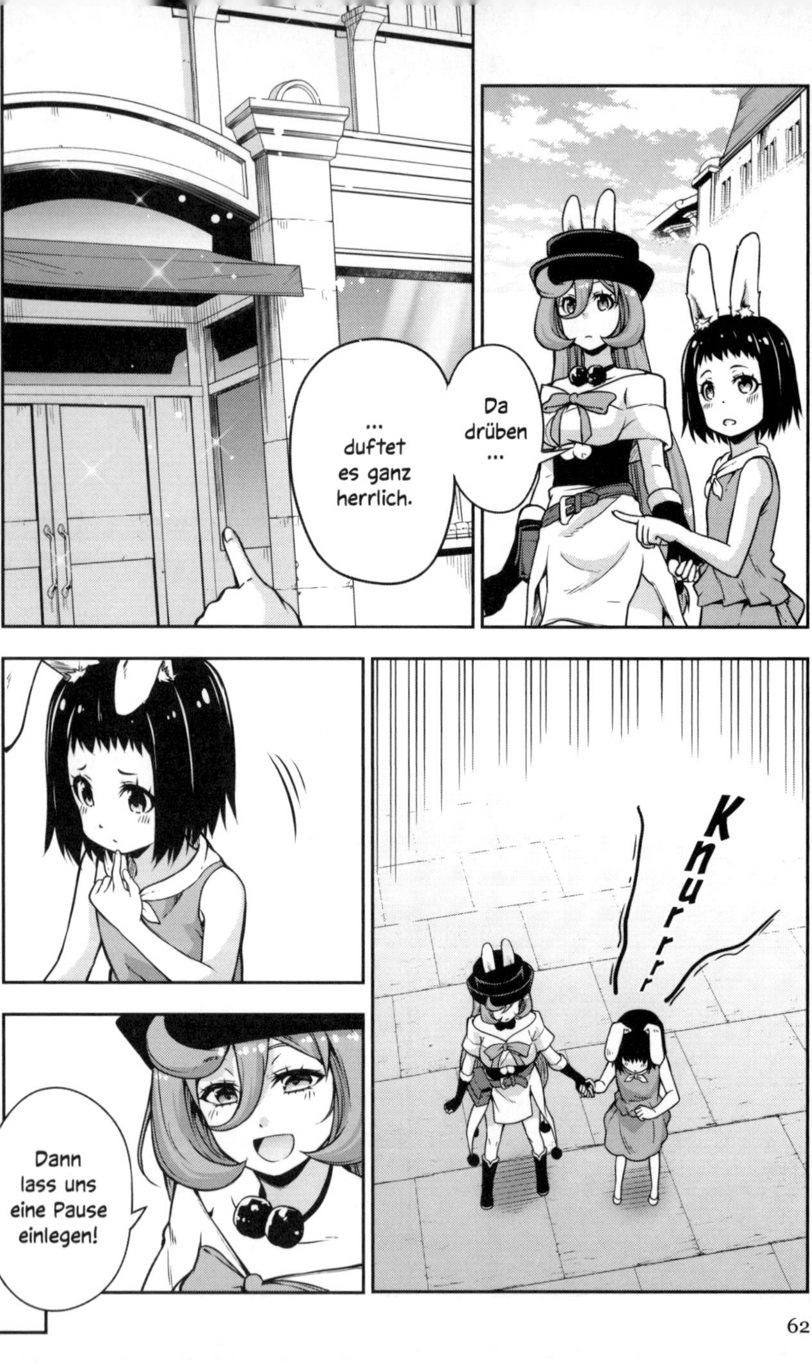
Da drüben ...
... duftet es ganz herrlich.
Knurrrr
Dann lass uns eine Pause einlegen!

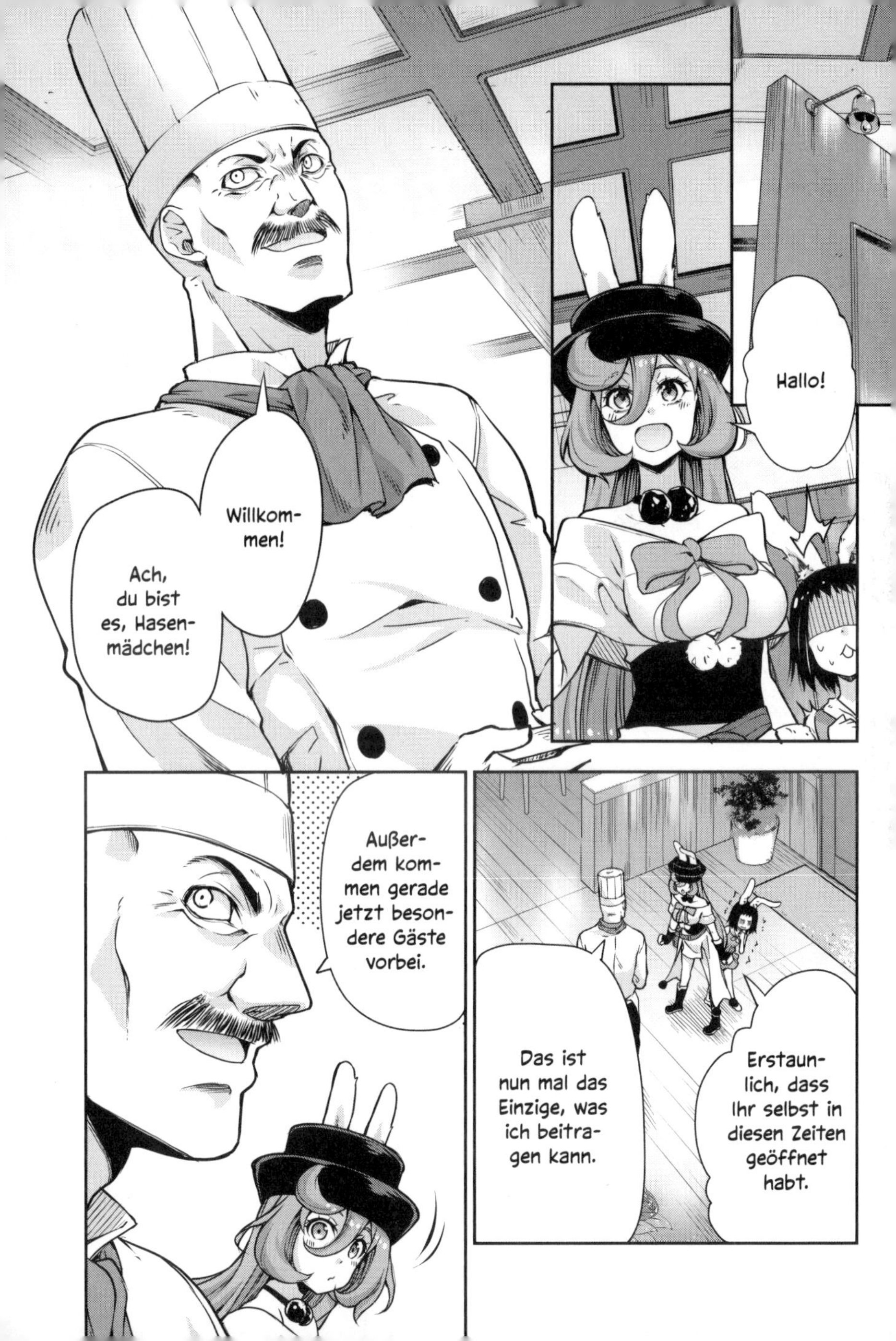
Hallo!
Willkommen!
Ach, du bist es, Hasenmädchen!
Außerdem kommen gerade jetzt besondere Gäste vorbei.
Erstaunlich, dass Ihr selbst in diesen Zeiten geöffnet habt.
Das ist nun mal das Einzige, was ich beitragen kann.

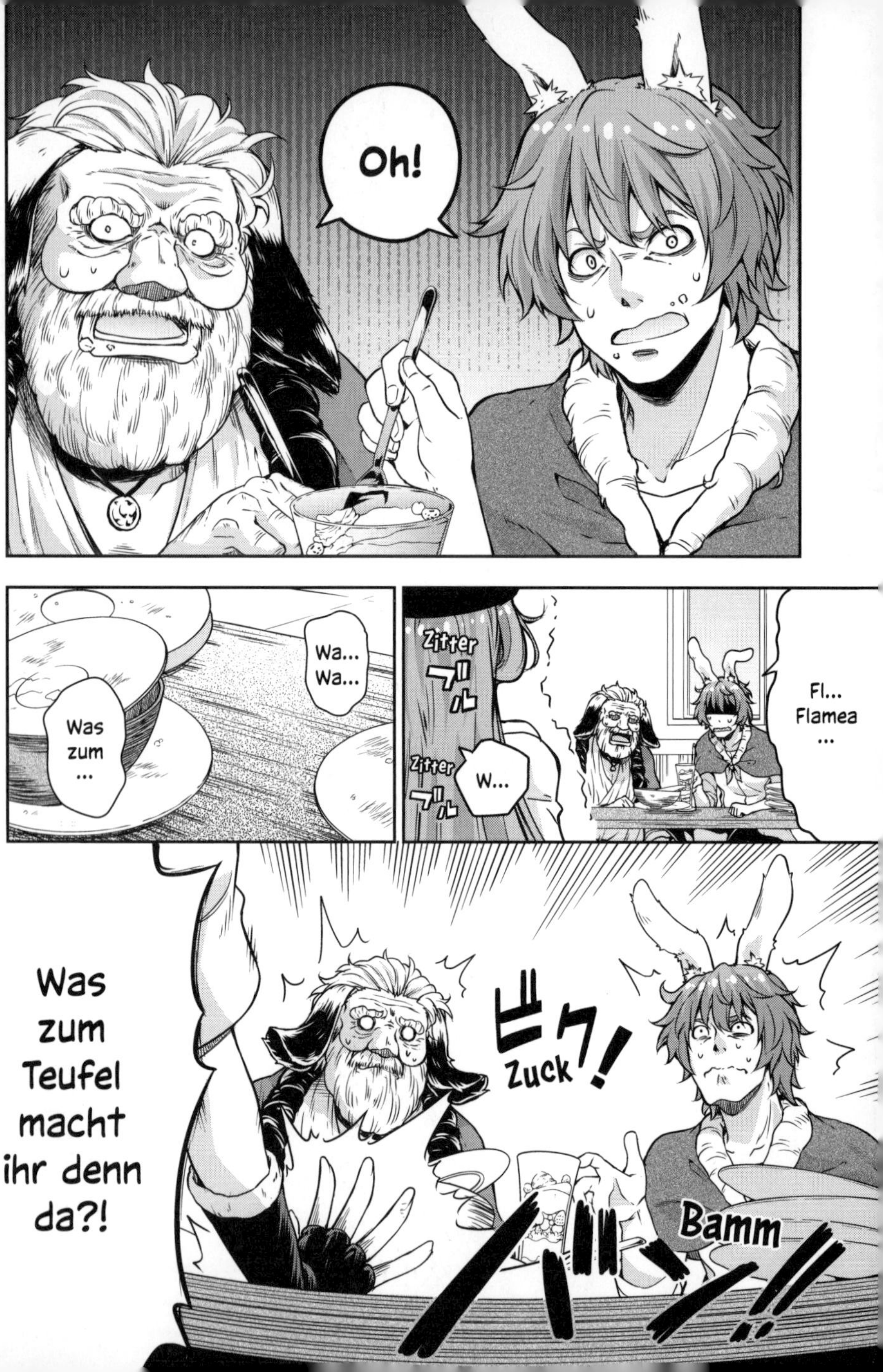
Oh!
Fl...
Flamea
...
Zitter
ブル
W...
Zitter
ブル
Wa...
Wa...
Was
zum
...
Was zum Teufel macht ihr denn da?!
ビクッ!
Zuck
Bamm

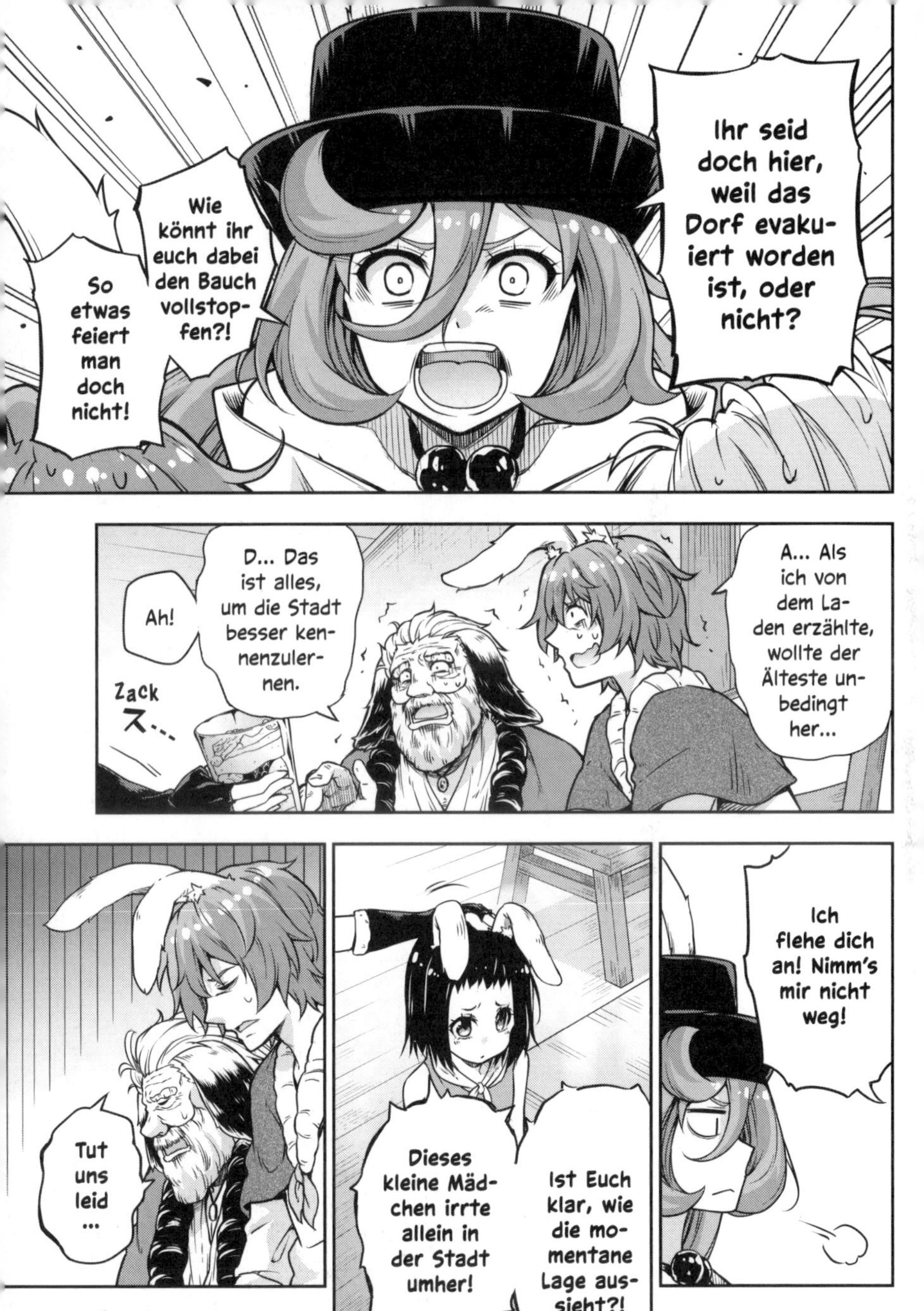
Ihr seid doch hier, weil das Dorf evakuiert worden ist, oder nicht?
Wie könnt ihr euch dabei den Bauch vollstopfen?!
So etwas feiert man doch nicht!
A... Als ich von dem Laden erzählte, wollte der Älteste unbedingt her...
D... Das ist alles, um die Stadt besser kennenzulernen.
Ah!
Zack
Ich flehe dich an! Nimm's mir nicht weg!
Ist Euch klar, wie die momentane Lage aussieht?!
Dieses kleine Mädchen irrte allein in der Stadt umher!
Tut uns leid ...

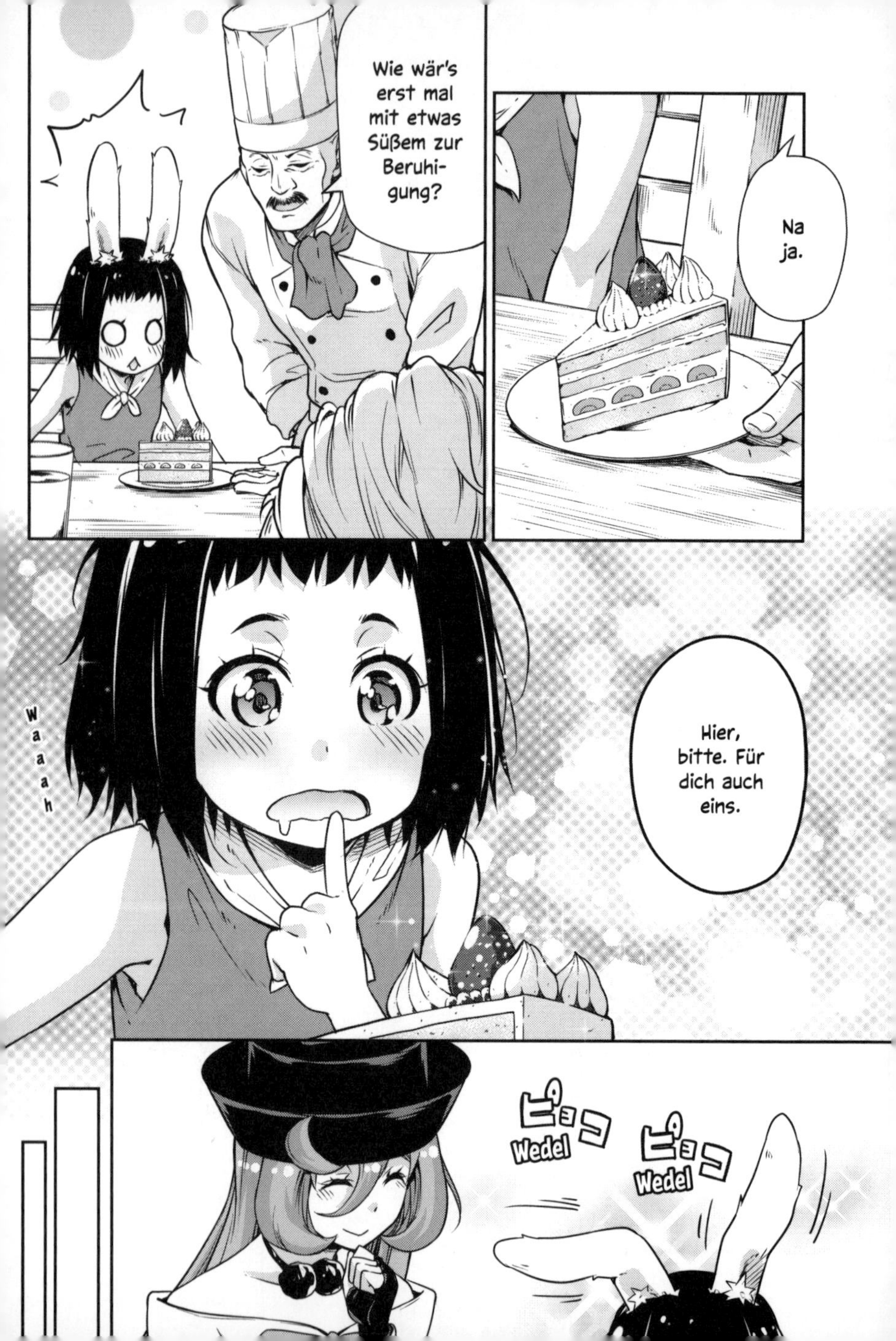
Na ja.
Wie wär's erst mal mit etwas Süßem zur Beruhigung?
Hier, bitte. Für dich auch eins.
Waaah
ピョコ Wedel
ピョコ Wedel

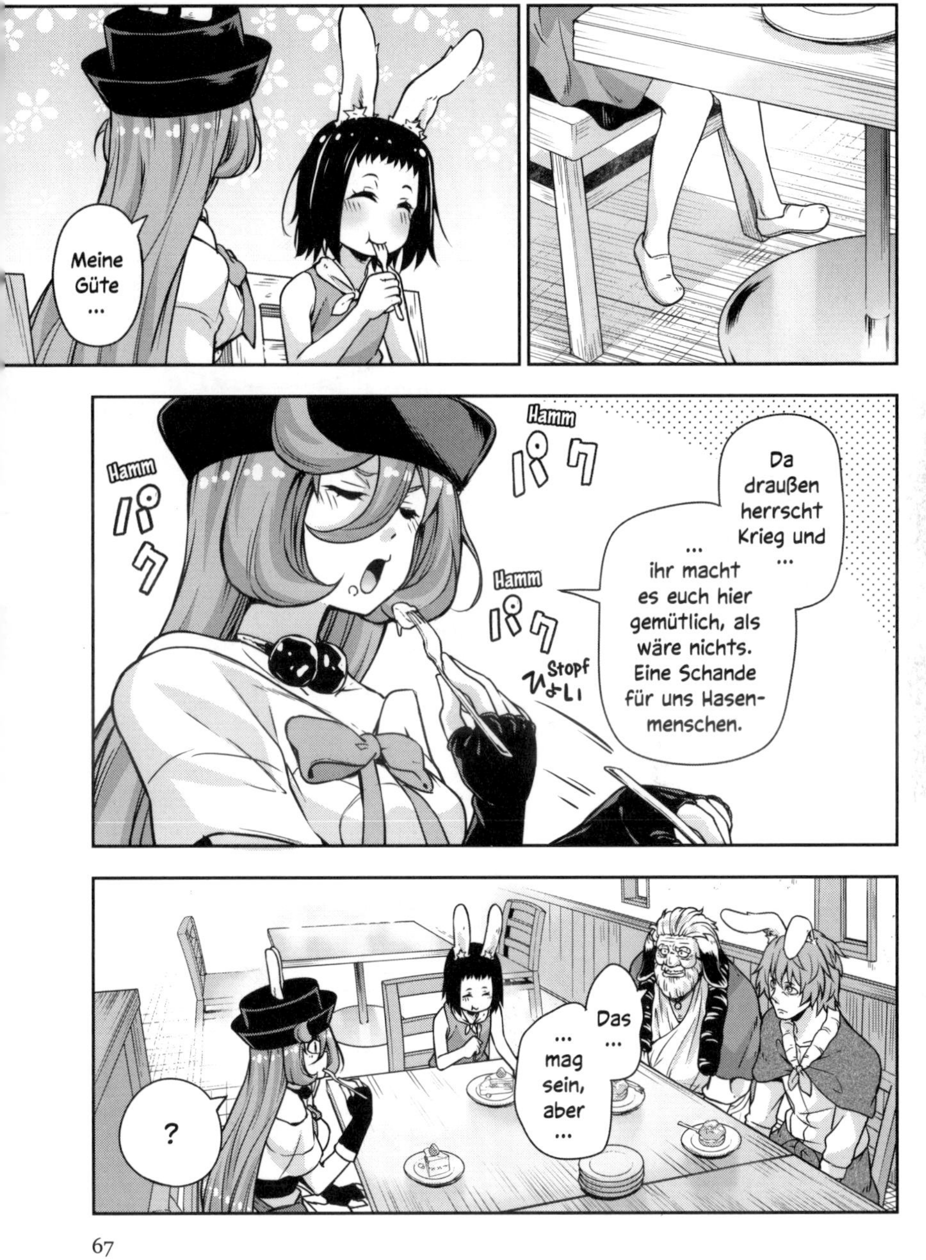
Meine Güte ...
Hamm
パク
Hamm
パク
Da draußen herrscht Krieg und ...
... ihr macht es euch hier gemütlich, als wäre nichts. Eine Schande für uns Hasenmenschen.
Hamm
パク
Stopf
ひょい
Das ...
... mag sein, aber ...
?

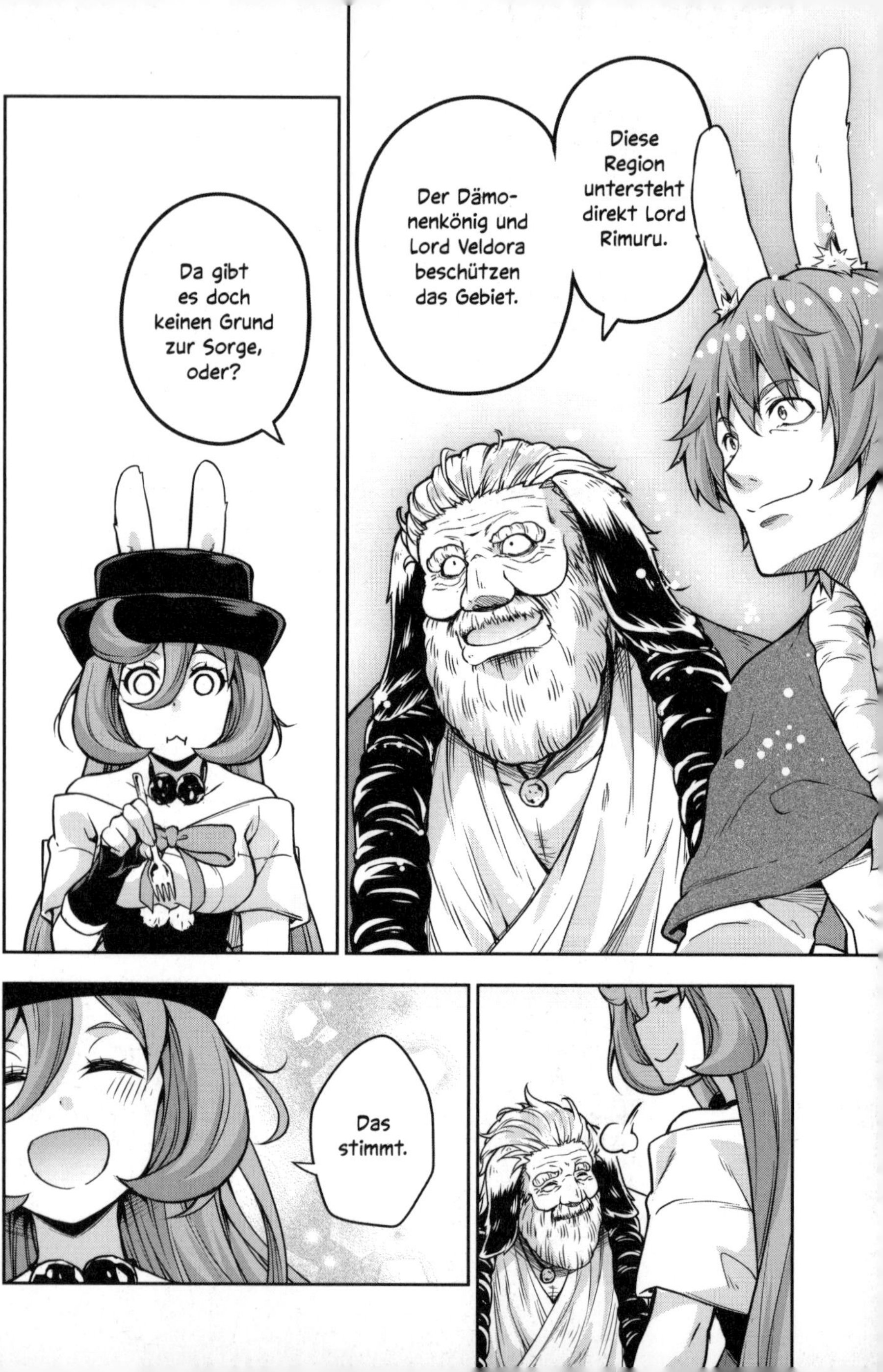
Diese Region untersteht direkt Lord Rimuru.
Der Dämonenkönig und Lord Veldora beschützen das Gebiet.
Da gibt es doch keinen Grund zur Sorge, oder?
Das stimmt.

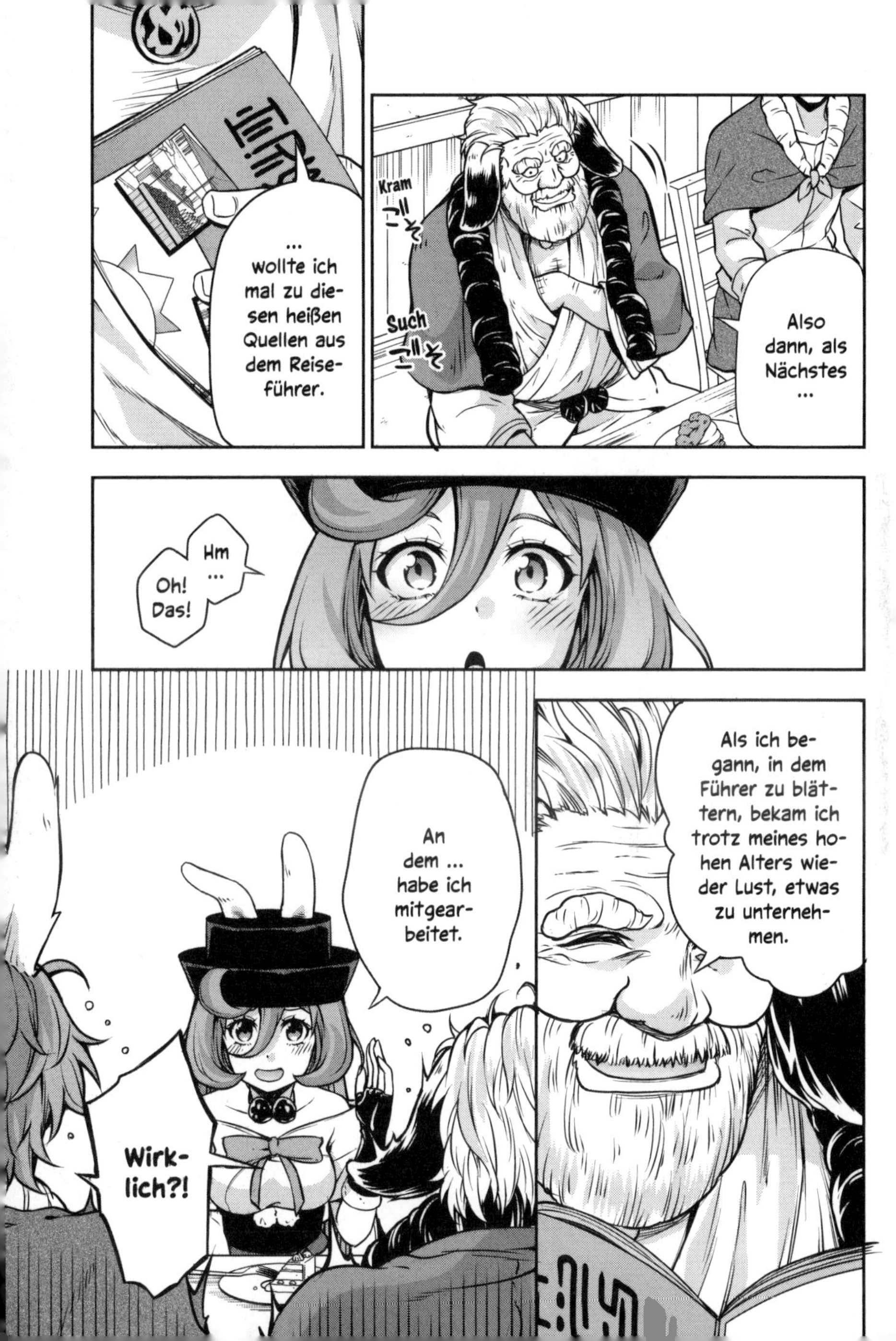
Also dann, als Nächstes ...
Kram
Such
... wollte ich mal zu diesen heißen Quellen aus dem Reiseführer.
Hm ...
Oh! Das!
Als ich begann, in dem Führer zu blättern, bekam ich trotz meines hohen Alters wieder Lust, etwas zu unternehmen.
An dem ... habe ich mitgearbeitet.
Wirklich?!

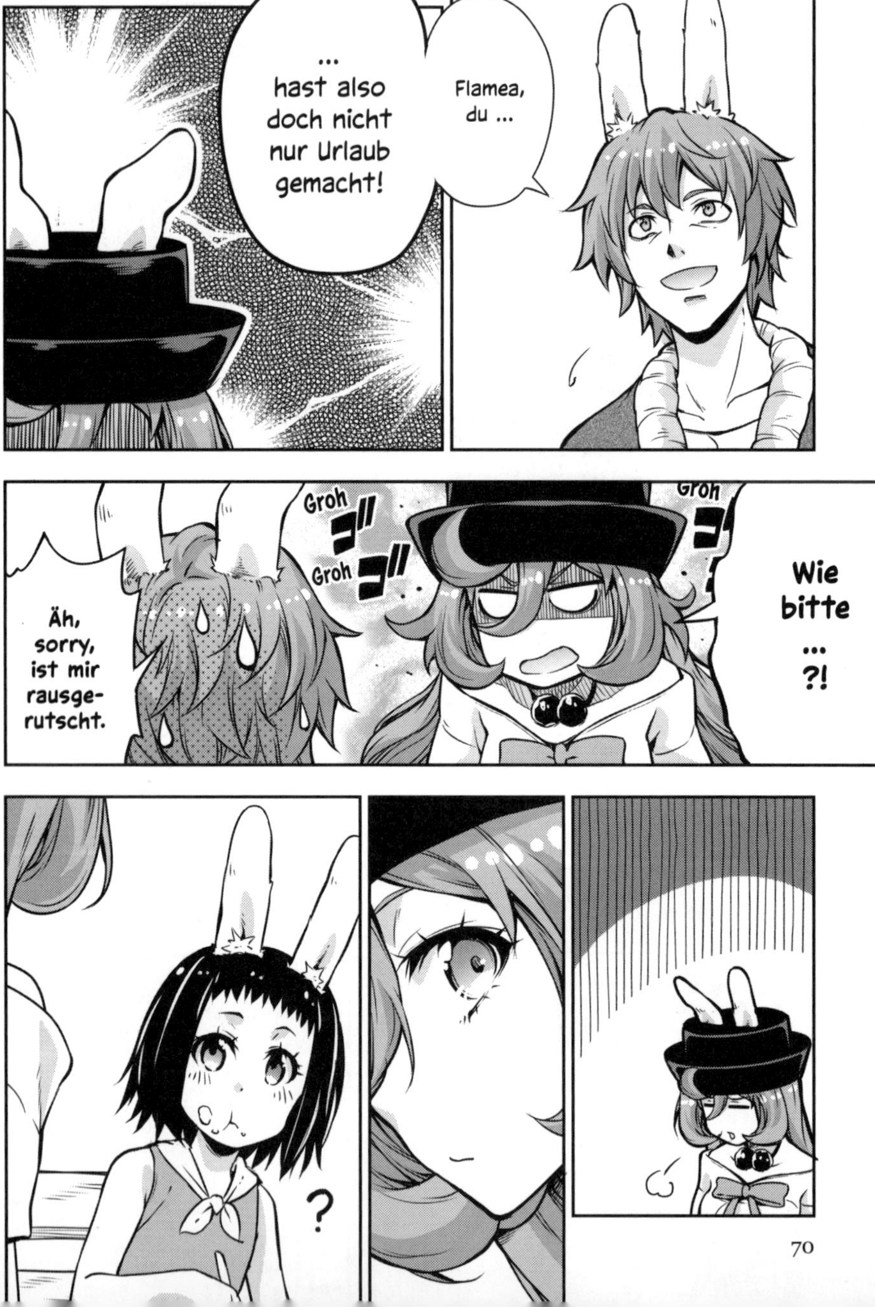
Flamea, du ...
... hast also doch nicht nur Urlaub gemacht!
Wie bitte ... ?!
Groh
Groh
Groh
Äh, sorry, ist mir rausge-rutscht.
?

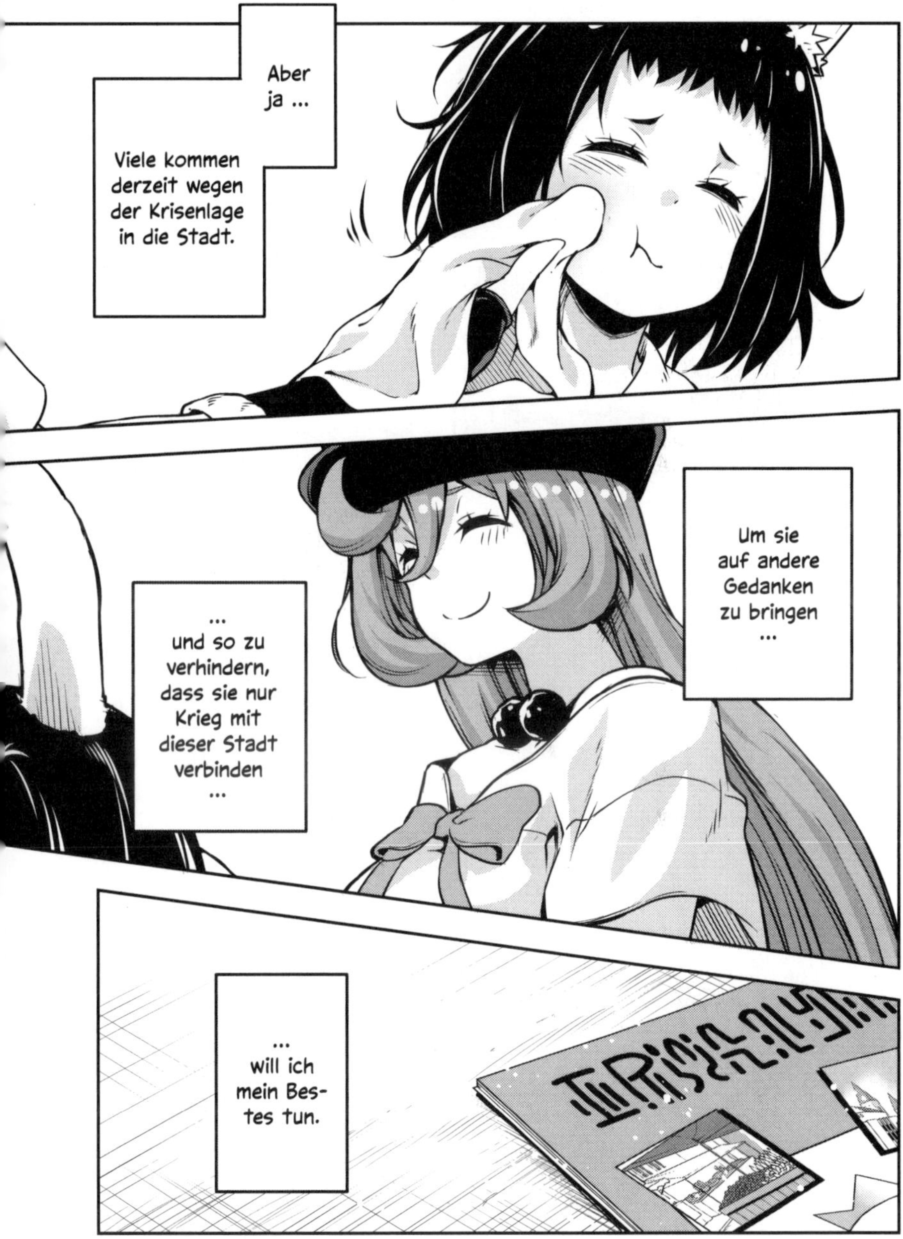
Aber ja ...
Viele kommen derzeit wegen der Krisenlage in die Stadt.
Um sie auf andere Gedanken zu bringen ...
... und so zu verhindern, dass sie nur Krieg mit dieser Stadt verbinden ...
... will ich mein Bestes tun.

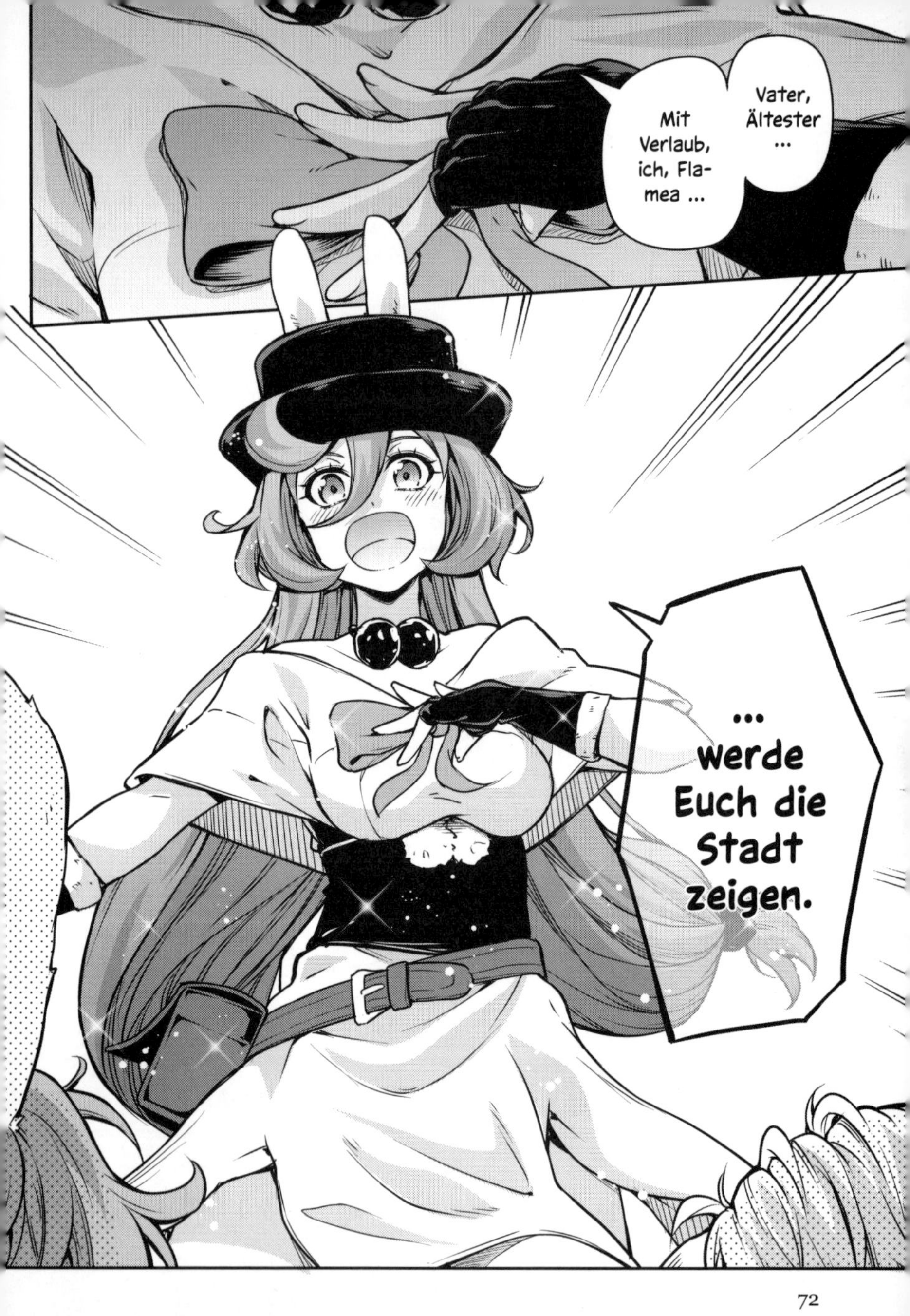
Vater, Ältester ...
Mit Verlaub, ich, Flamea ...
... werde Euch die Stadt zeigen.

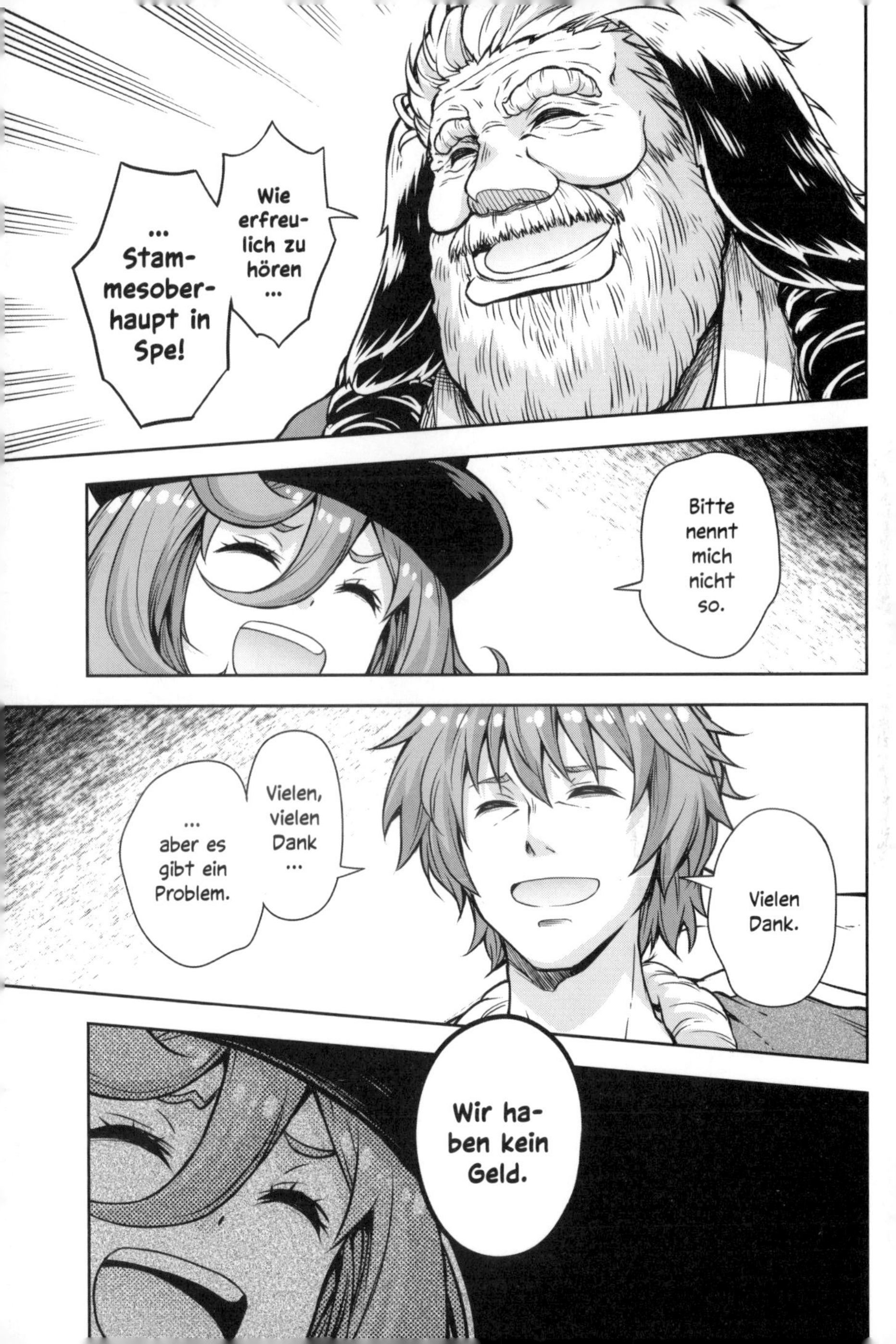
Wie erfreulich zu hören ...
... Stammesoberhaupt in Spe!
Bitte nennt mich nicht so.
Vielen Dank.
Vielen, vielen Dank ...
... aber es gibt ein Problem.
Wir haben kein Geld.

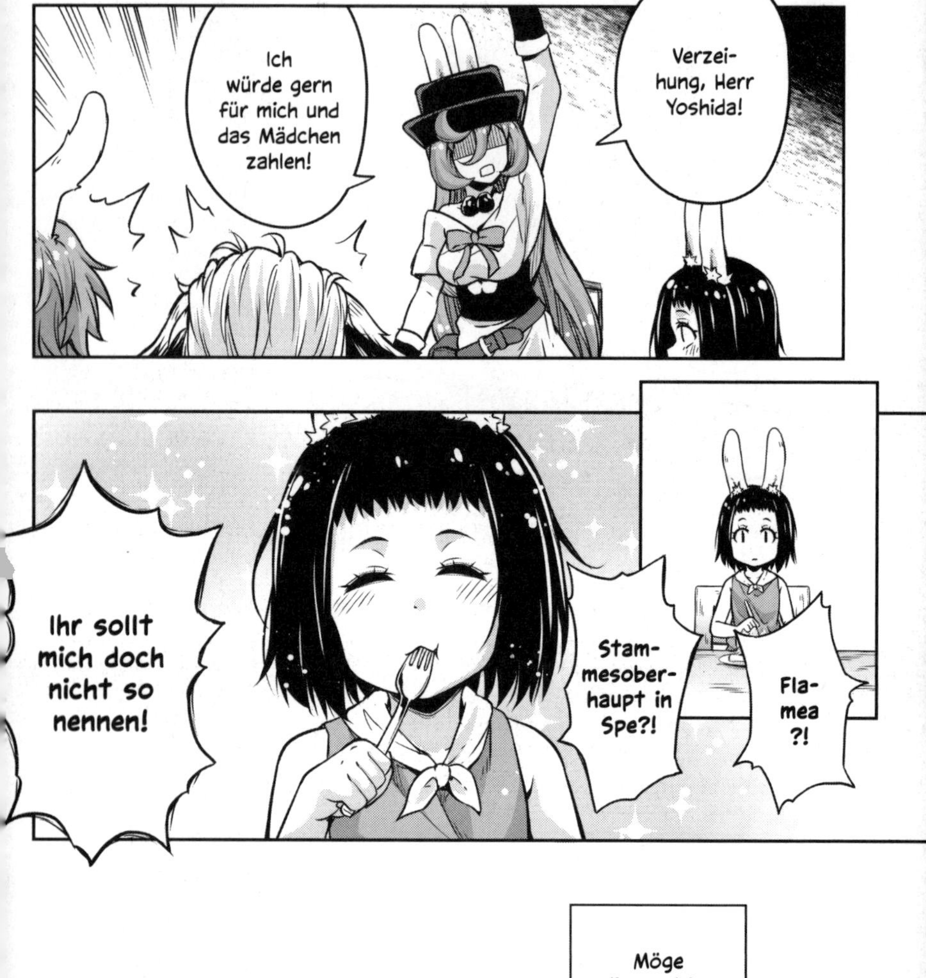

Kapitel 43 ☆ Ende

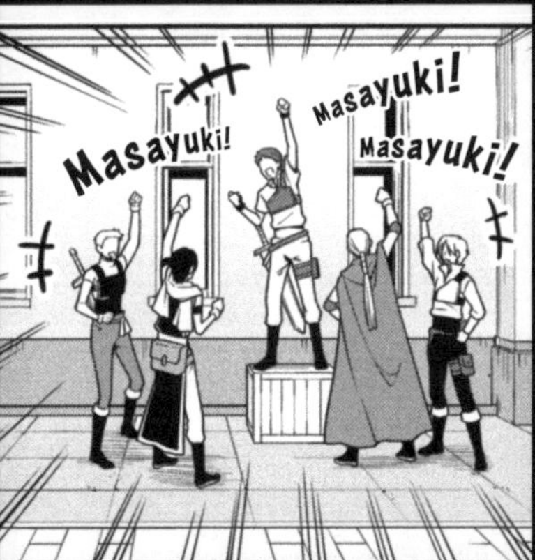
Masayuki!
Masayuki!
Masayuki!

Der

SCHLEIM-

Reiseführer in das Land der Dämonen

8

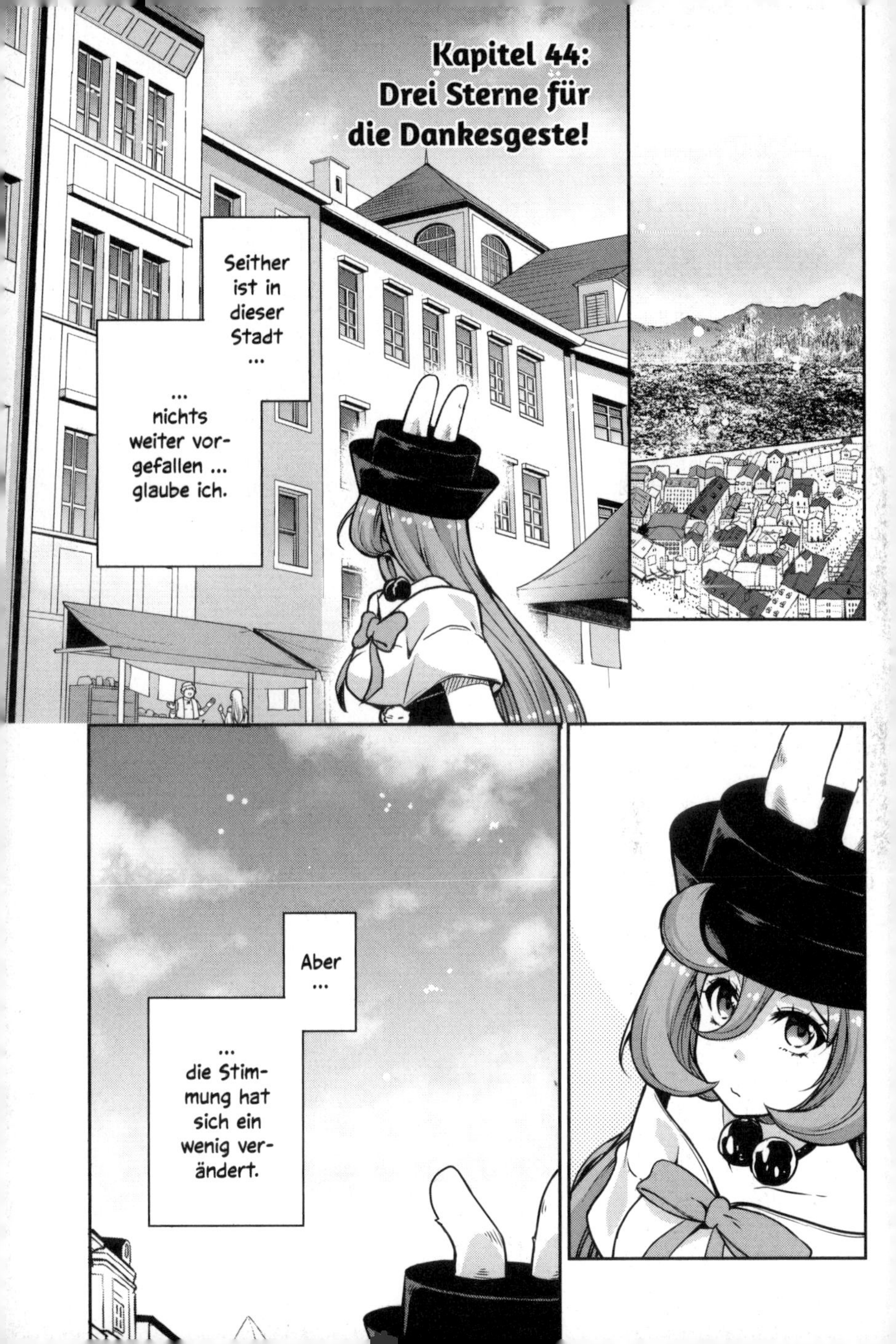
Kapitel 44: Drei Sterne für die Dankesgeste!
Seither ist in dieser Stadt ...
... nichts weiter vorgefallen ... glaube ich.
Aber ...
... die Stimmung hat sich ein wenig verändert.

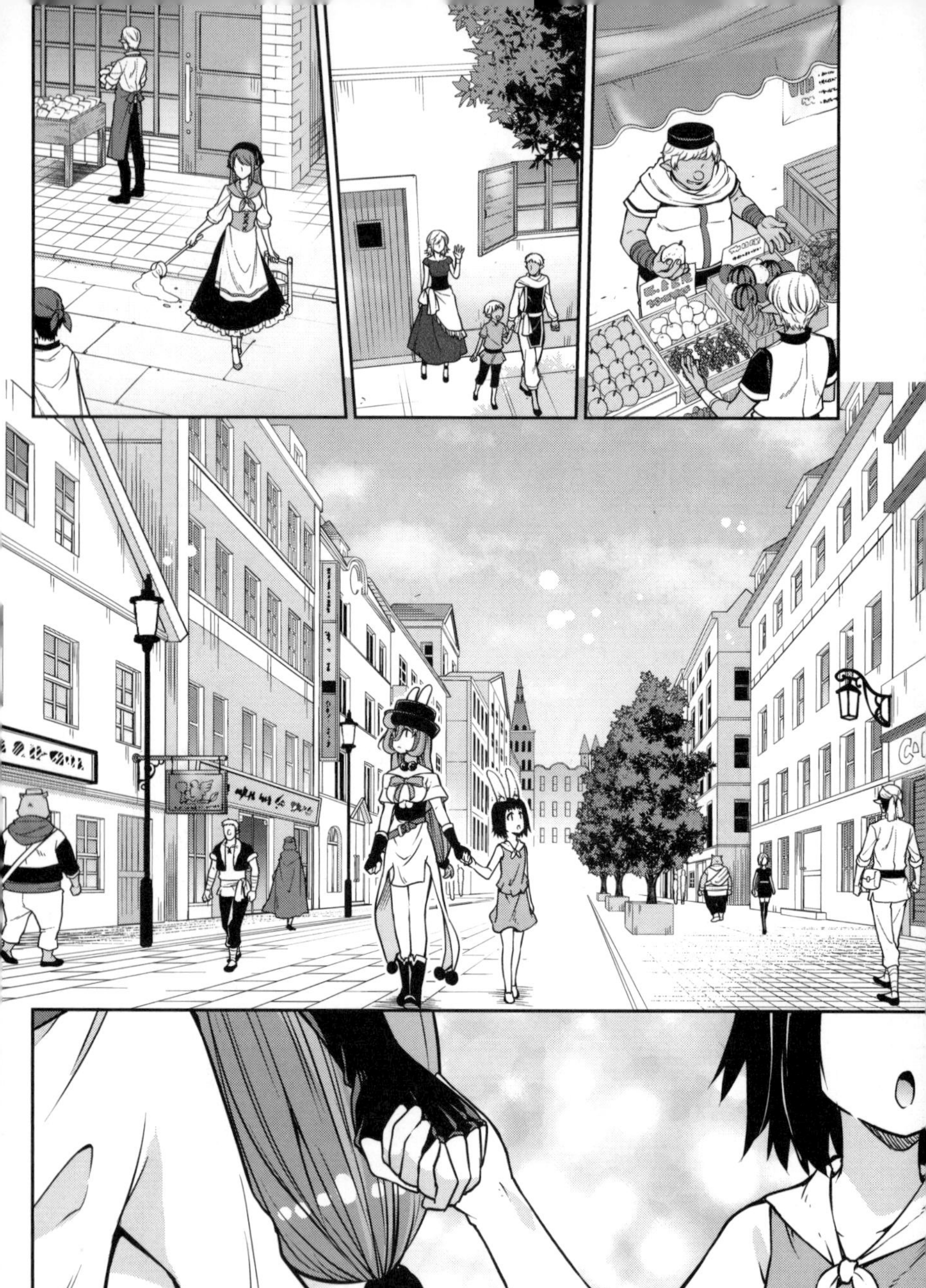

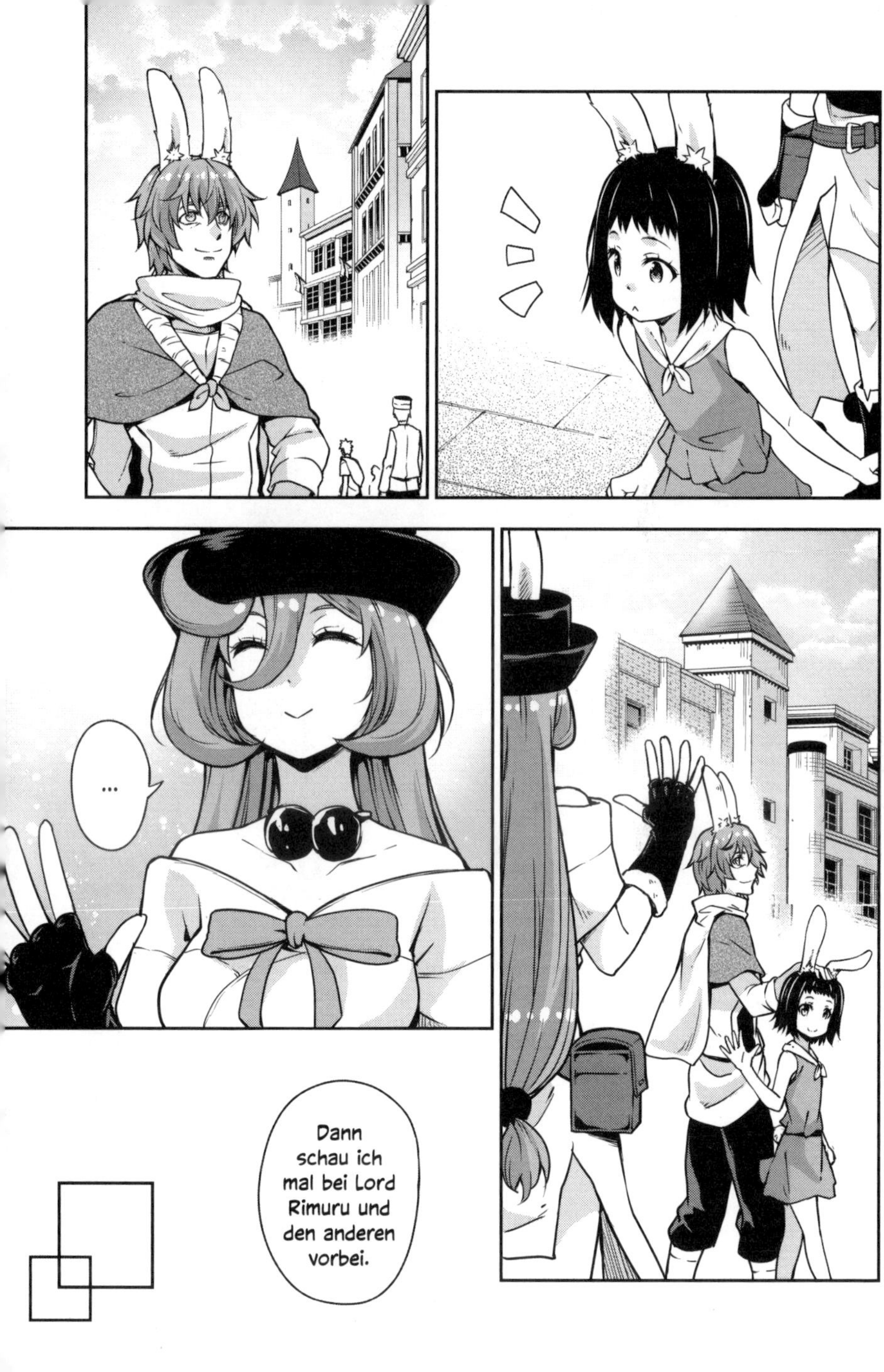
...
Dann schau ich mal bei Lord Rimuru und den anderen vorbei.

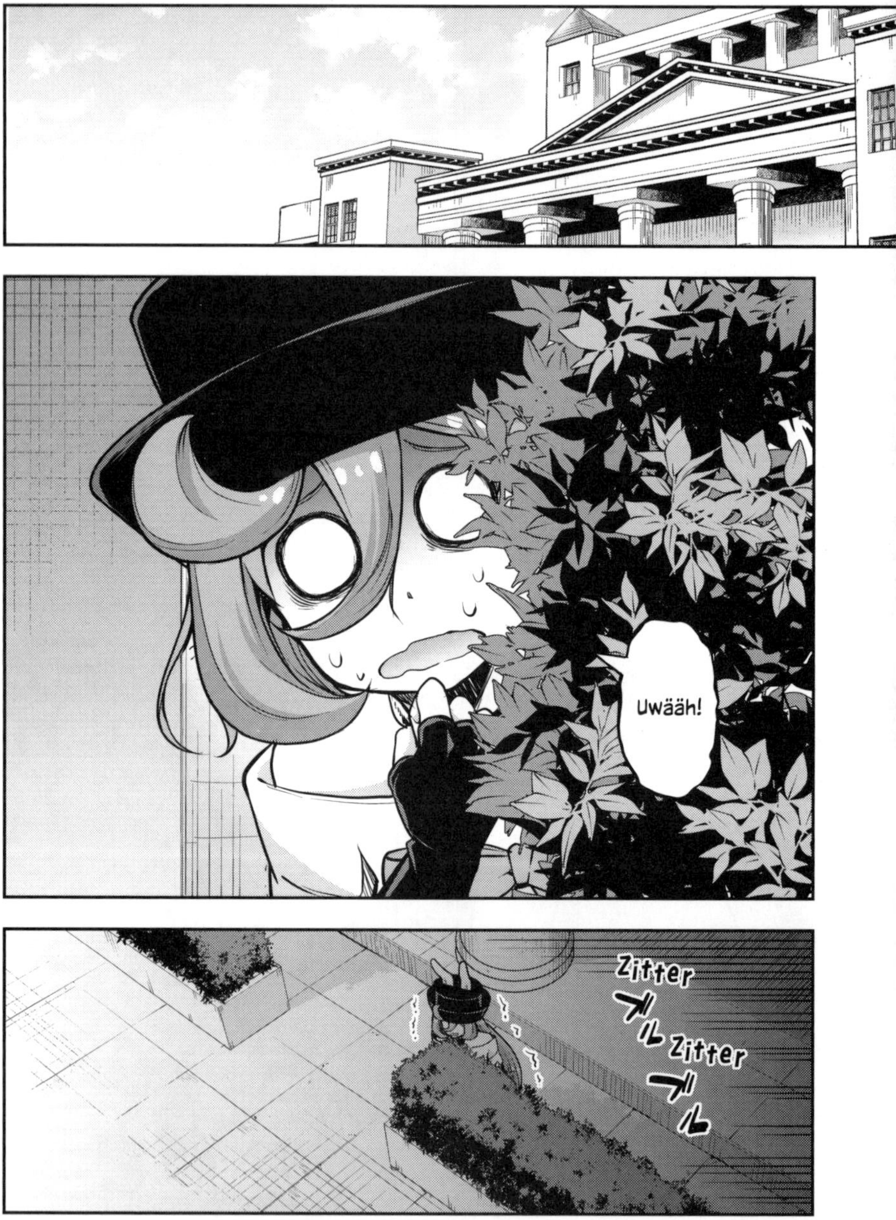
Uwääh!
Zitter ブル
Zitter ブル

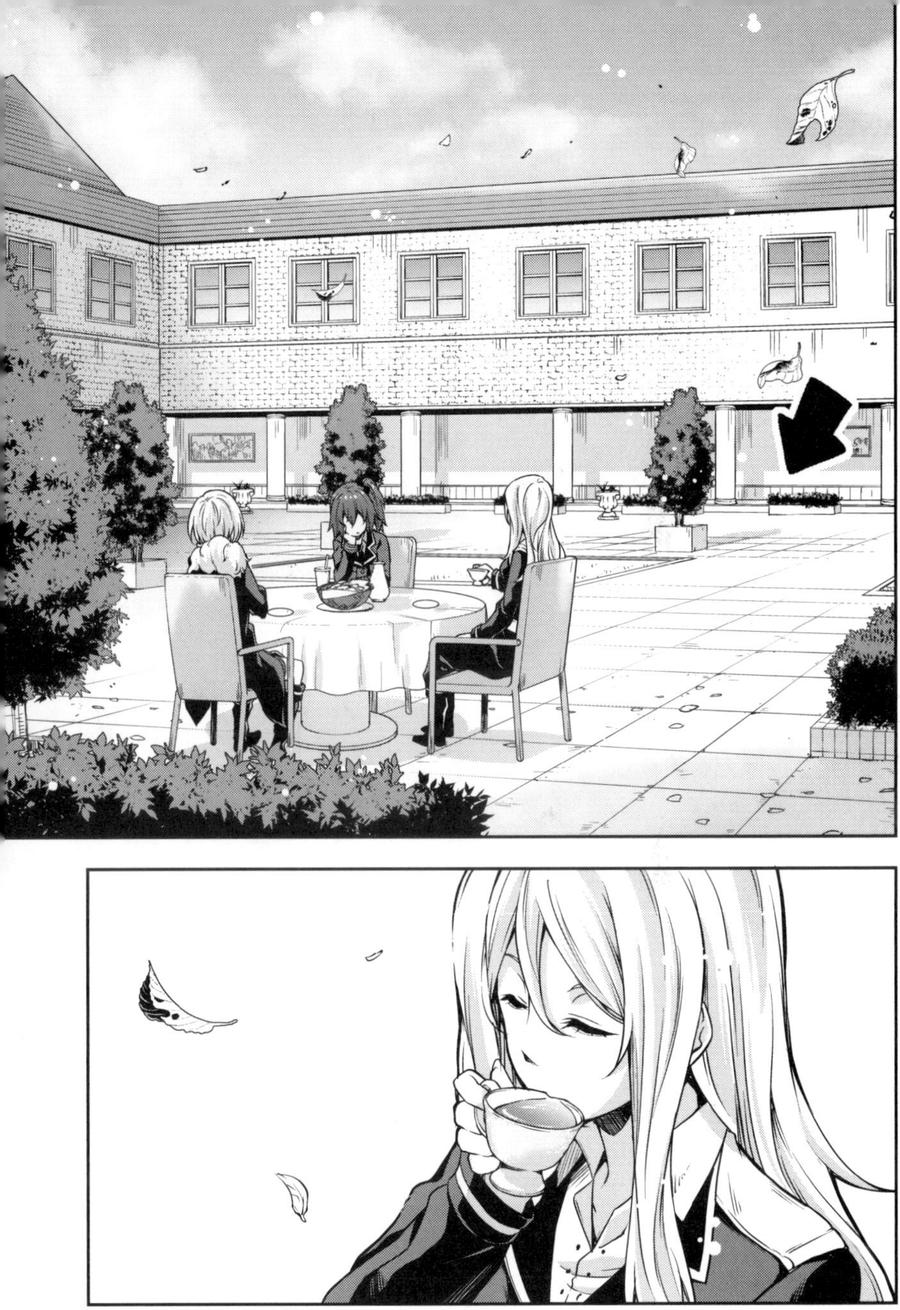

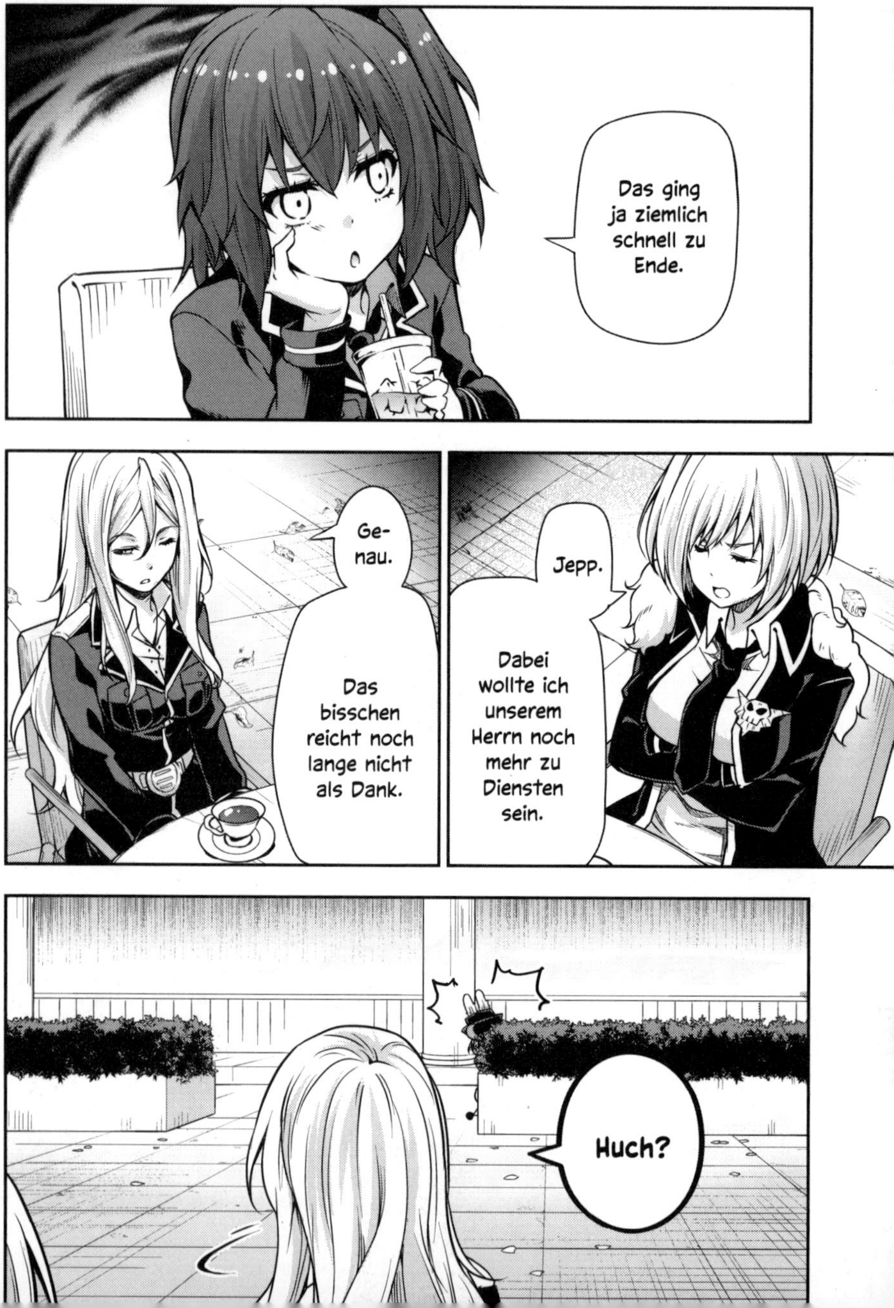
Das ging ja ziemlich schnell zu Ende.
Jepp.
Dabei wollte ich unserem Herrn noch mehr zu Diensten sein.
Ge-nau.
Das bisschen reicht noch lange nicht als Dank.
Huch?

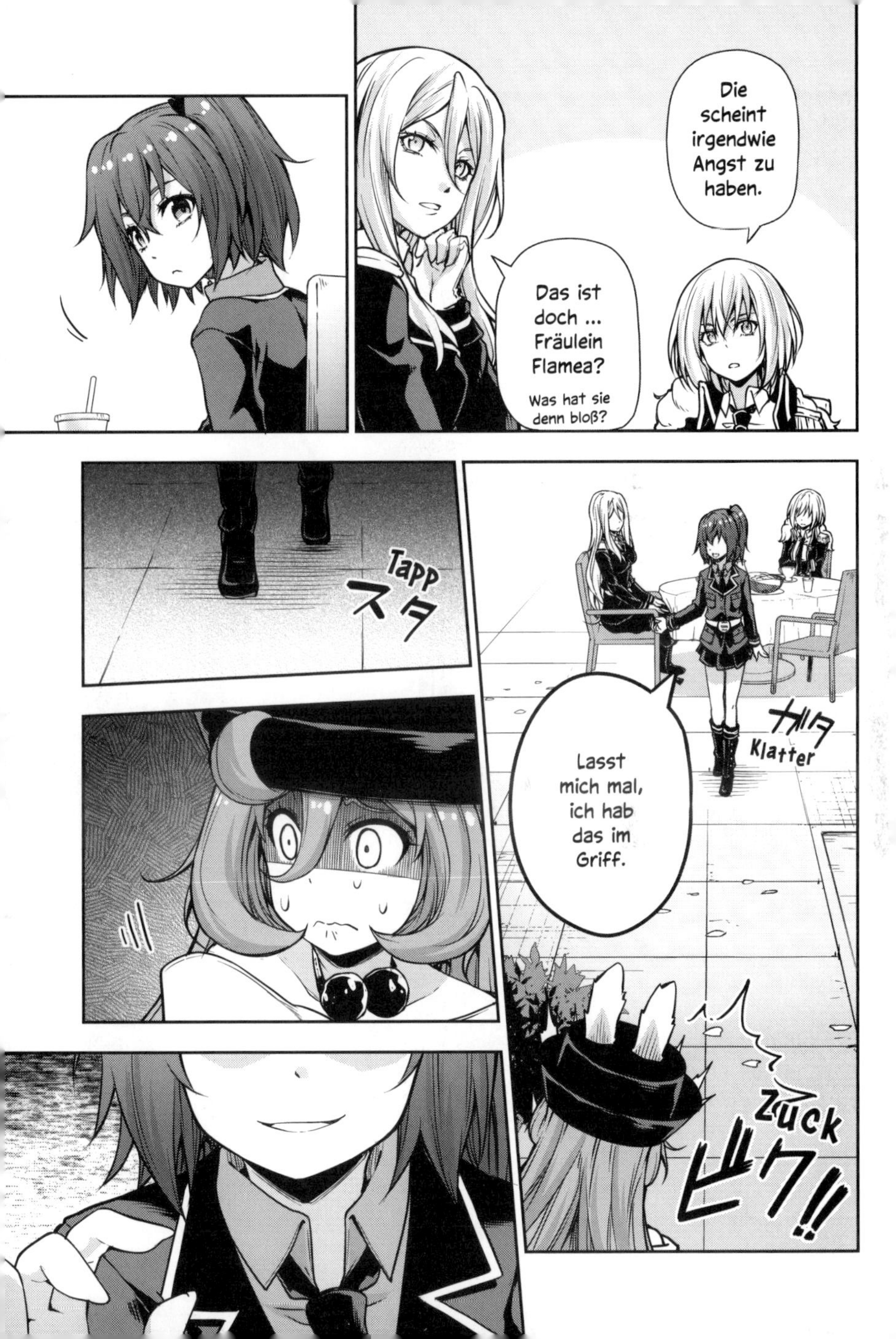
Die scheint irgendwie Angst zu haben.
Das ist doch ... Fräulein Flamea?
Was hat sie denn bloß?
Tapp
スタ
ガタ
Klatter
Lasst mich mal, ich hab das im Griff.
Zuck
ビクッ!!

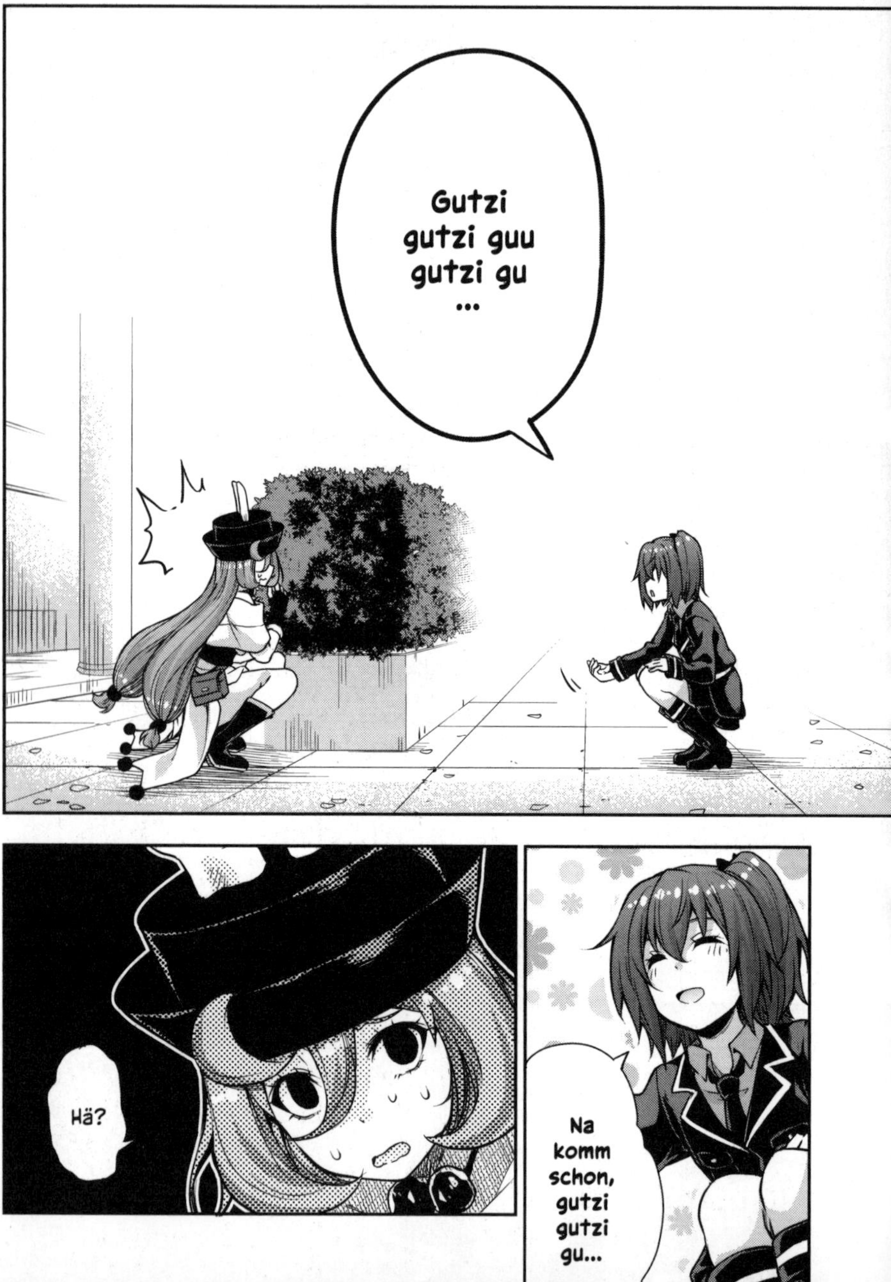
Gutzi gutzi guu gutzi gu ...
Na komm schon, gutzi gutzi gu...
Hä?

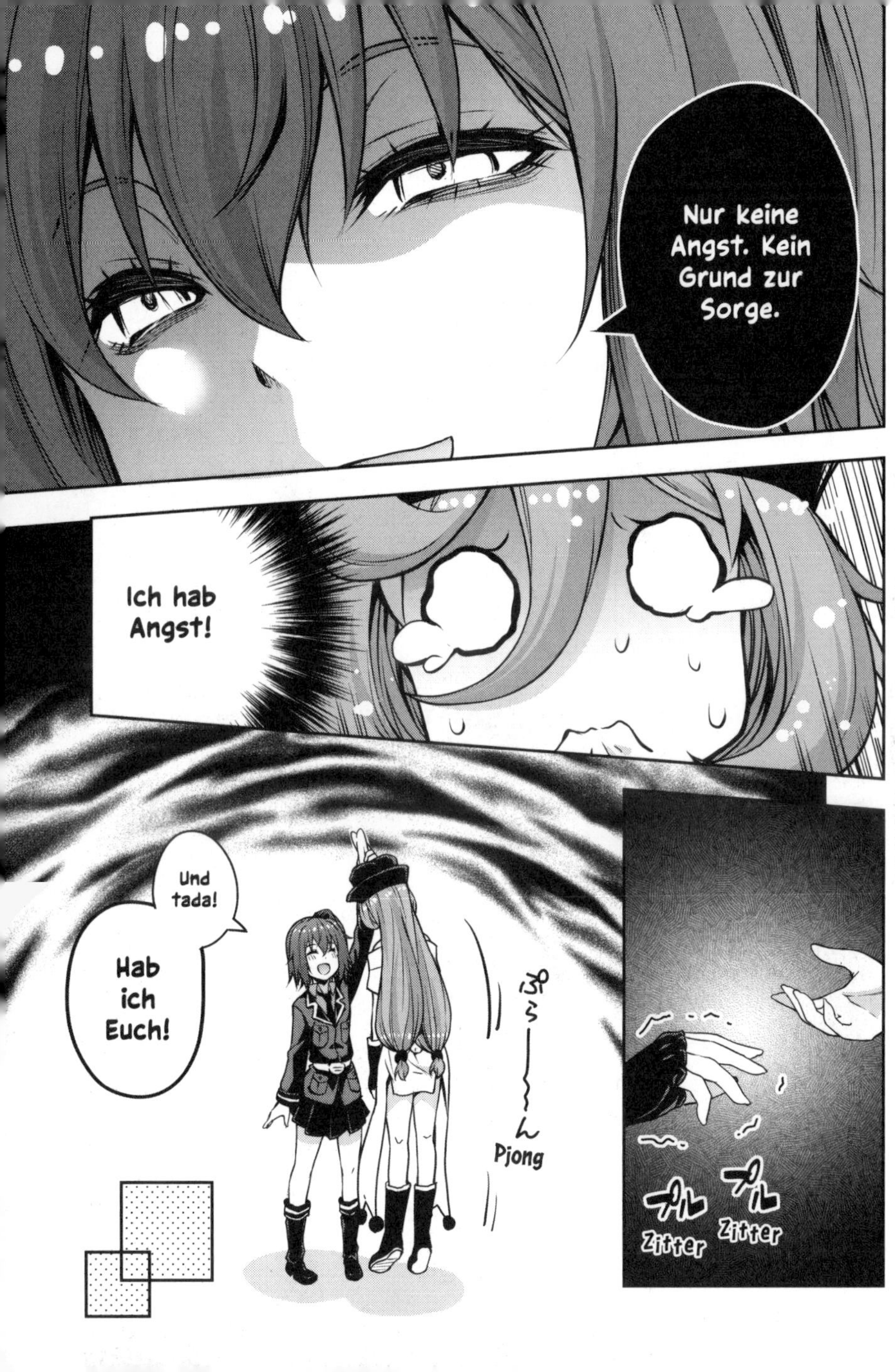

Nur keine Angst. Kein Grund zur Sorge.
Ich hab Angst!
プル プル
Zitter Zitter
Und tada!
Hab ich Euch!
ぷら——ん
Pjong

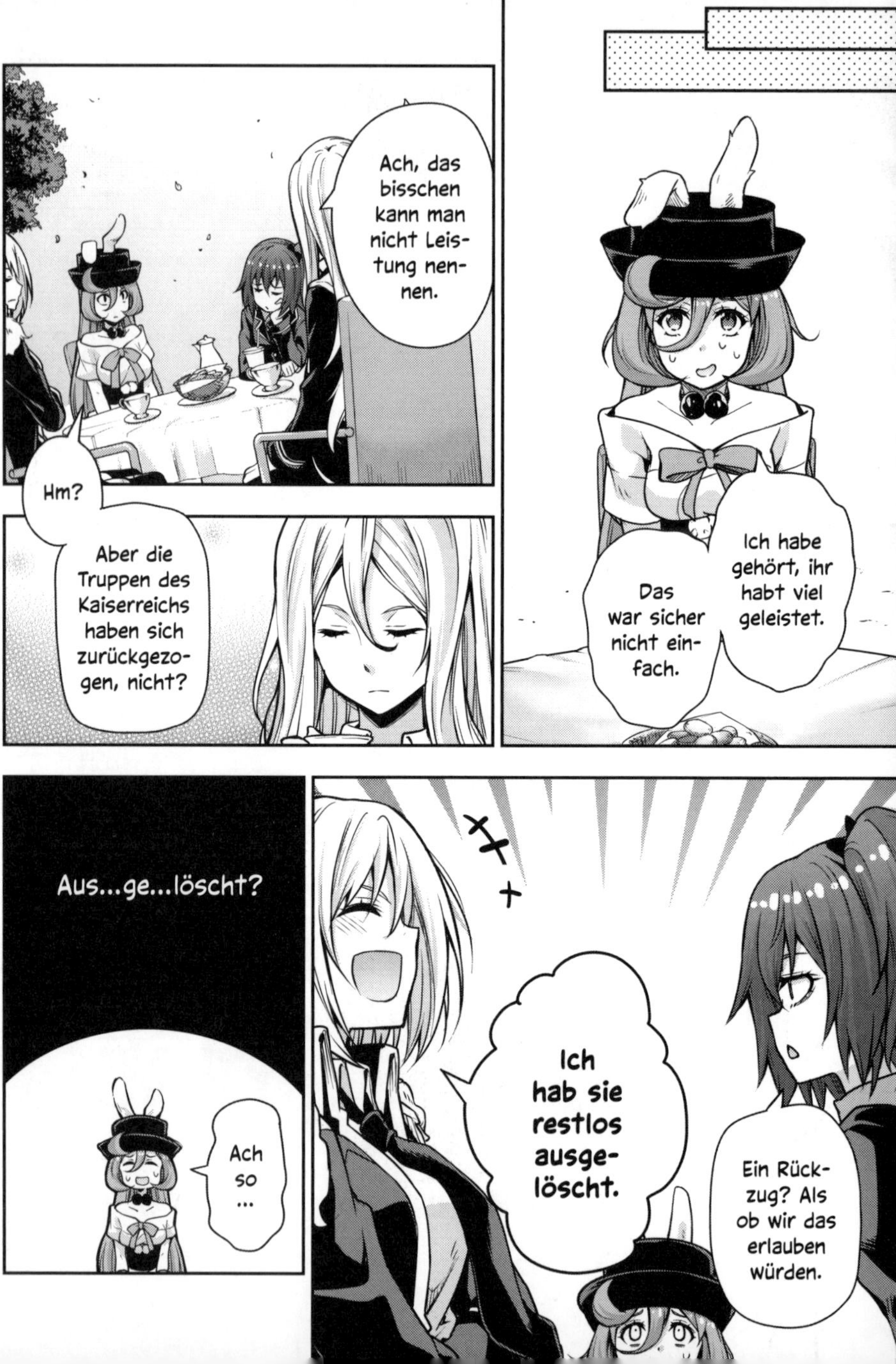
Ich habe gehört, ihr habt viel geleistet.
Das war sicher nicht einfach.
Ach, das bisschen kann man nicht Leistung nennen.
Hm?
Aber die Truppen des Kaiserreichs haben sich zurückgezogen, nicht?
Ein Rückzug? Als ob wir das erlauben würden.
Ich hab sie restlos ausgelöscht.
Aus...ge...löscht?
Ach so ...

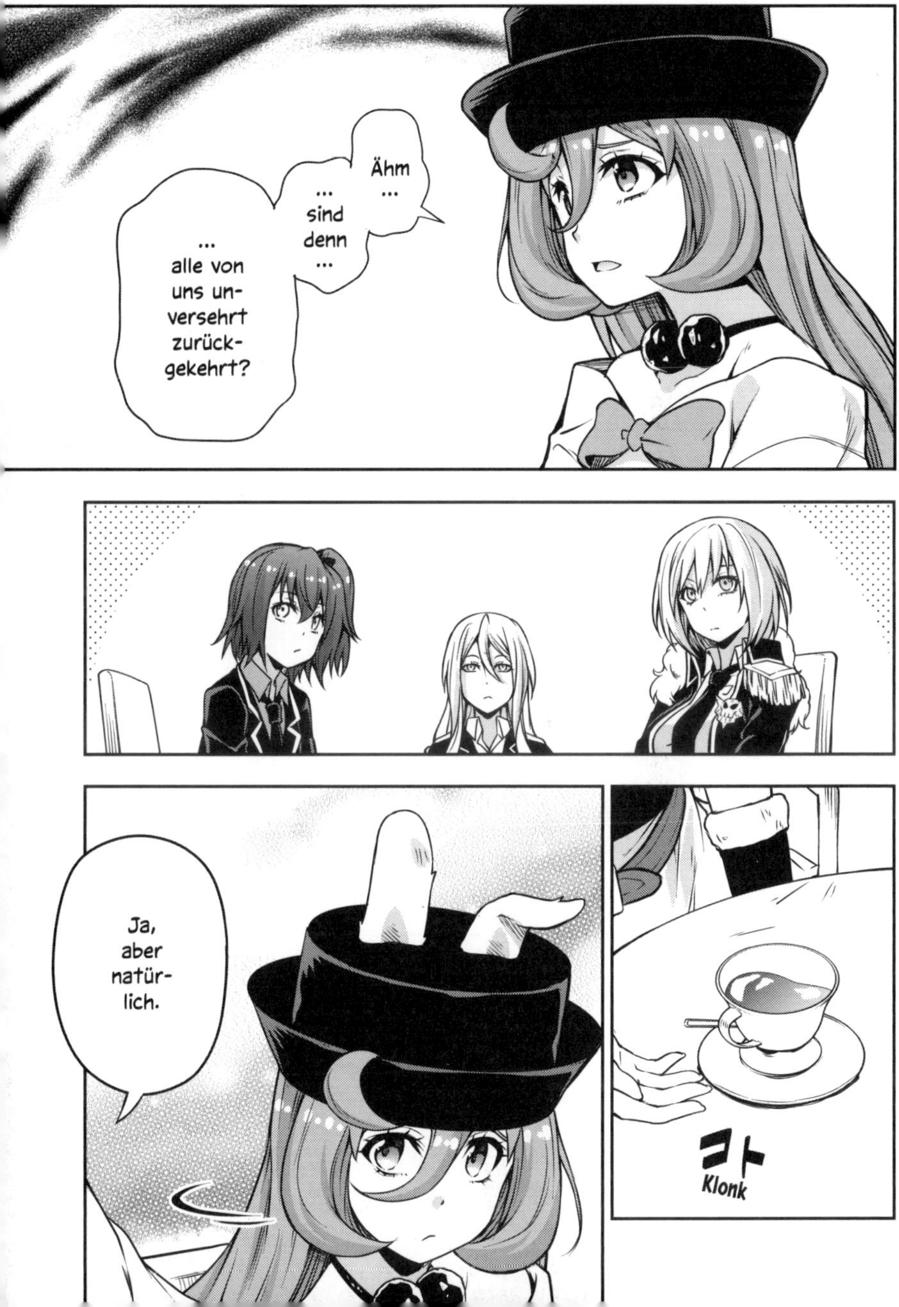

Ähm …
… sind denn …
… alle von uns unversehrt zurückgekehrt?
コト
Klonk
Ja, aber natürlich.

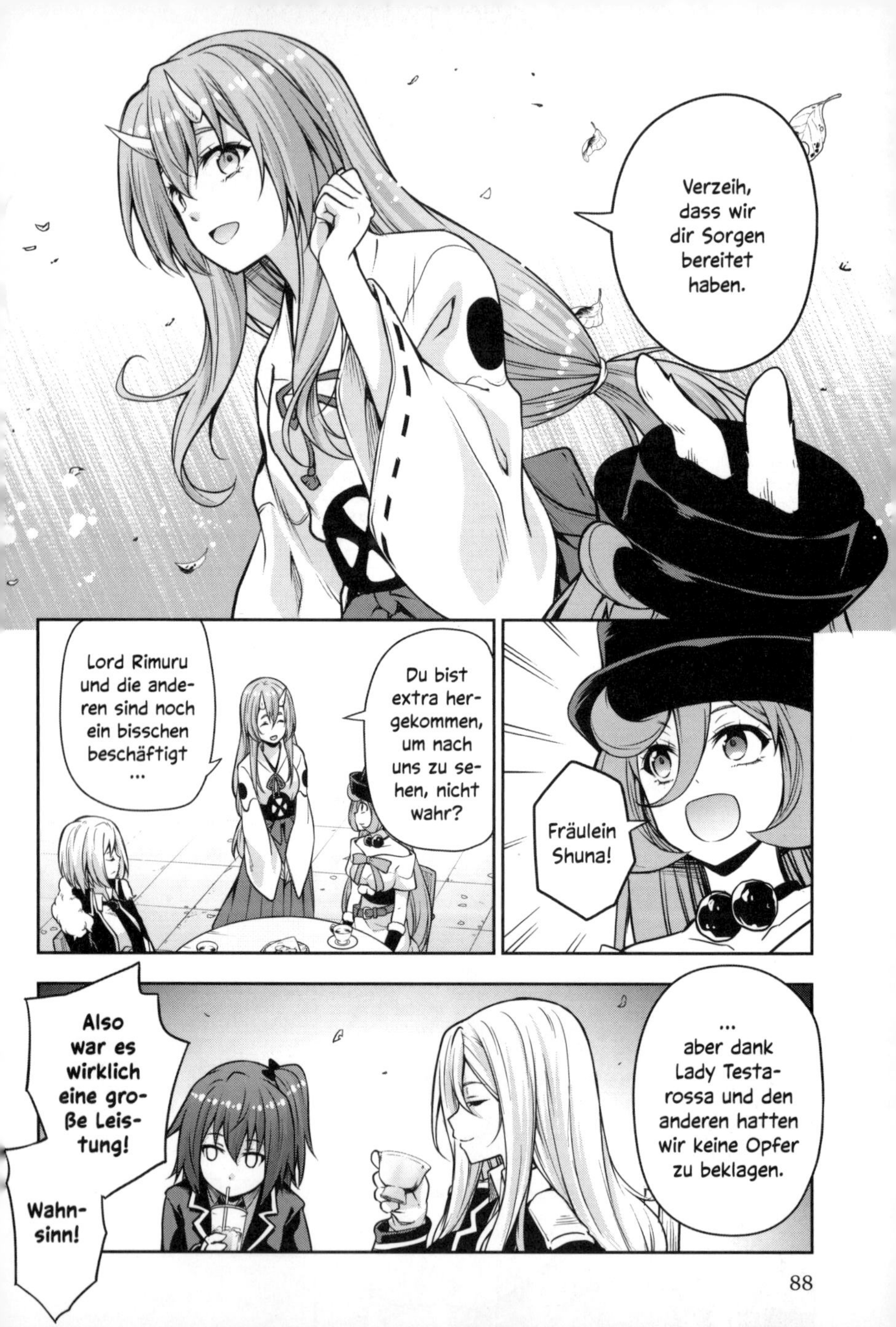

Verzeih, dass wir dir Sorgen bereitet haben.
Fräulein Shuna!
Du bist extra hergekommen, um nach uns zu sehen, nicht wahr?
Lord Rimuru und die anderen sind noch ein bisschen beschäftigt ...
... aber dank Lady Testarossa und den anderen hatten wir keine Opfer zu beklagen.
Also war es wirklich eine große Leistung!
Wahnsinn!

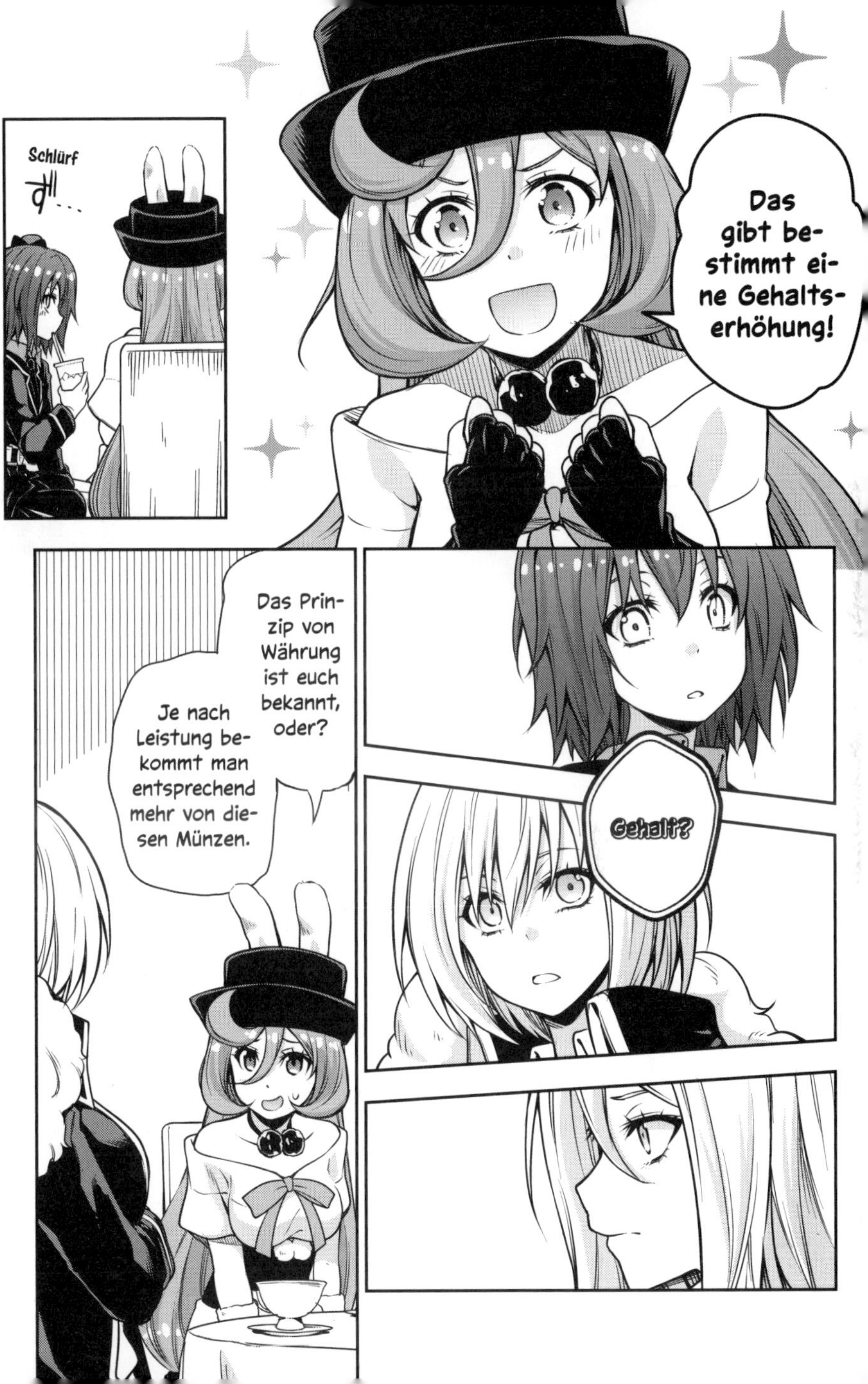
Das gibt bestimmt eine Gehaltserhöhung!
Schlürf
Das Prinzip von Währung ist euch bekannt, oder?
Je nach Leistung bekommt man entsprechend mehr von diesen Münzen.
Gehalt?

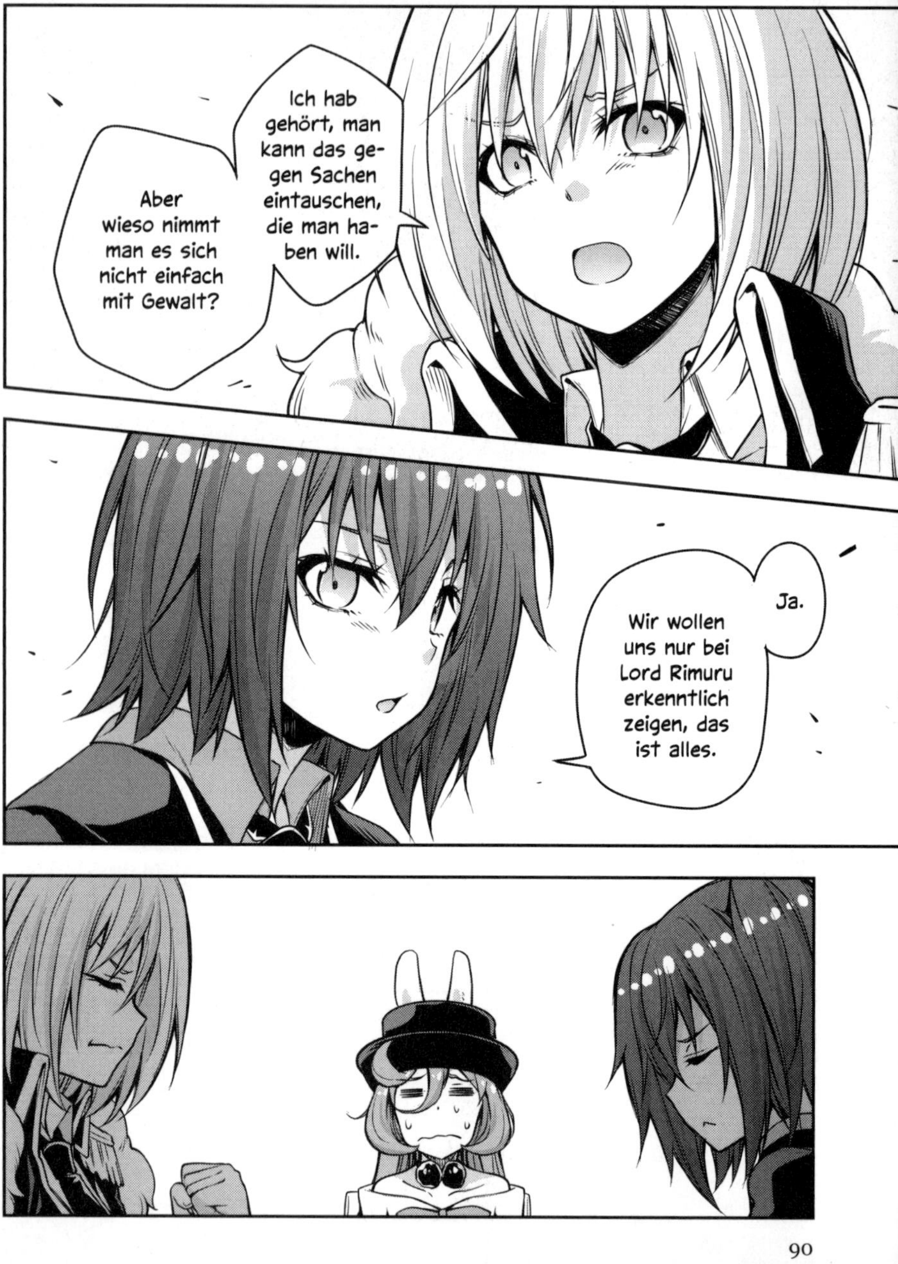
Ich hab gehört, man kann das gegen Sachen eintauschen, die man haben will.
Aber wieso nimmt man es sich nicht einfach mit Gewalt?
Ja.
Wir wollen uns nur bei Lord Rimuru erkenntlich zeigen, das ist alles.

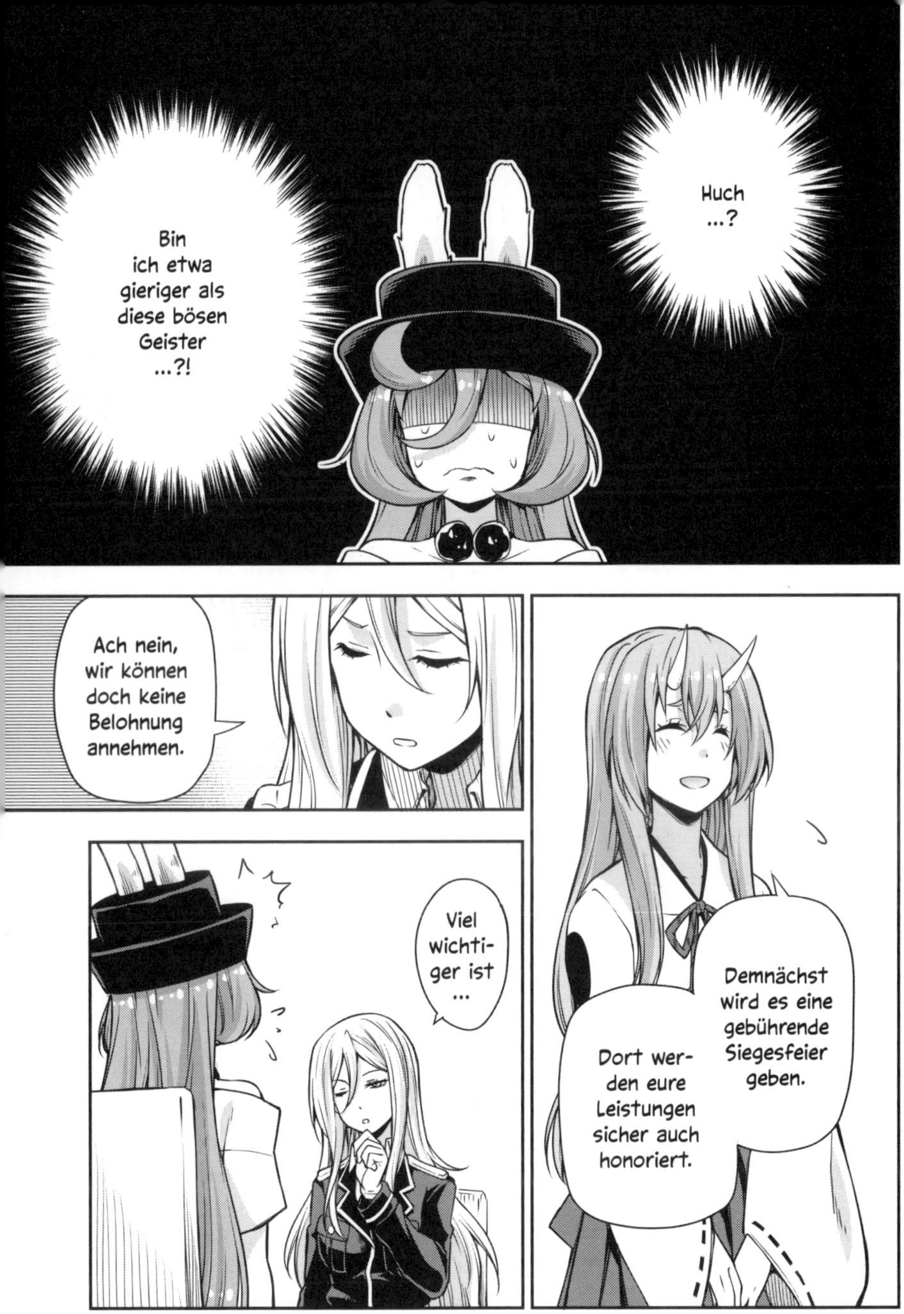
Huch ...?
Bin ich etwa gieriger als diese bösen Geister ...?!
Demnächst wird es eine gebührende Siegesfeier geben.
Dort wer-den eure Leistungen sicher auch honoriert.
Ach nein, wir können doch keine Belohnung annehmen.
Viel wichti-ger ist ...

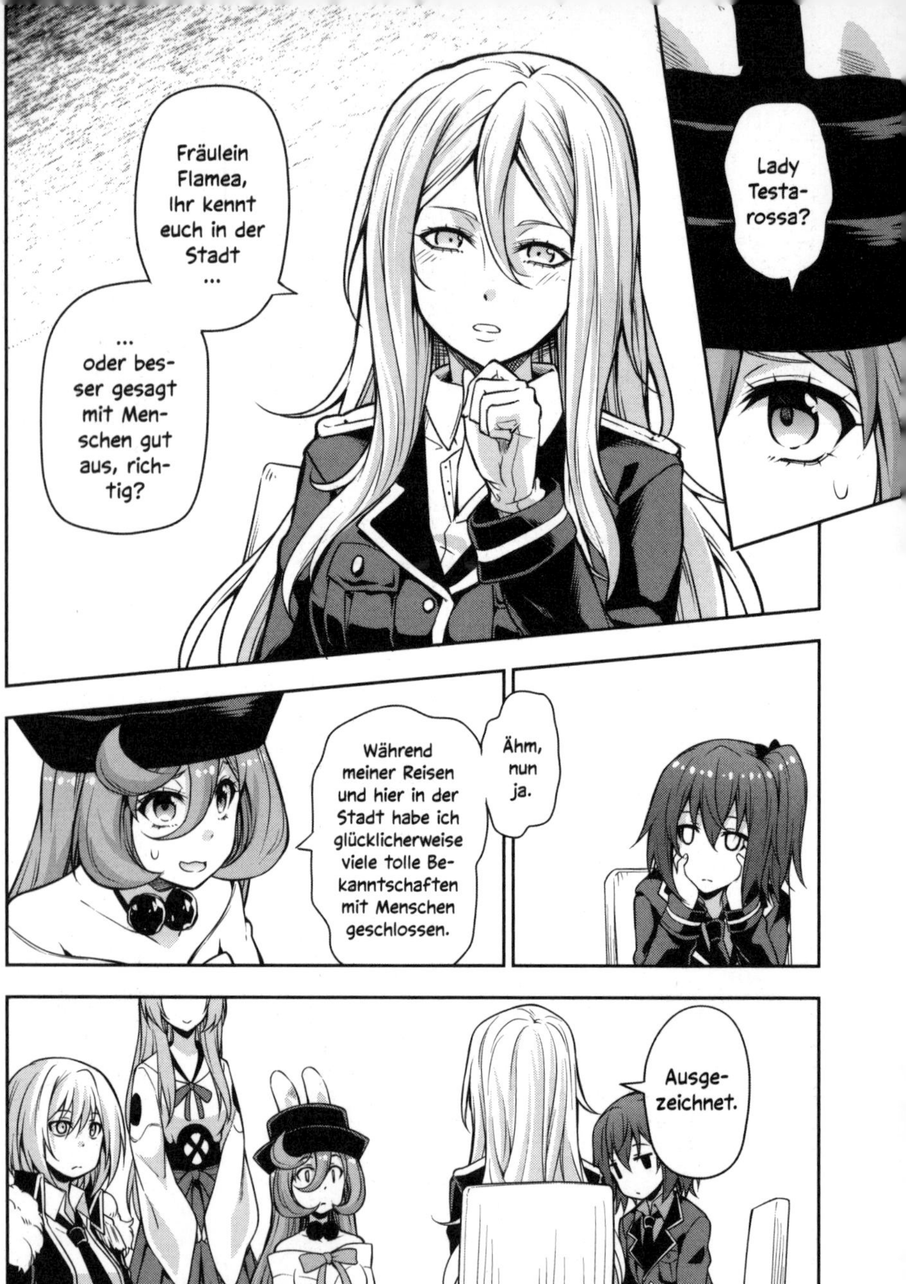

Lady Testa-rossa?
Fräulein Flamea, Ihr kennt euch in der Stadt ...
... oder besser gesagt mit Menschen gut aus, richtig?
Ähm, nun ja.
Während meiner Reisen und hier in der Stadt habe ich glücklicherweise viele tolle Bekanntschaften mit Menschen geschlossen.
Ausgezeichnet.

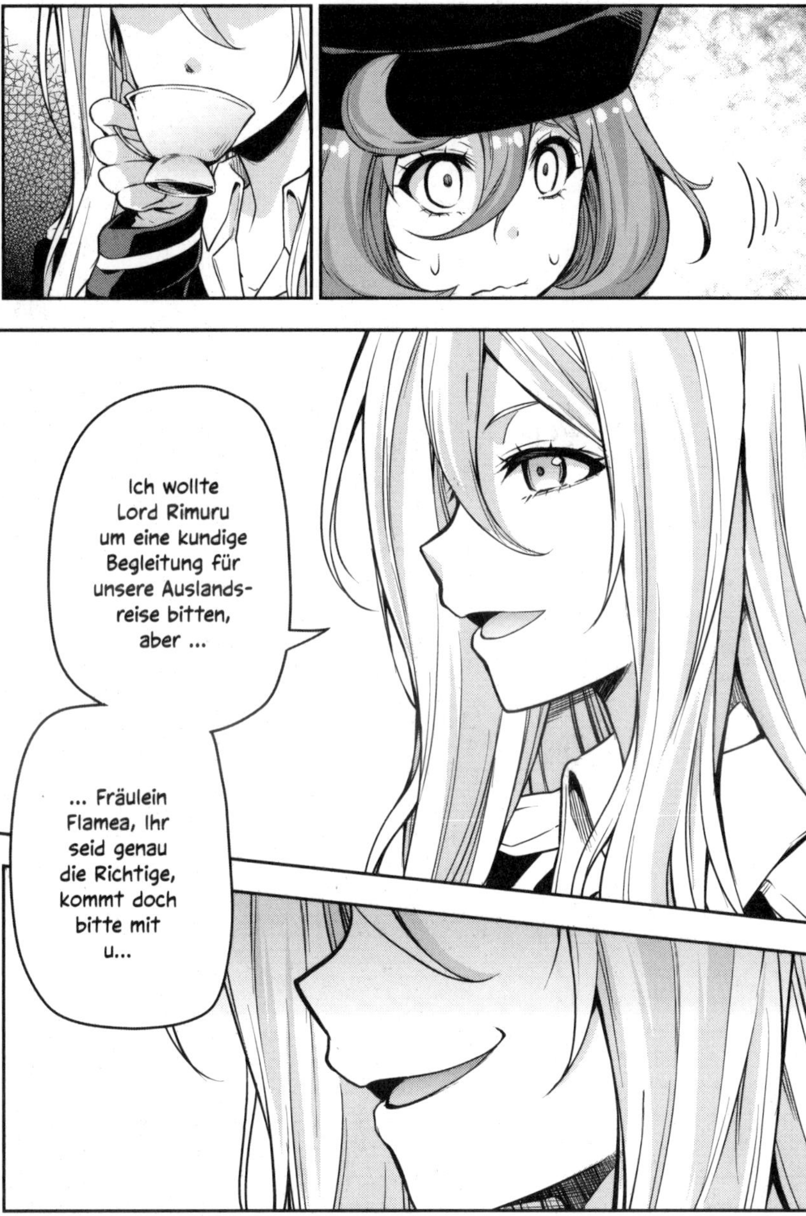
Ich wollte Lord Rimuru um eine kundige Begleitung für unsere Auslands-reise bitten, aber ...
... Fräulein Flamea, Ihr seid genau die Richtige, kommt doch bitte mit u...

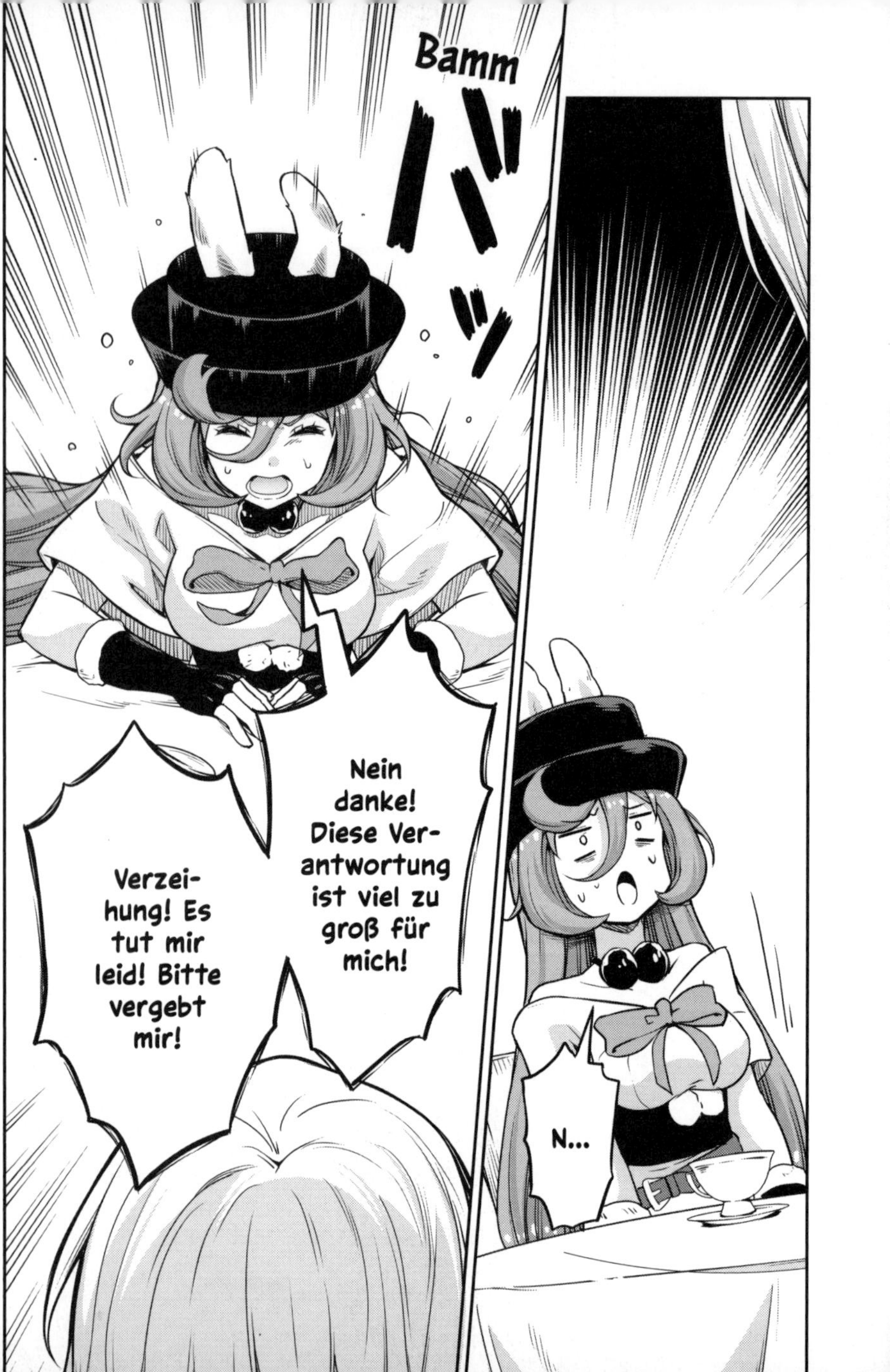
Bamm
バッ
Nein danke! Diese Verantwortung ist viel zu groß für mich!
Verzeihung! Es tut mir leid! Bitte vergebt mir!
N...

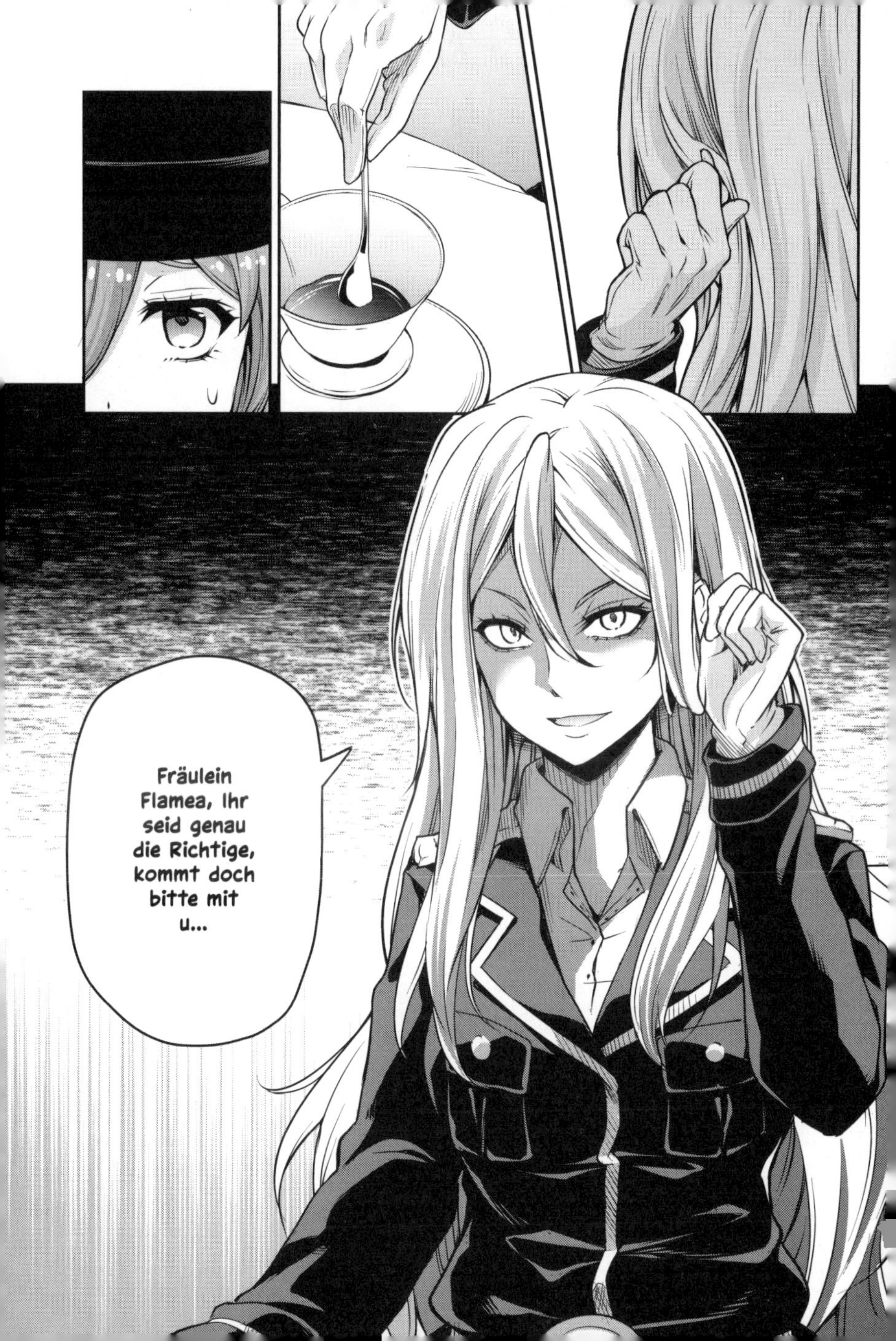
Fräulein Flamea, Ihr seid genau die Richtige, kommt doch bitte mit u...

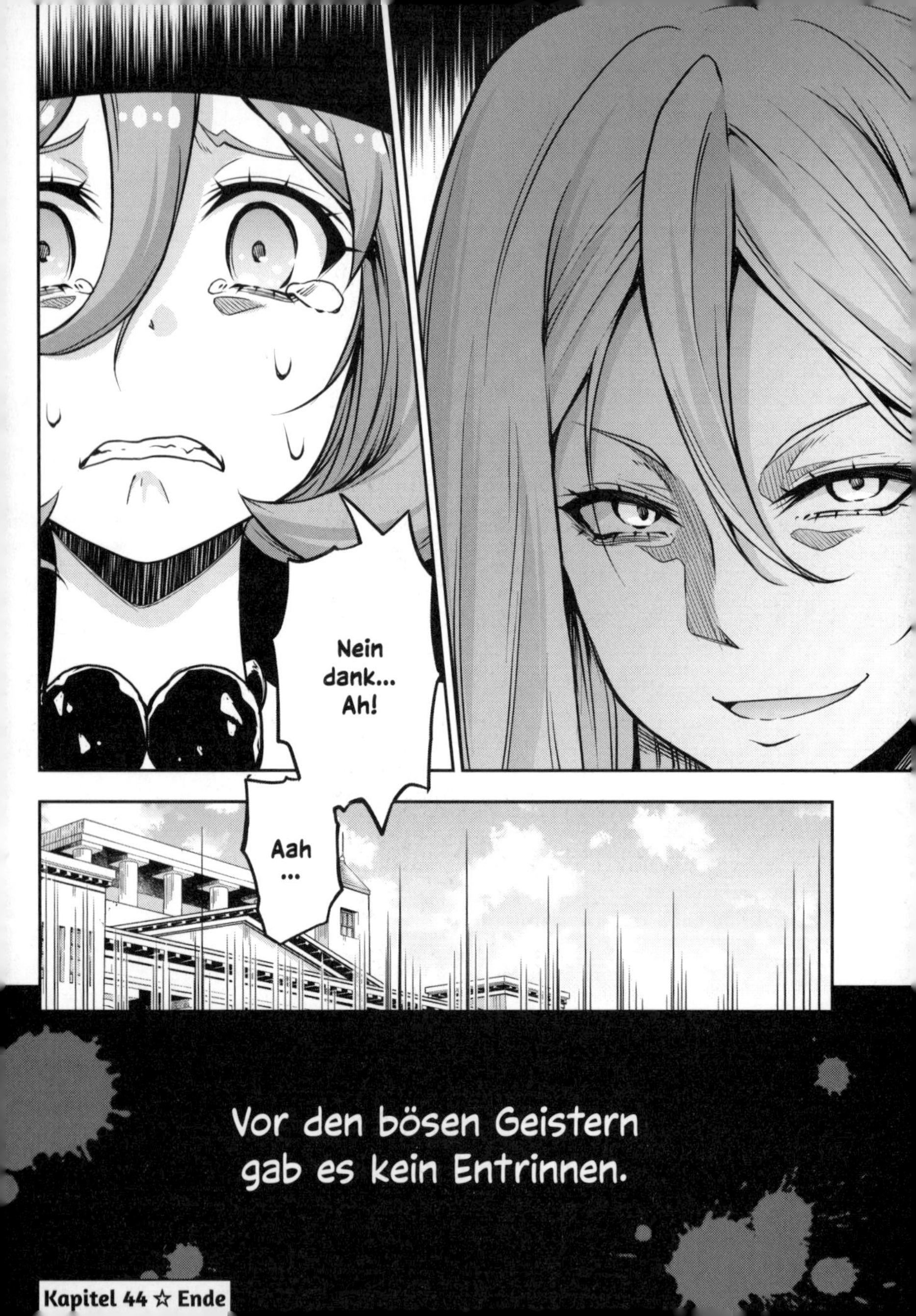
Nein dank... Ah!
Aah ...
Vor den bösen Geistern gab es kein Entrinnen.
Kapitel 44 ☆ Ende

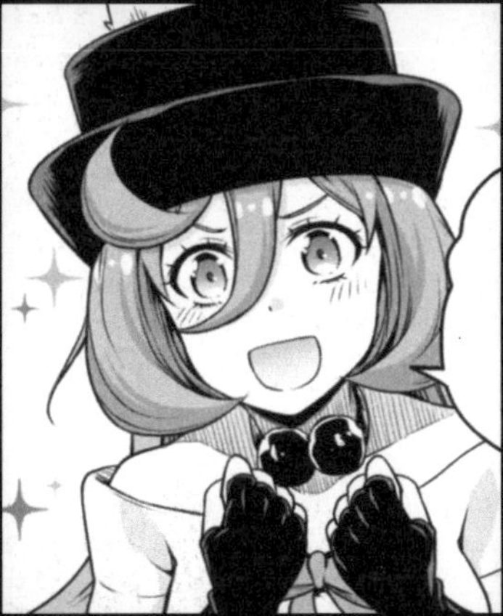

Der

SCHLEIM-

Reisefürer in das Land der Dämonen

8

Kapitel 45: Drei Sterne für die Jagd nach der ganz großen Beute!

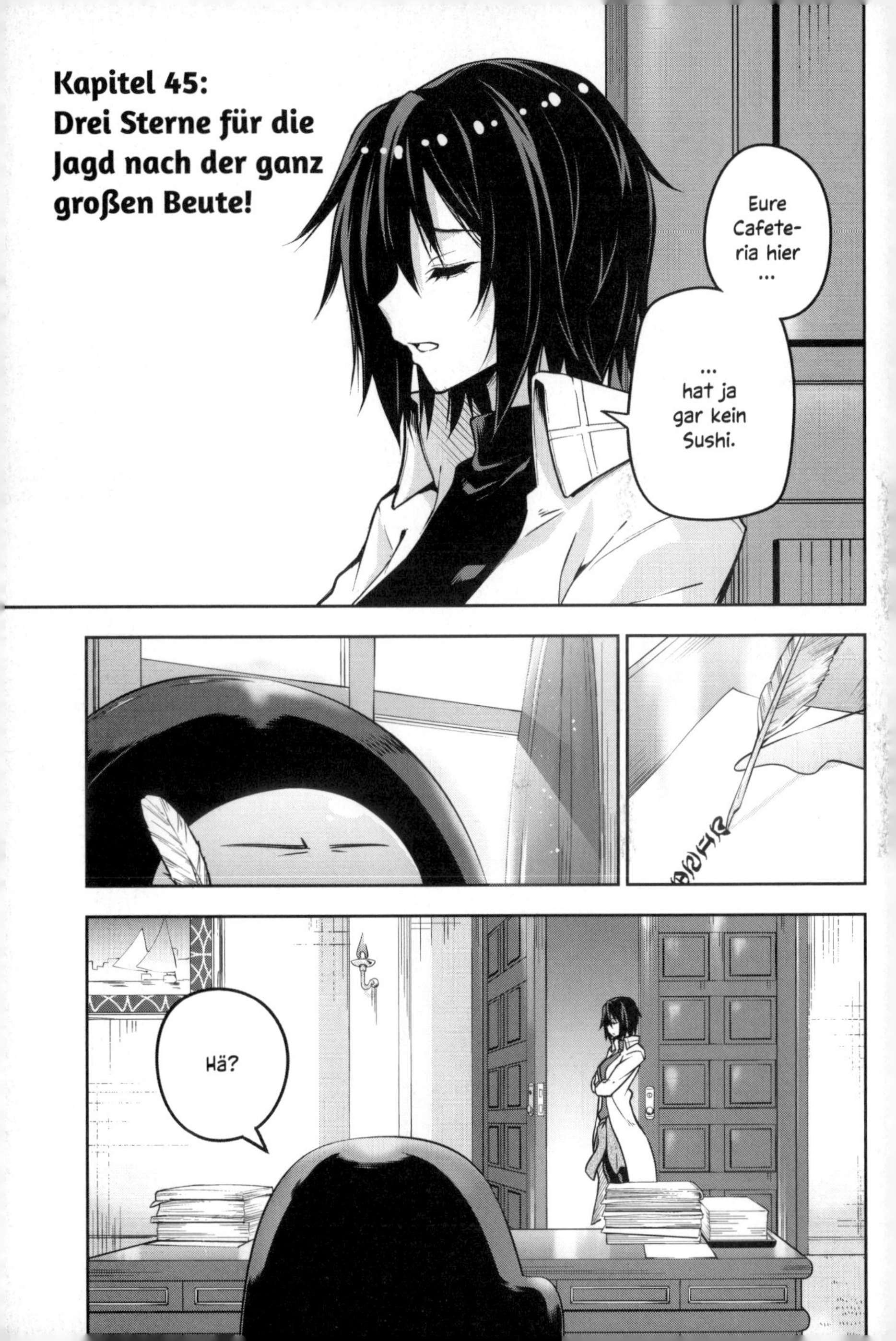

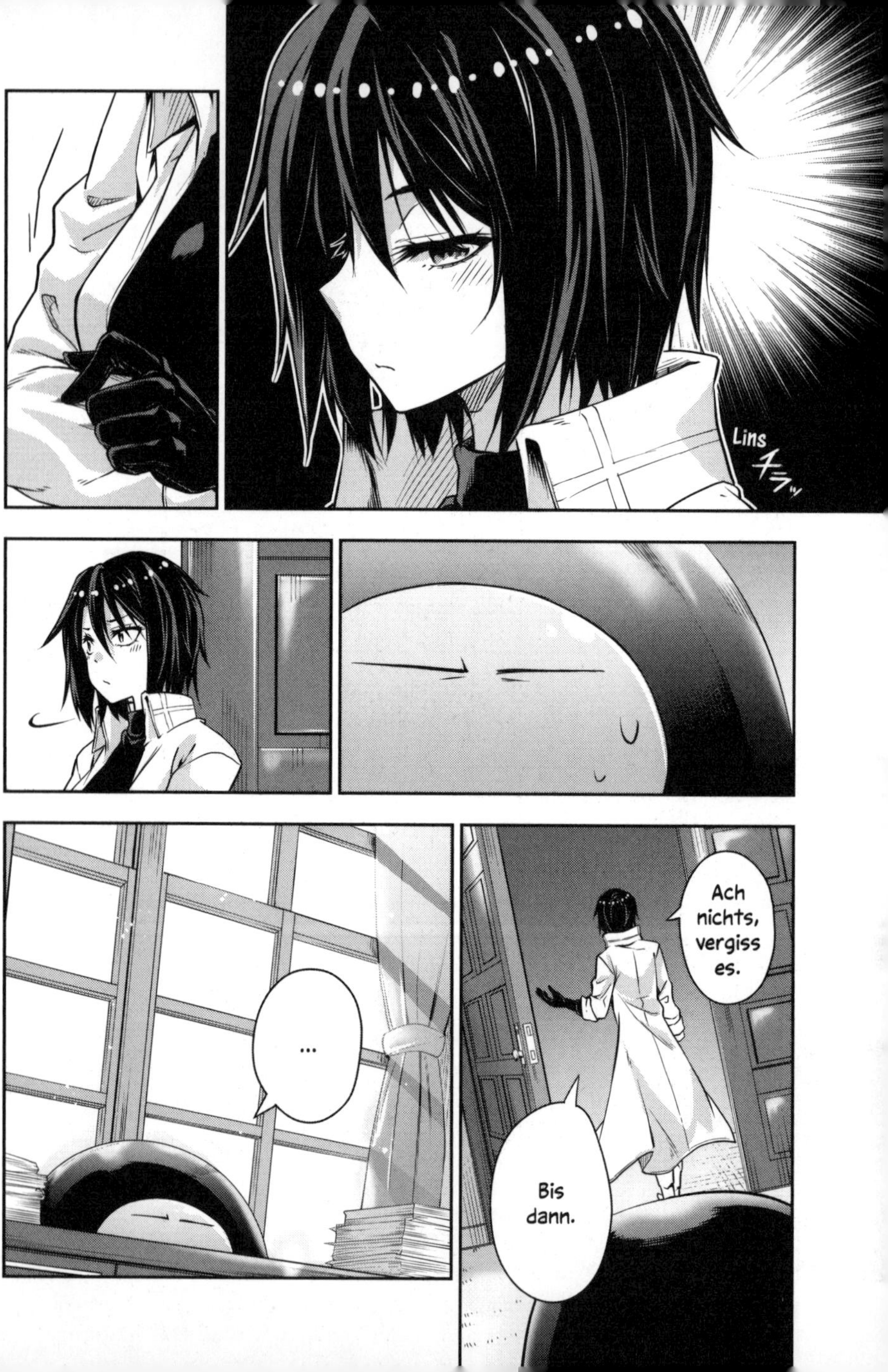
Lins
チラッ
Ach nichts, vergiss es.
Bis dann.
...

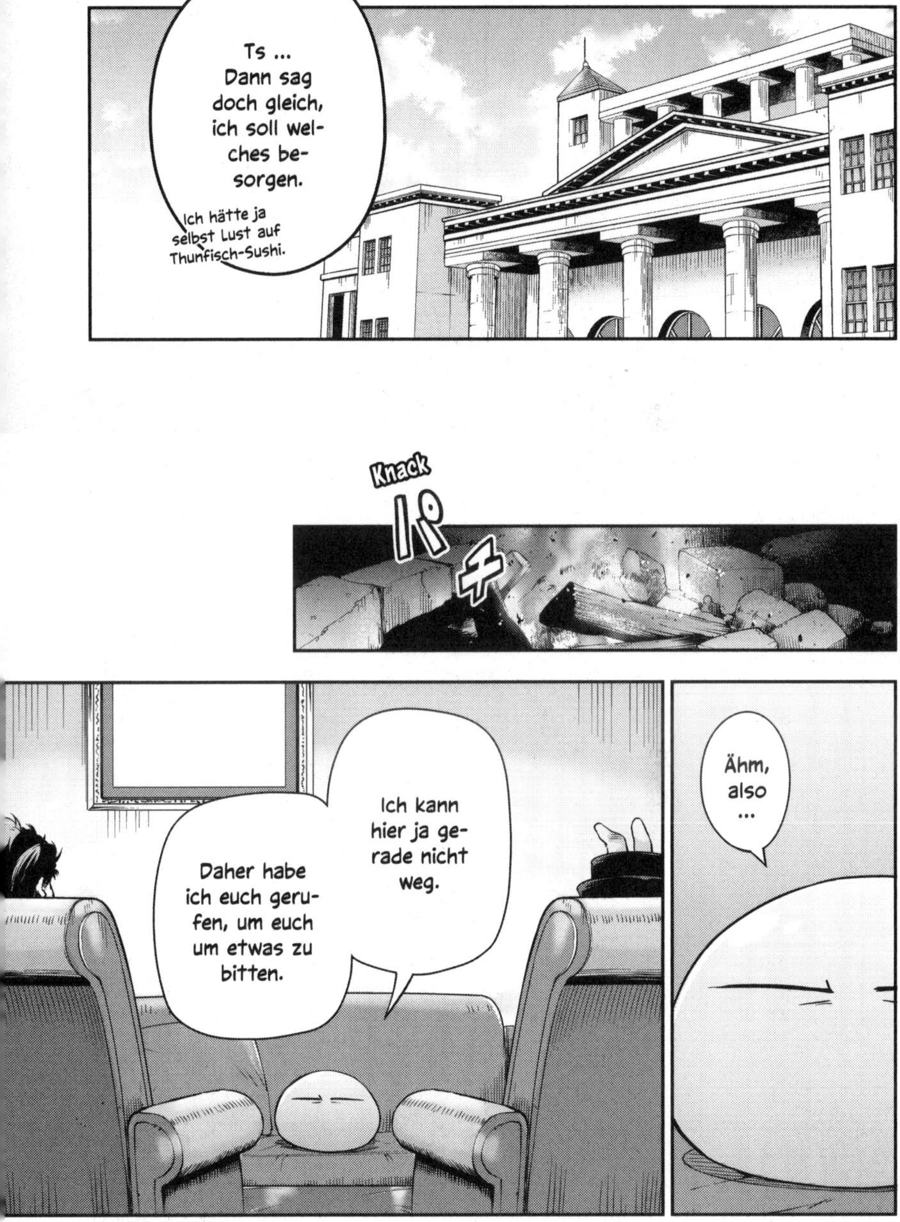
Ts ... Dann sag doch gleich, ich soll welches besorgen.
Ich hätte ja selbst Lust auf Thunfisch-Sushi.
Knack
パチ
Ähm, also ...
Ich kann hier ja gerade nicht weg.
Daher habe ich euch gerufen, um euch um etwas zu bitten.

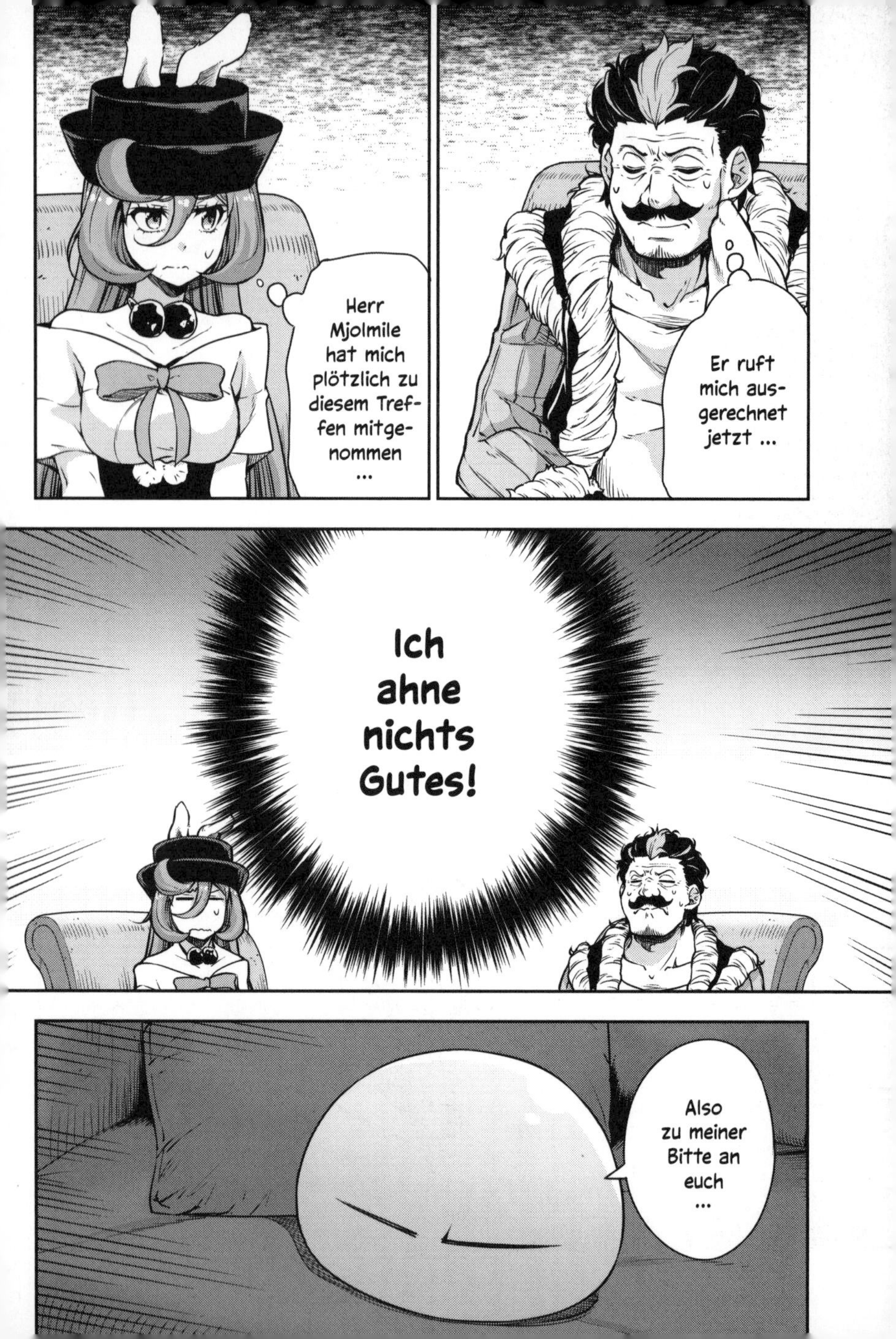
Er ruft mich ausgerechnet jetzt ...
Herr Mjolmile hat mich plötzlich zu diesem Treffen mitgenommen ...
Ich ahne nichts Gutes!
Also zu meiner Bitte an euch ...

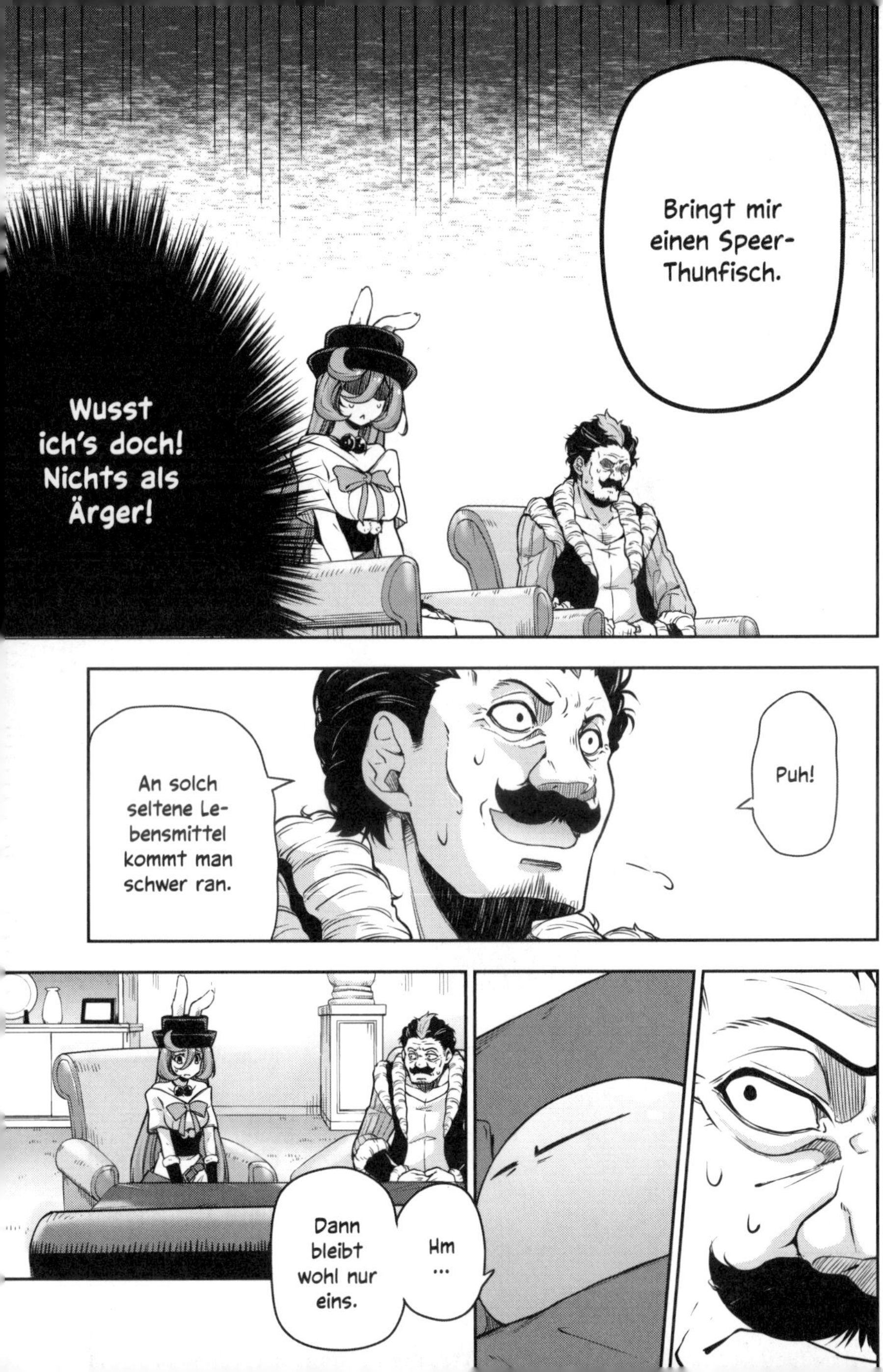

Bringt mir einen Speer-Thunfisch.
Wusst ich's doch! Nichts als Ärger!
Puh!
An solch seltene Le-bensmittel kommt man schwer ran.
Hm ...
Dann bleibt wohl nur eins.

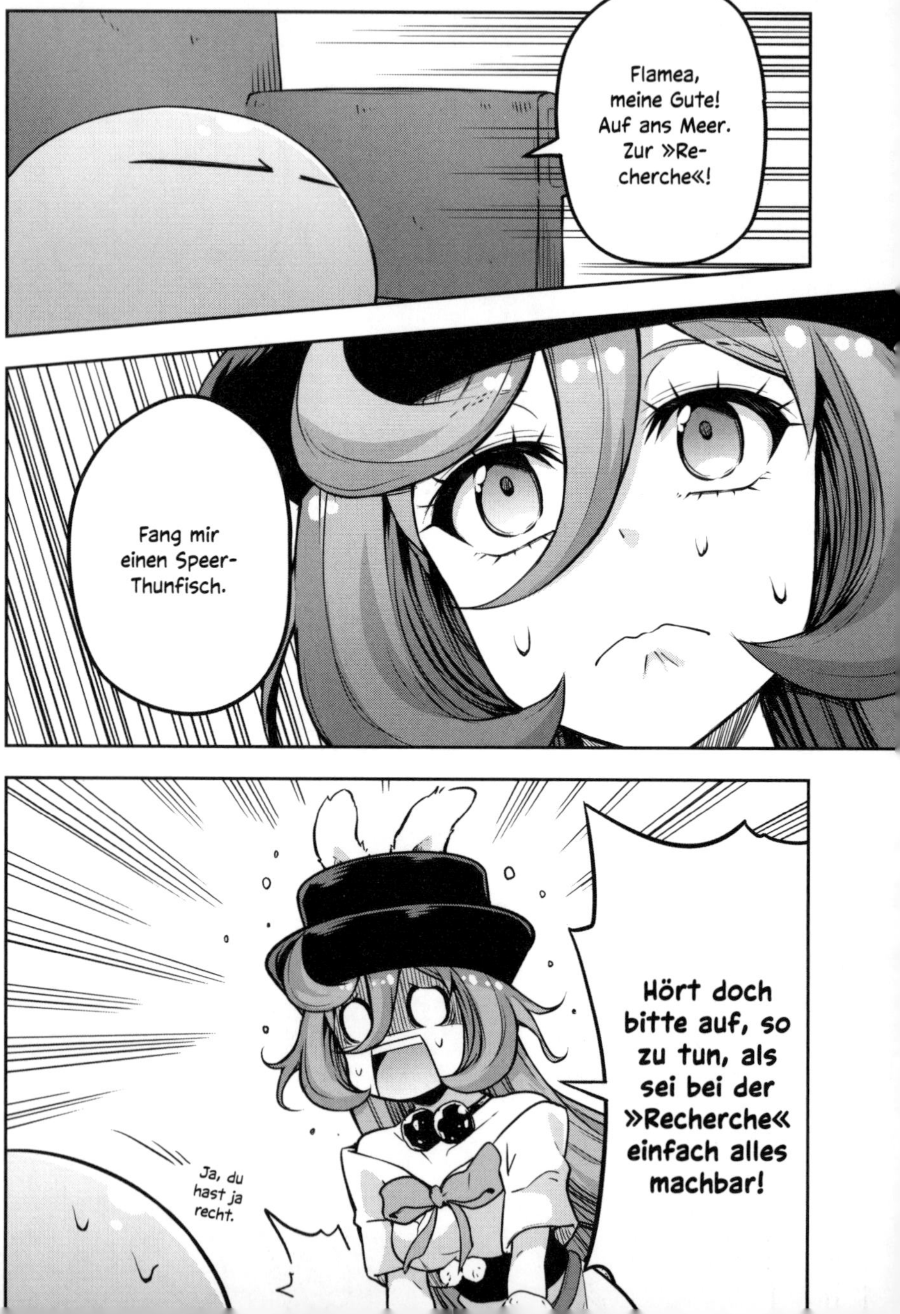
Flamea, meine Gute! Auf ans Meer. Zur »Recherche«!
Fang mir einen Speer-Thunfisch.
Hört doch bitte auf, so zu tun, als sei bei der »Recherche« einfach alles machbar!
Ja, du hast ja recht.

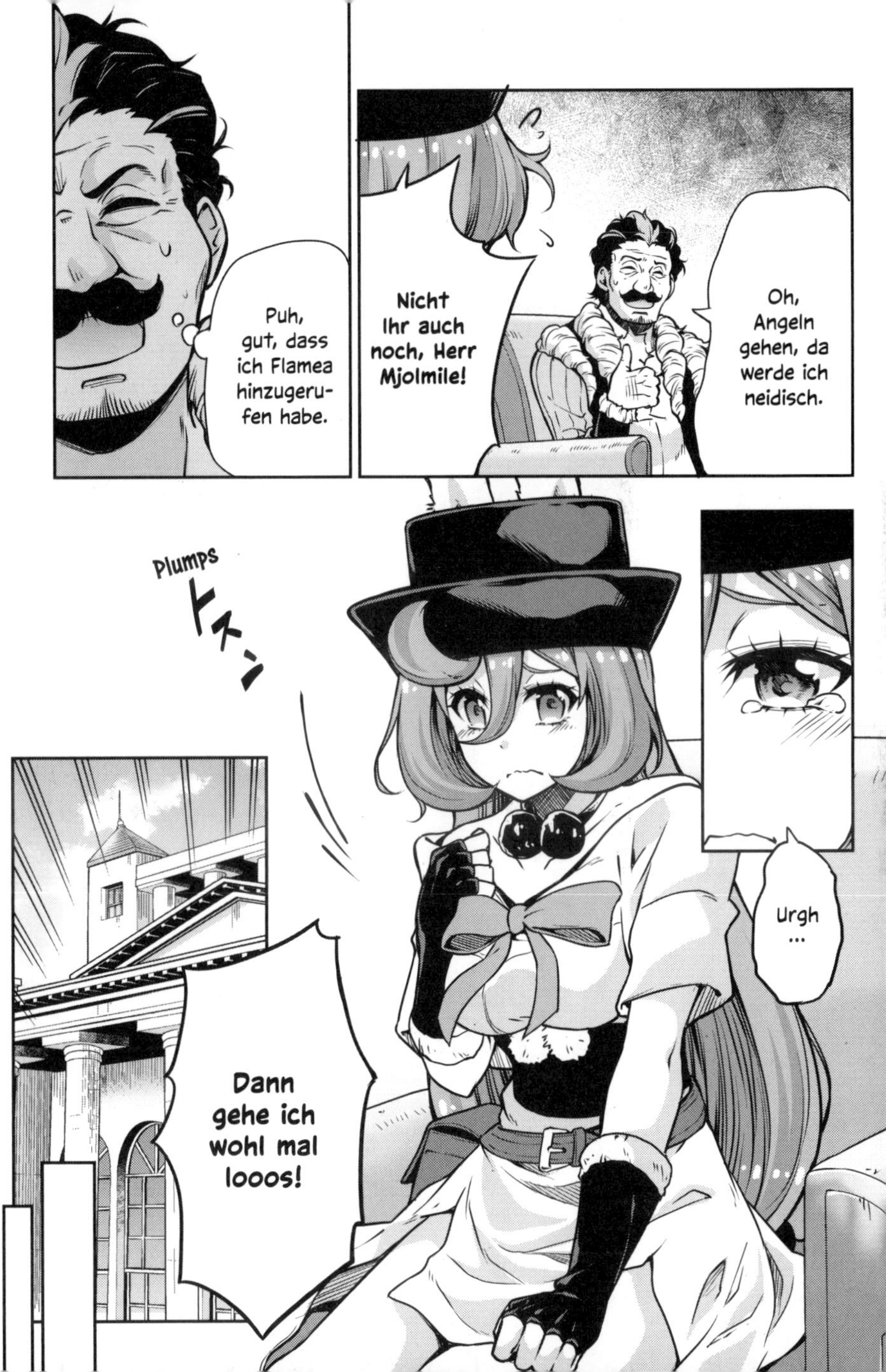
Oh, Angeln gehen, da werde ich neidisch.
Nicht Ihr auch noch, Herr Mjolmile!
Puh, gut, dass ich Flamea hinzugerufen habe.
Urgh …
Plumps
トスン
Dann gehe ich wohl mal looos!

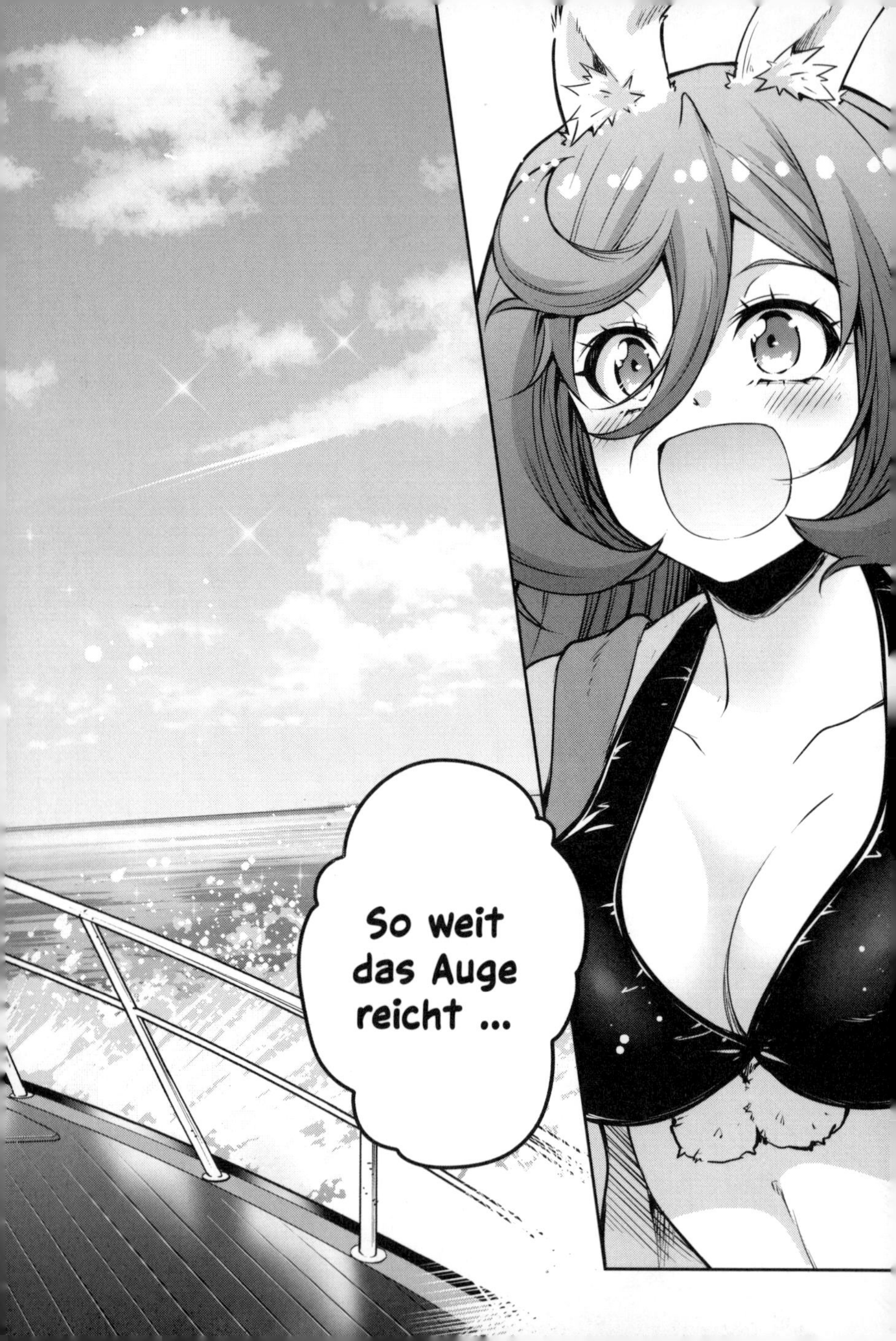
So weit das Auge reicht ...

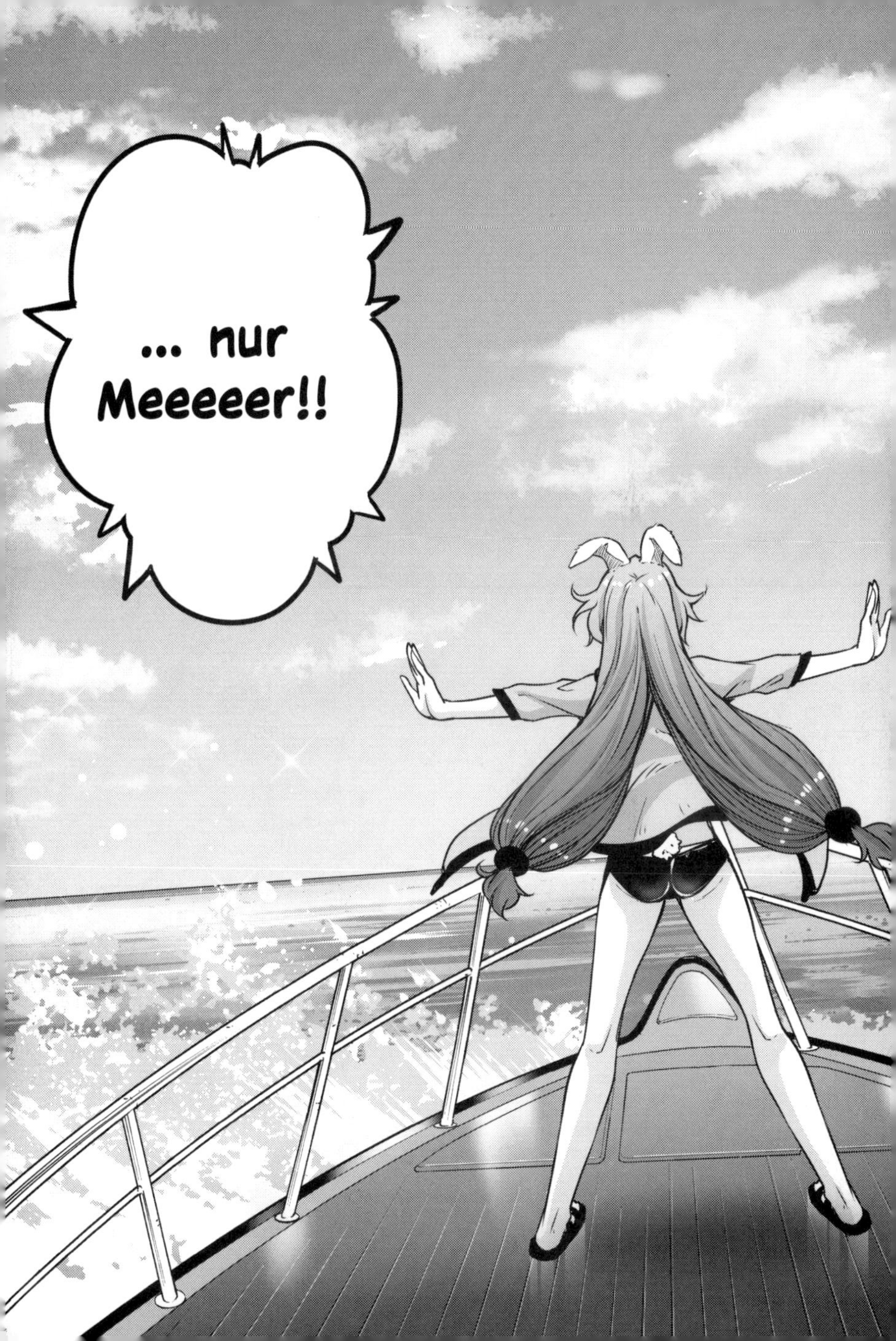
... nur Meeeeer!!

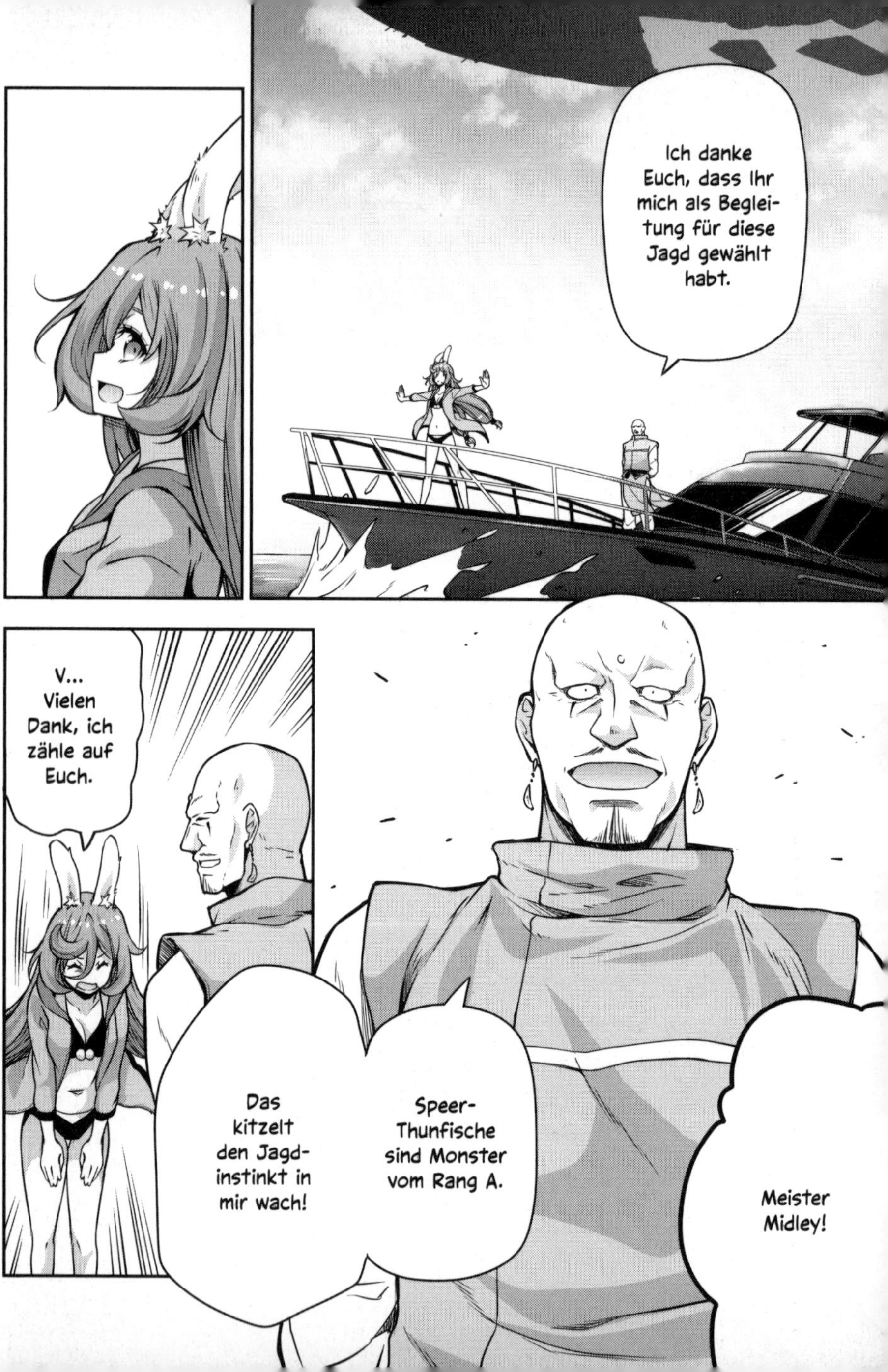
Ich danke Euch, dass Ihr mich als Beglei-tung für diese Jagd gewählt habt.
Meister Midley!
Speer-Thunfische sind Monster vom Rang A.
Das kitzelt den Jagd-instinkt in mir wach!
V... Vielen Dank, ich zähle auf Euch.

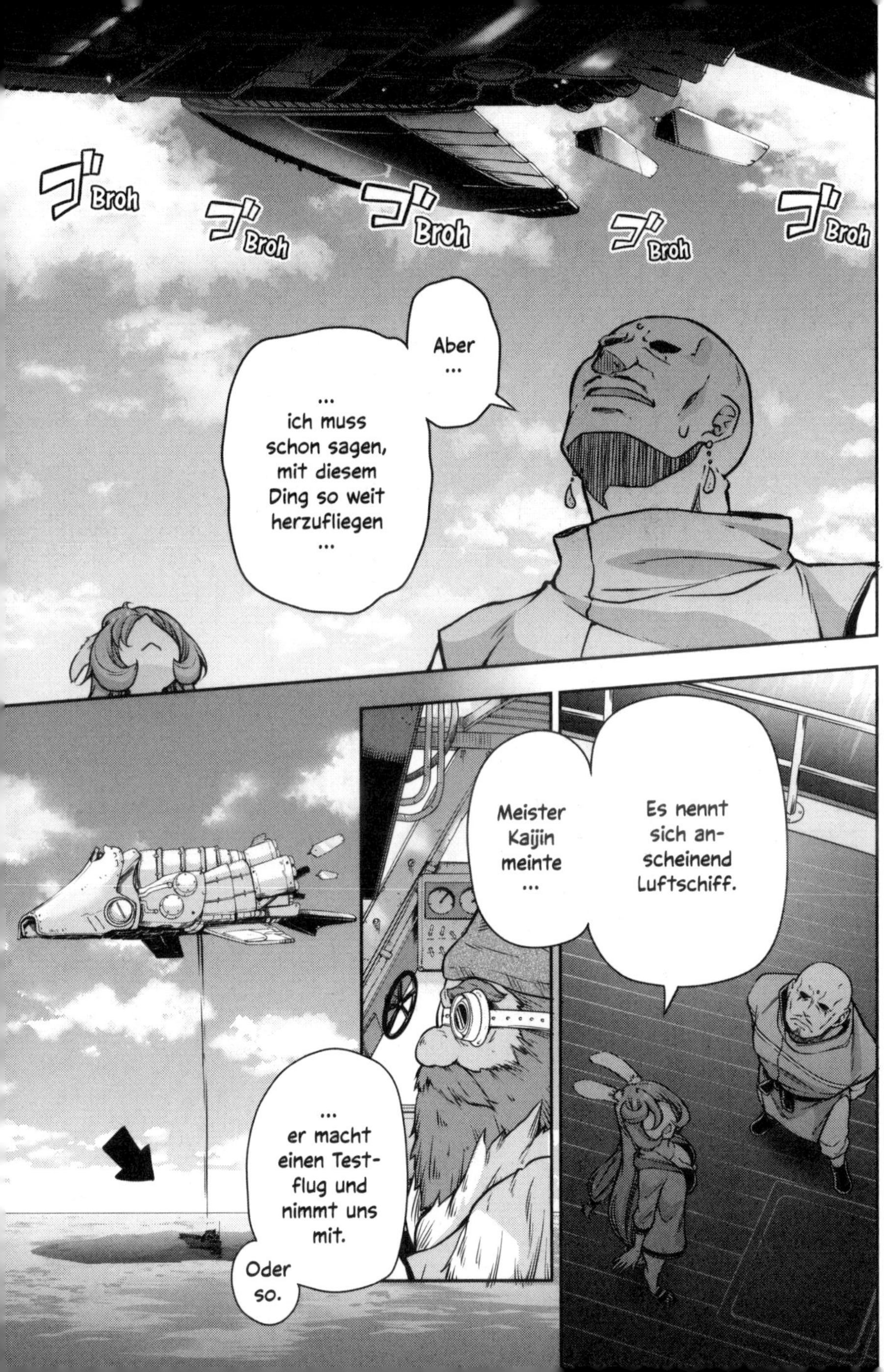

ゴ Broh
ゴ Broh
ゴ Broh
ゴ Broh
ゴ Broh
Aber ...
... ich muss schon sagen, mit diesem Ding so weit herzufliegen ...
Es nennt sich anscheinend Luftschiff.
Meister Kaijin meinte ...
... er macht einen Testflug und nimmt uns mit.
Oder so.

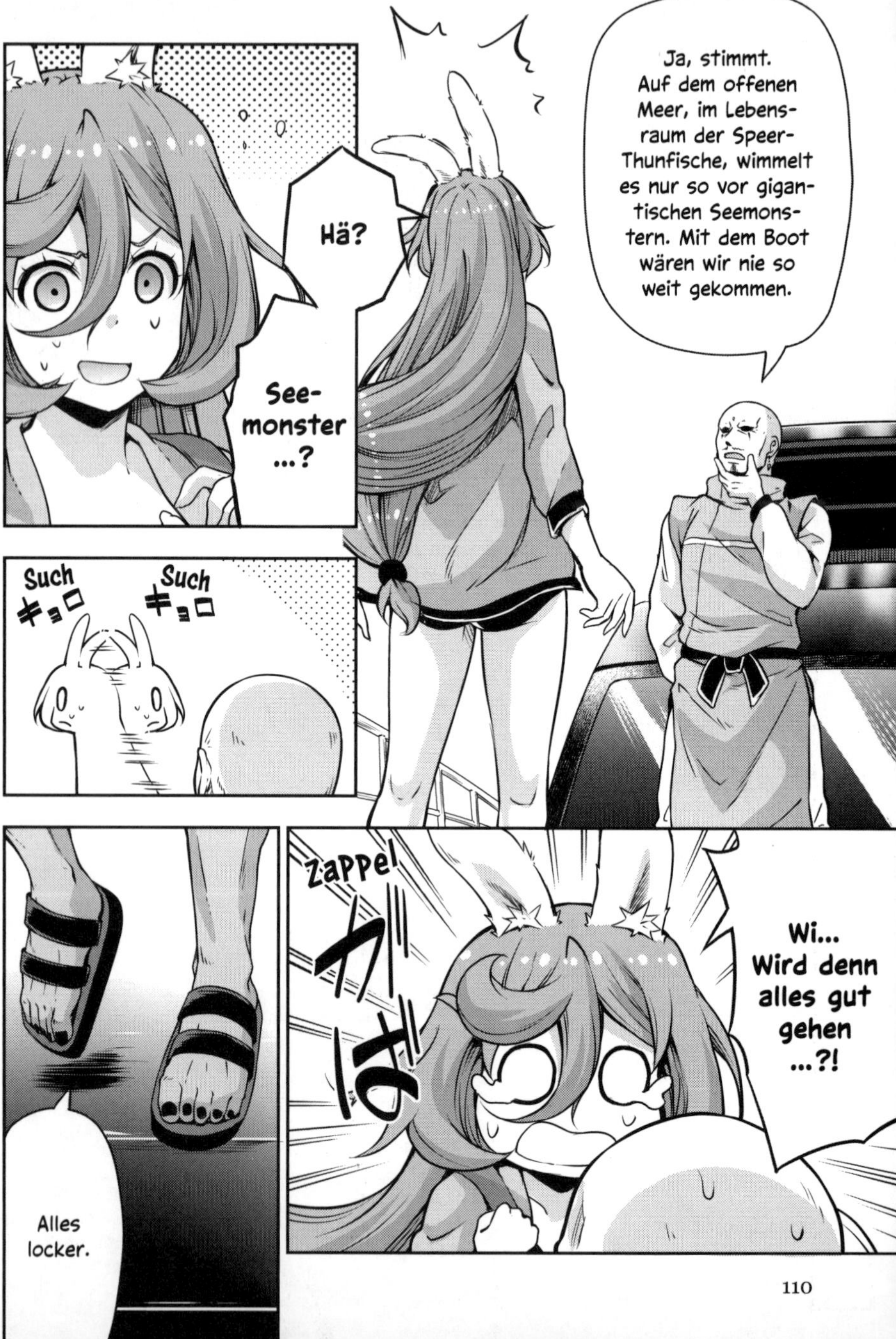
Ja, stimmt.
Auf dem offenen Meer, im Lebensraum der Speer-Thunfische, wimmelt es nur so vor gigantischen Seemonstern. Mit dem Boot wären wir nie so weit gekommen.
Hä?
See-monster ...?
Such キョロ
Such キョロ
Zappel
Wi... Wird denn alles gut gehen ...?!
Alles locker.

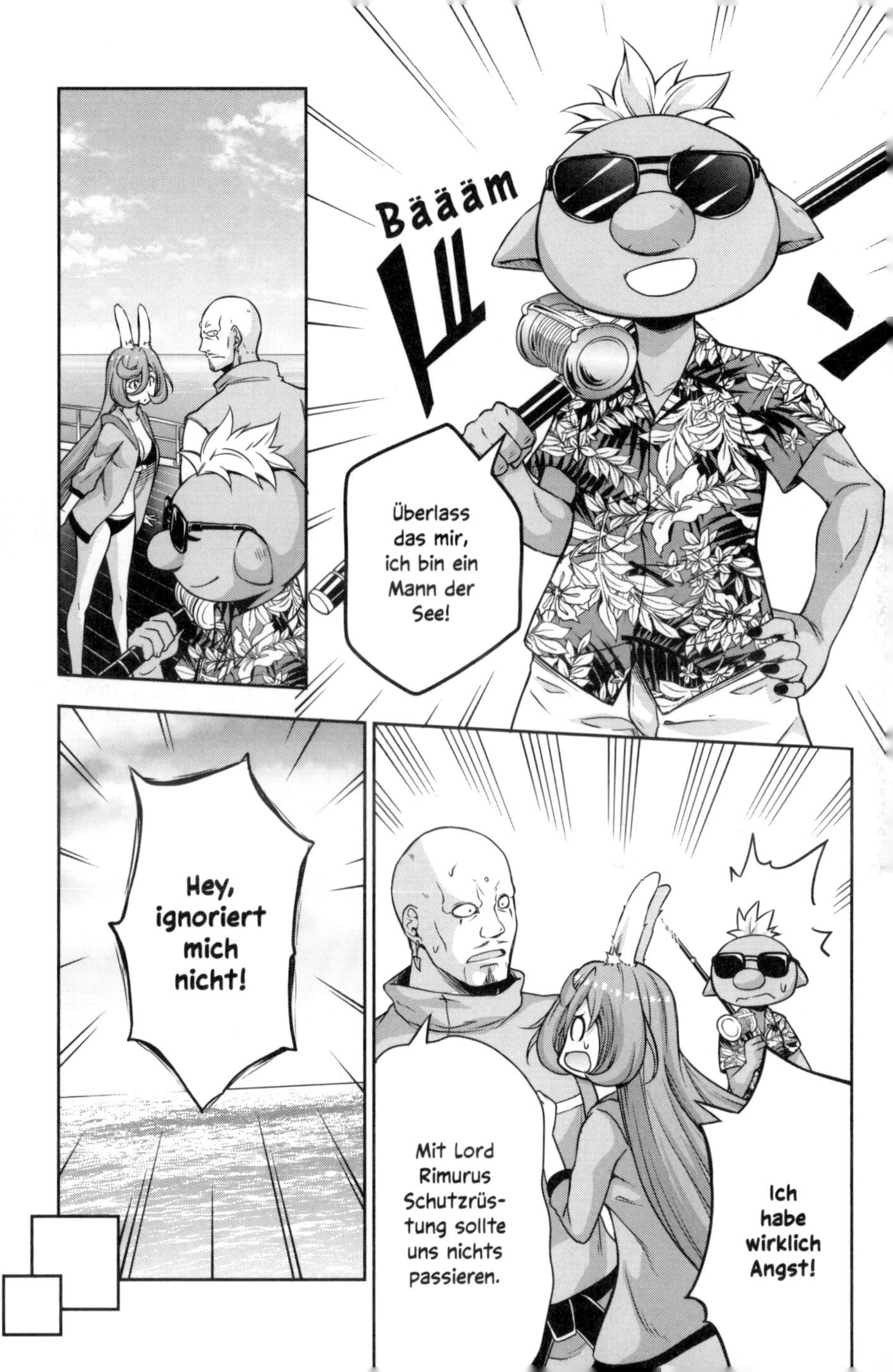
Bäääm
Überlass das mir, ich bin ein Mann der See!
Hey, ignoriert mich nicht!
Ich habe wirklich Angst!
Mit Lord Rimurus Schutzrüstung sollte uns nichts passieren.

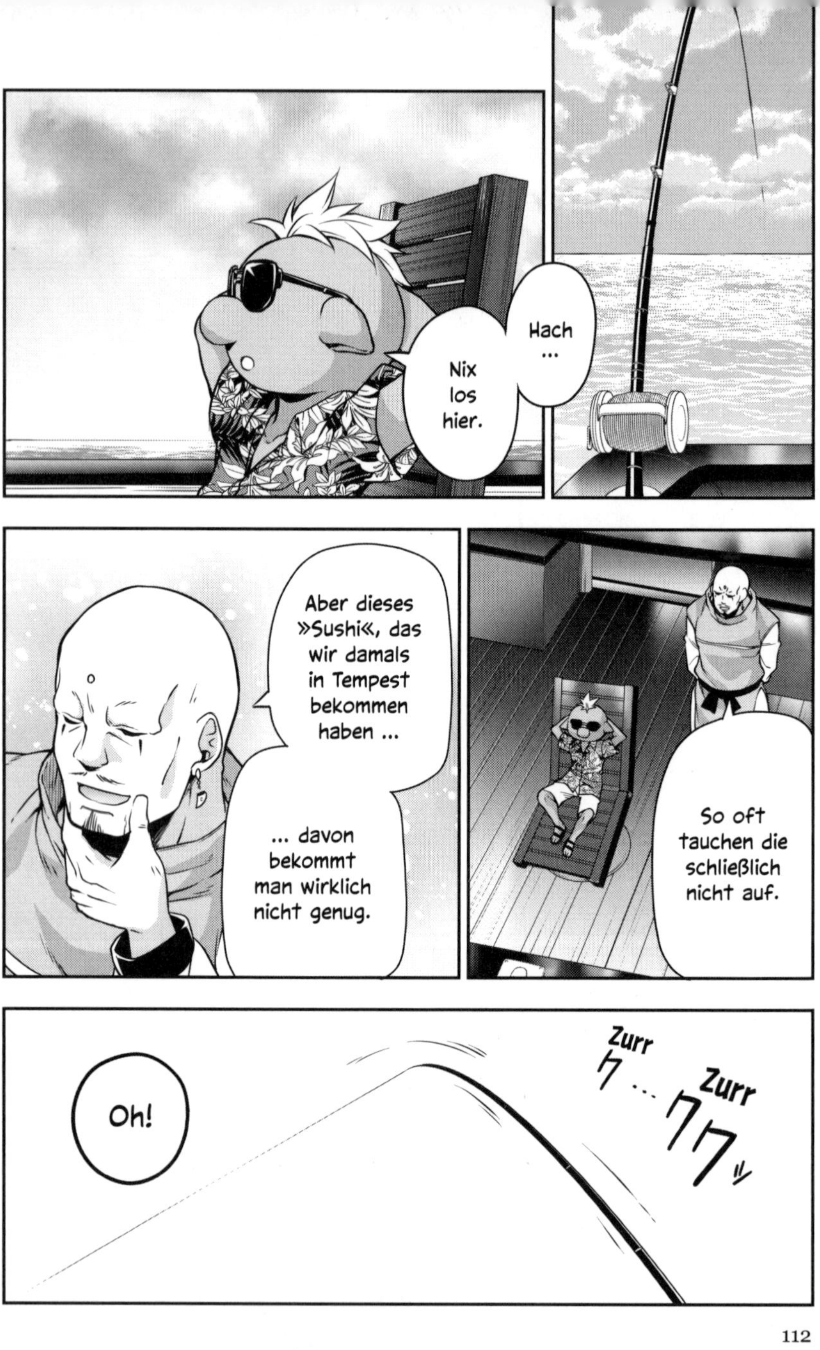
Hach ...
Nix los hier.
So oft tauchen die schließlich nicht auf.
Aber dieses »Sushi«, das wir damals in Tempest bekommen haben ...
... davon bekommt man wirklich nicht genug.
Zurr
Zurr
Oh!

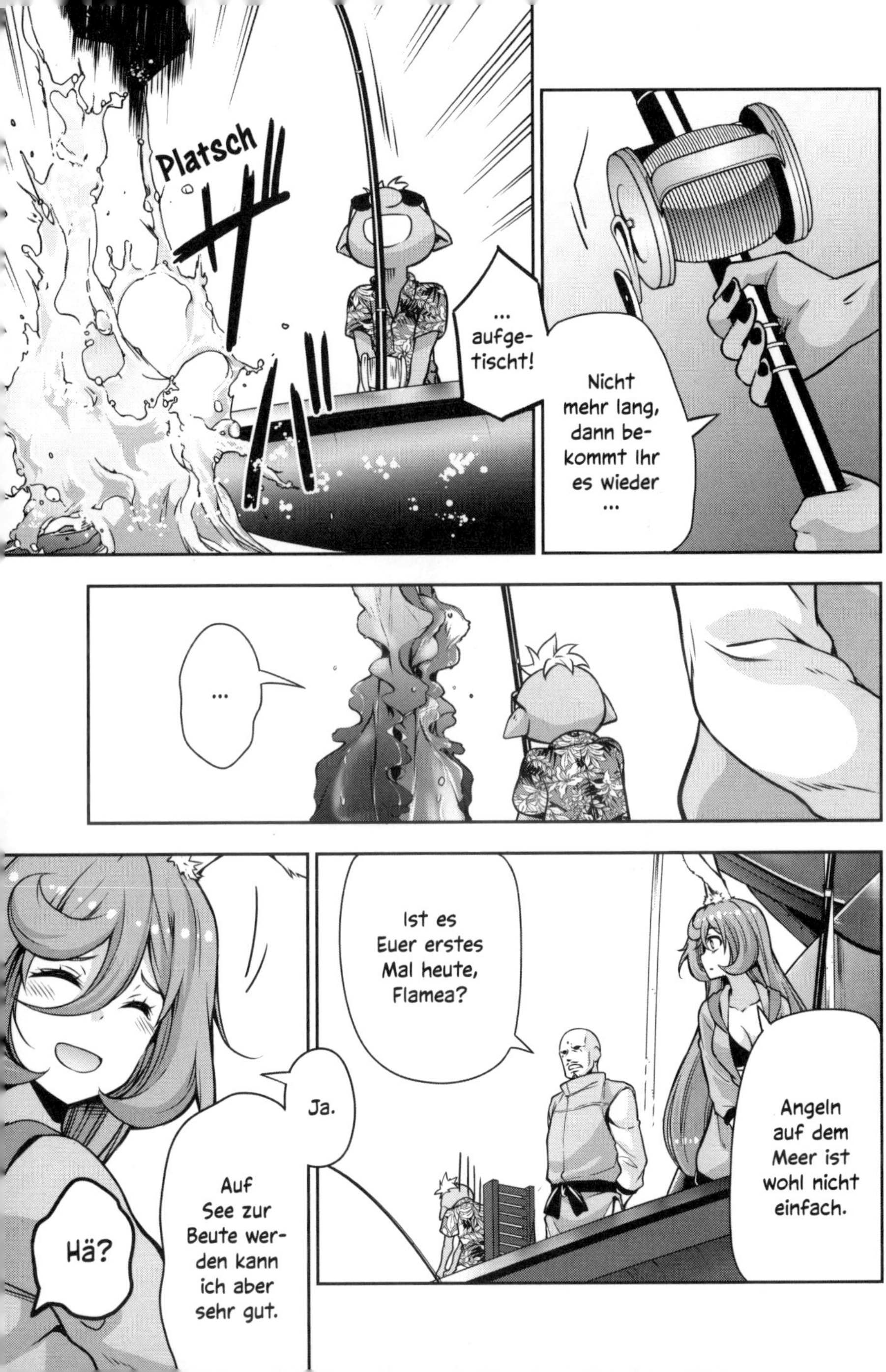
Nicht mehr lang, dann bekommt Ihr es wieder …
… aufgetischt!
Platsch
…
Ist es Euer erstes Mal heute, Flamea?
Angeln auf dem Meer ist wohl nicht einfach.
Ja.
Auf See zur Beute werden kann ich aber sehr gut.
Hä?

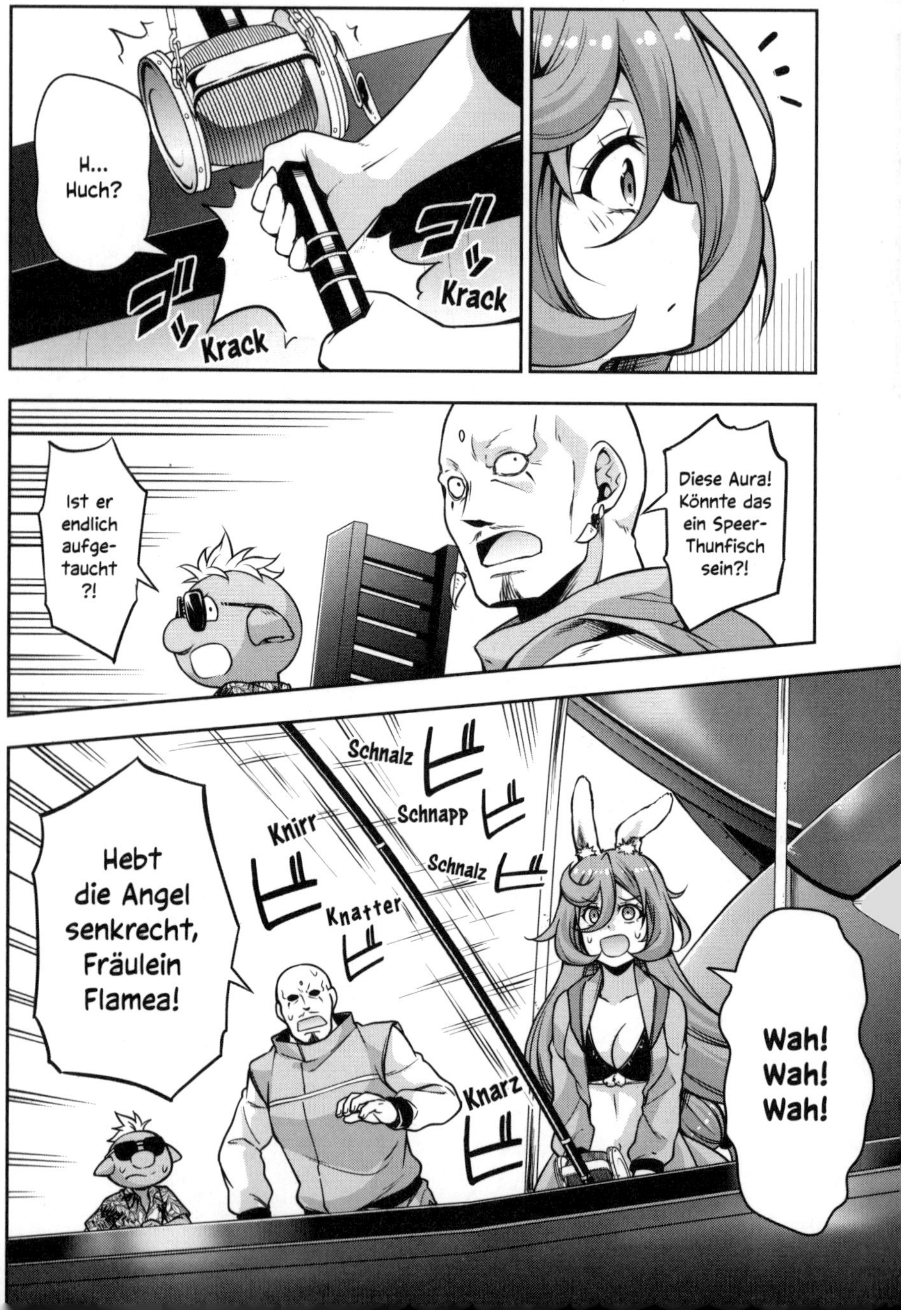
H... Huch?
Krack
Krack
Diese Aura! Könnte das ein Speer-Thunfisch sein?!
Ist er endlich aufgetaucht ?!
Wah! Wah! Wah!
Schnalz
Schnapp
Schnalz
Knirr
Knatter
Knarz
Hebt die Angel senkrecht, Fräulein Flamea!

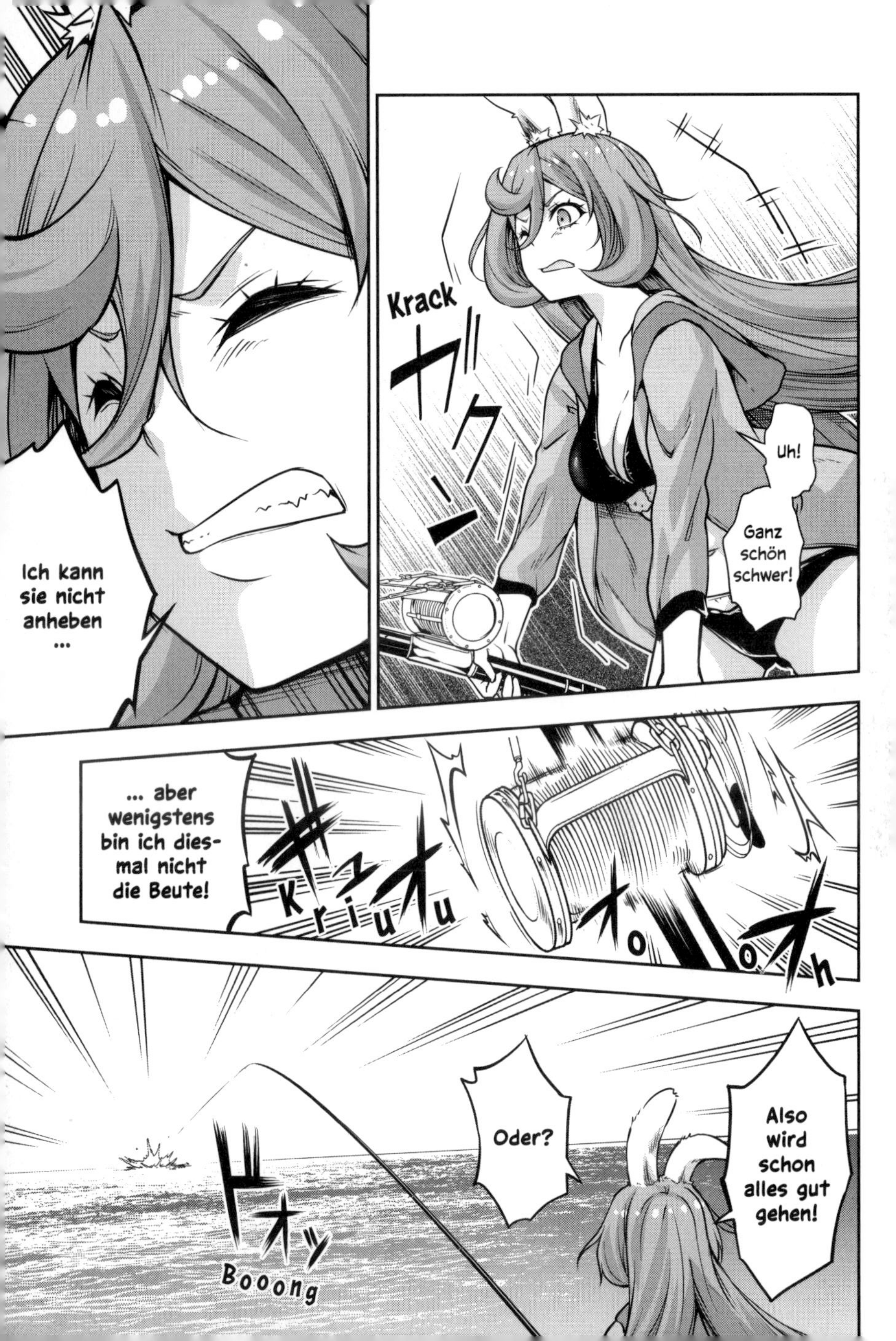

Krack
Uh!
Ganz schön schwer!
Ich kann sie nicht anheben ...
... aber wenigstens bin ich diesmal nicht die Beute!
Also wird schon alles gut gehen!
Oder?
Booong

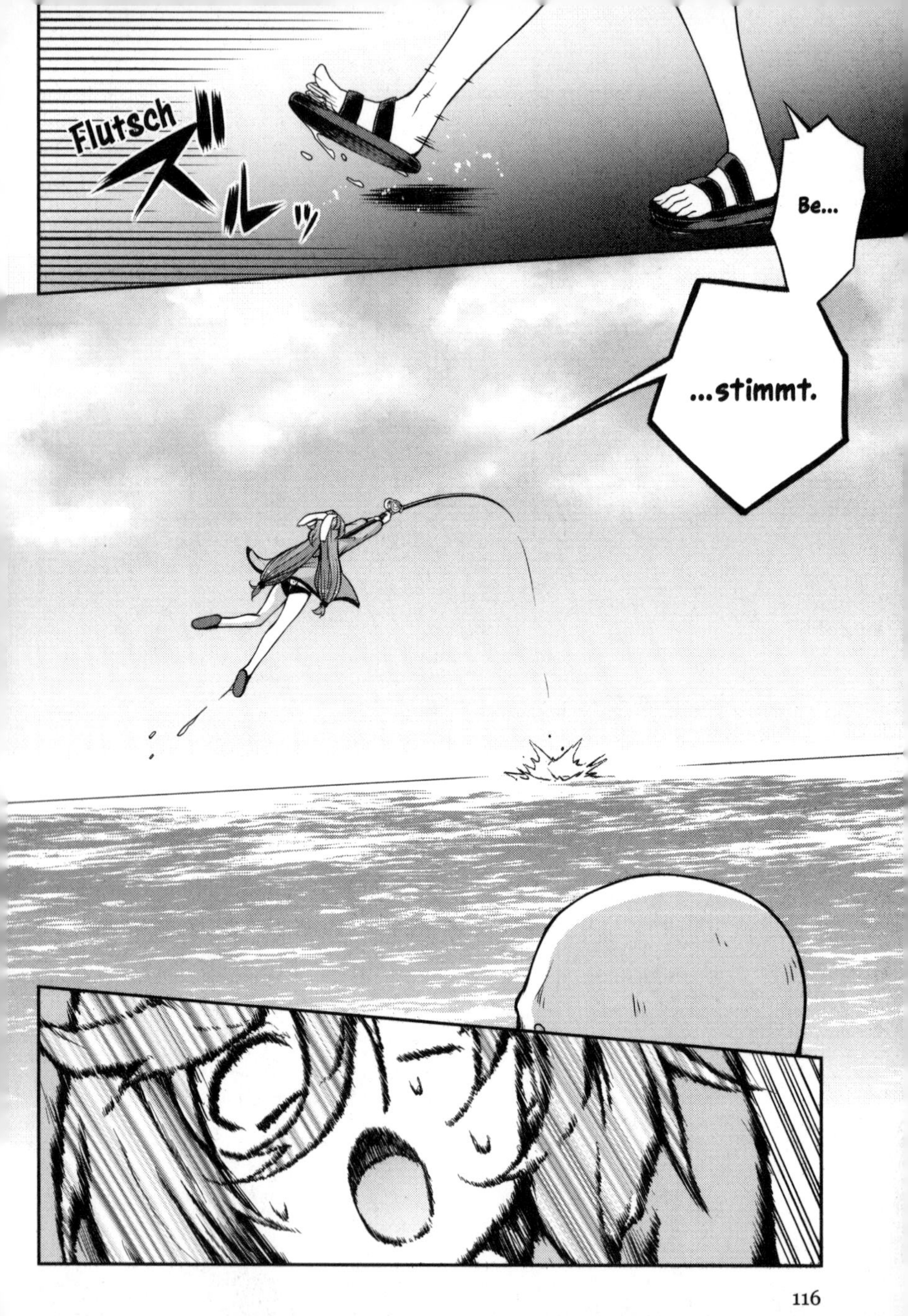
Be...
Flutsch
ズルッ
...stimmt.

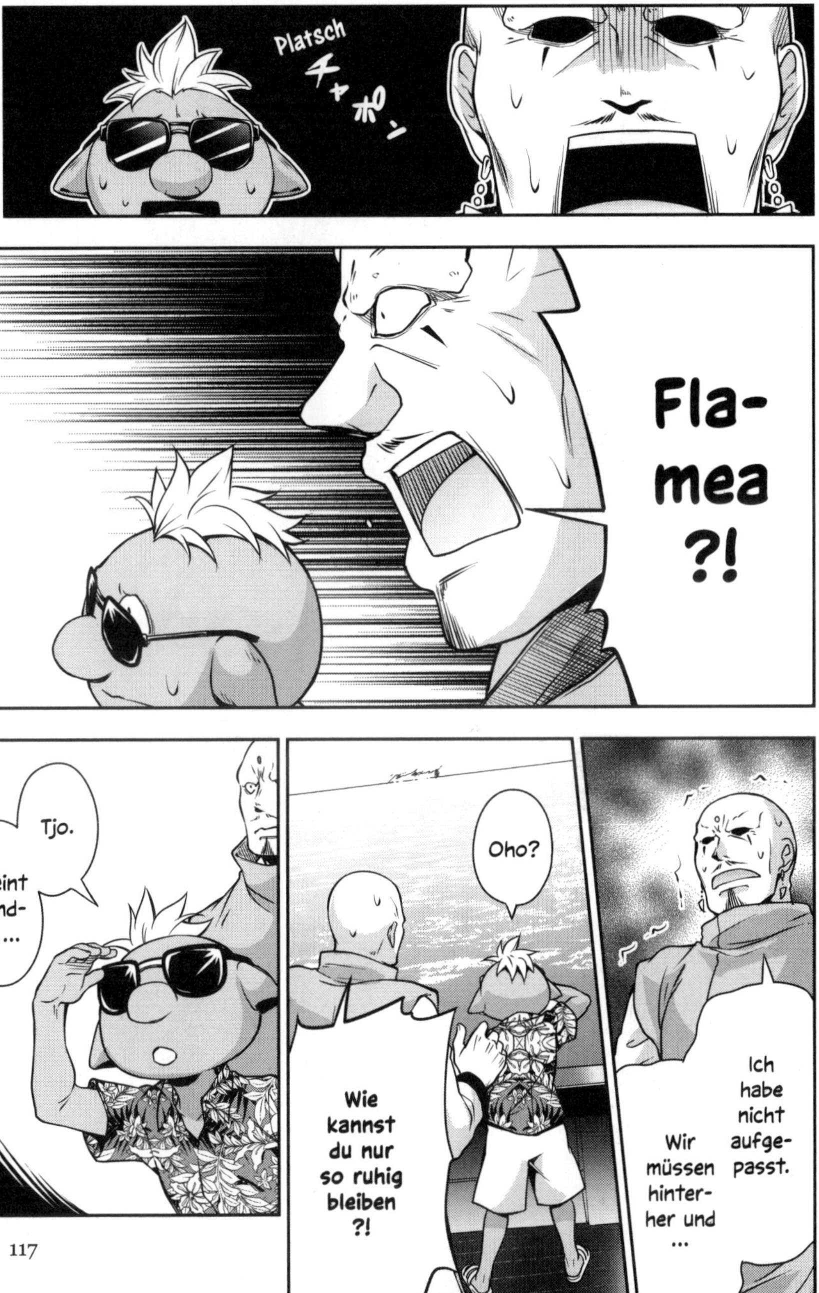
Platsch
チャポン
Fla-mea ?!
Ich habe nicht aufgepasst.
Wir müssen hinterher und ...
Oho?
Wie kannst du nur so ruhig bleiben ?!
Tjo.
Scheint irgendwie ...

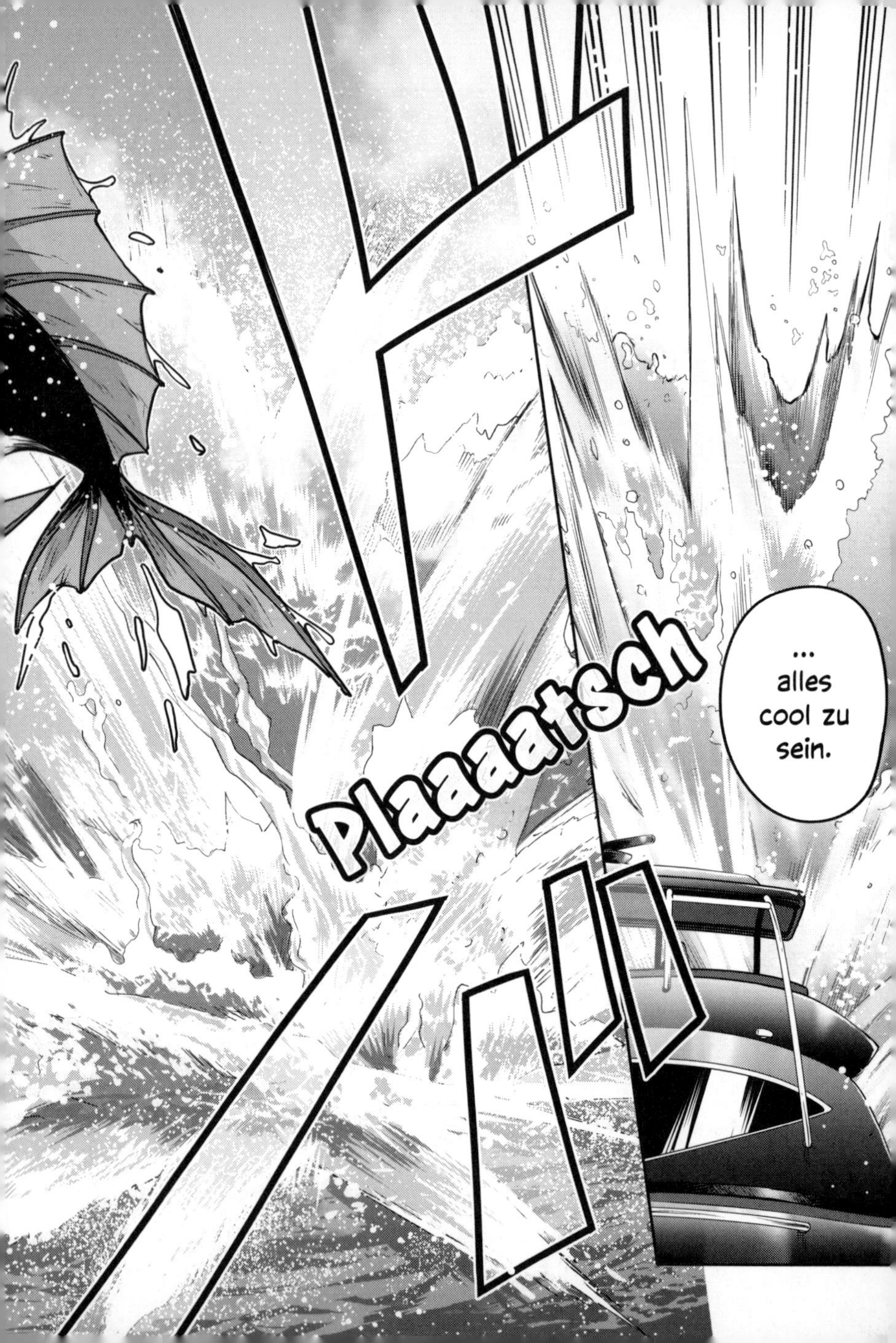
Plaaaatsch
... alles cool zu sein.

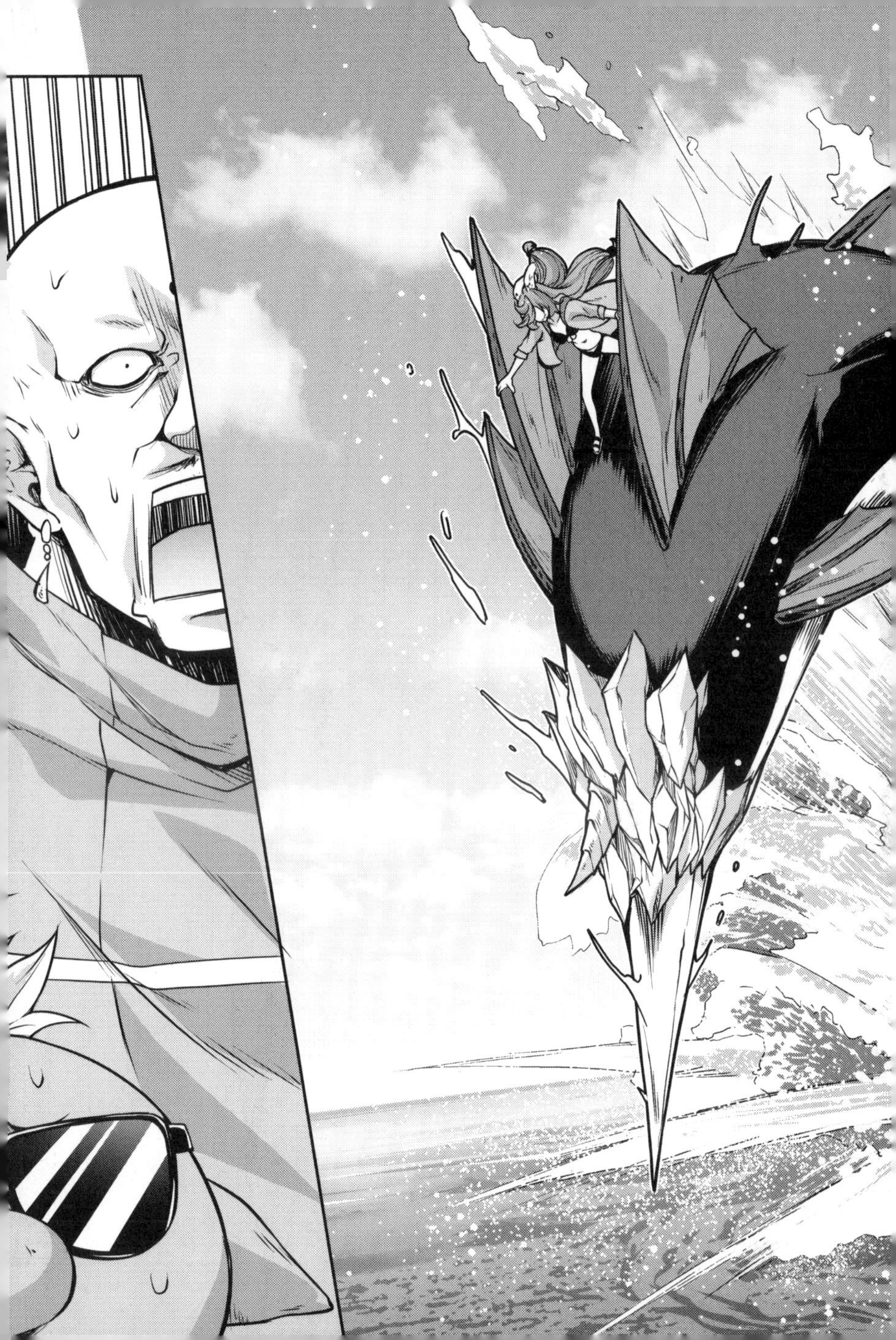

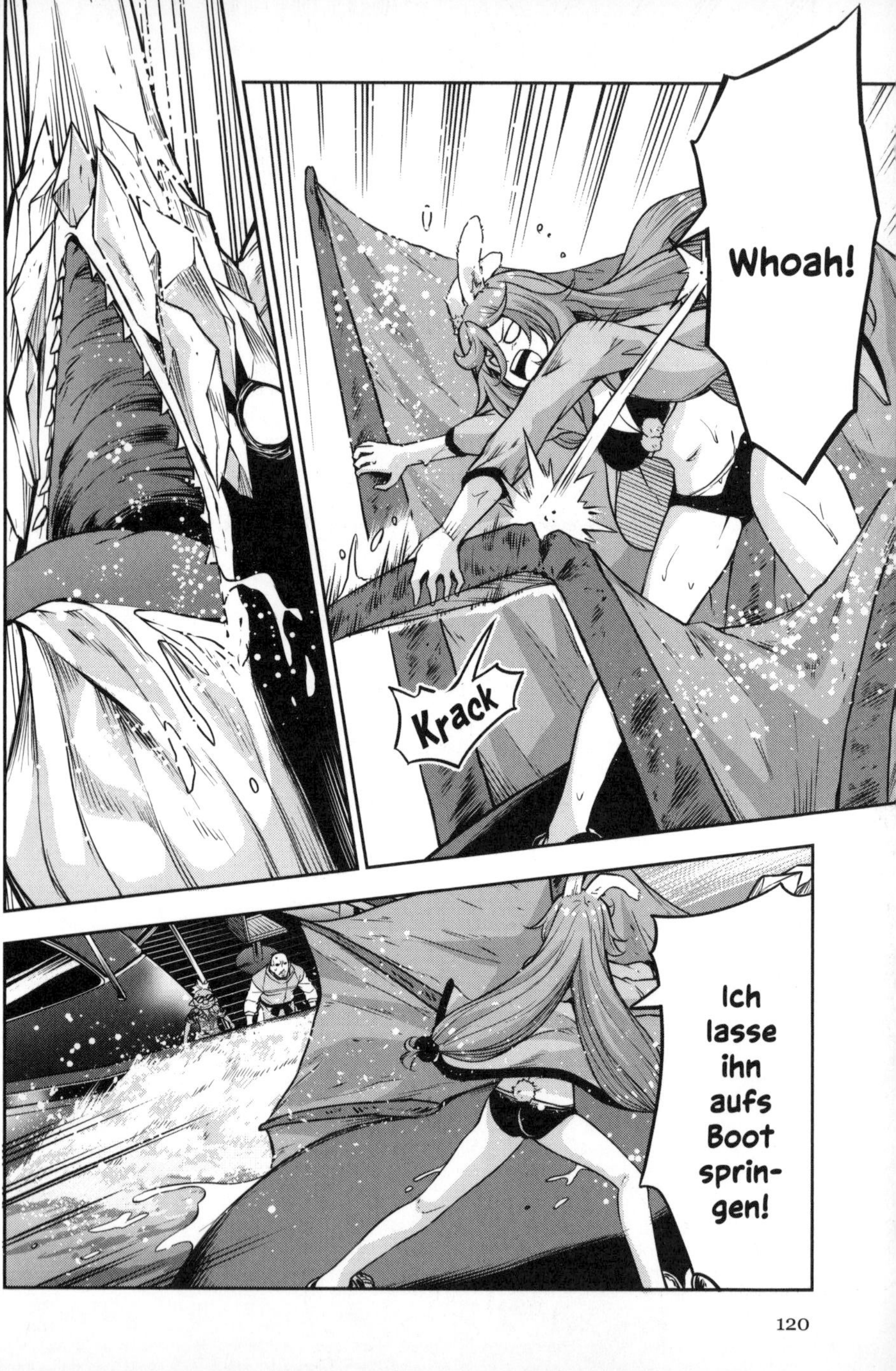
Whoah!
Krack
Ich lasse ihn aufs Boot sprin-gen!

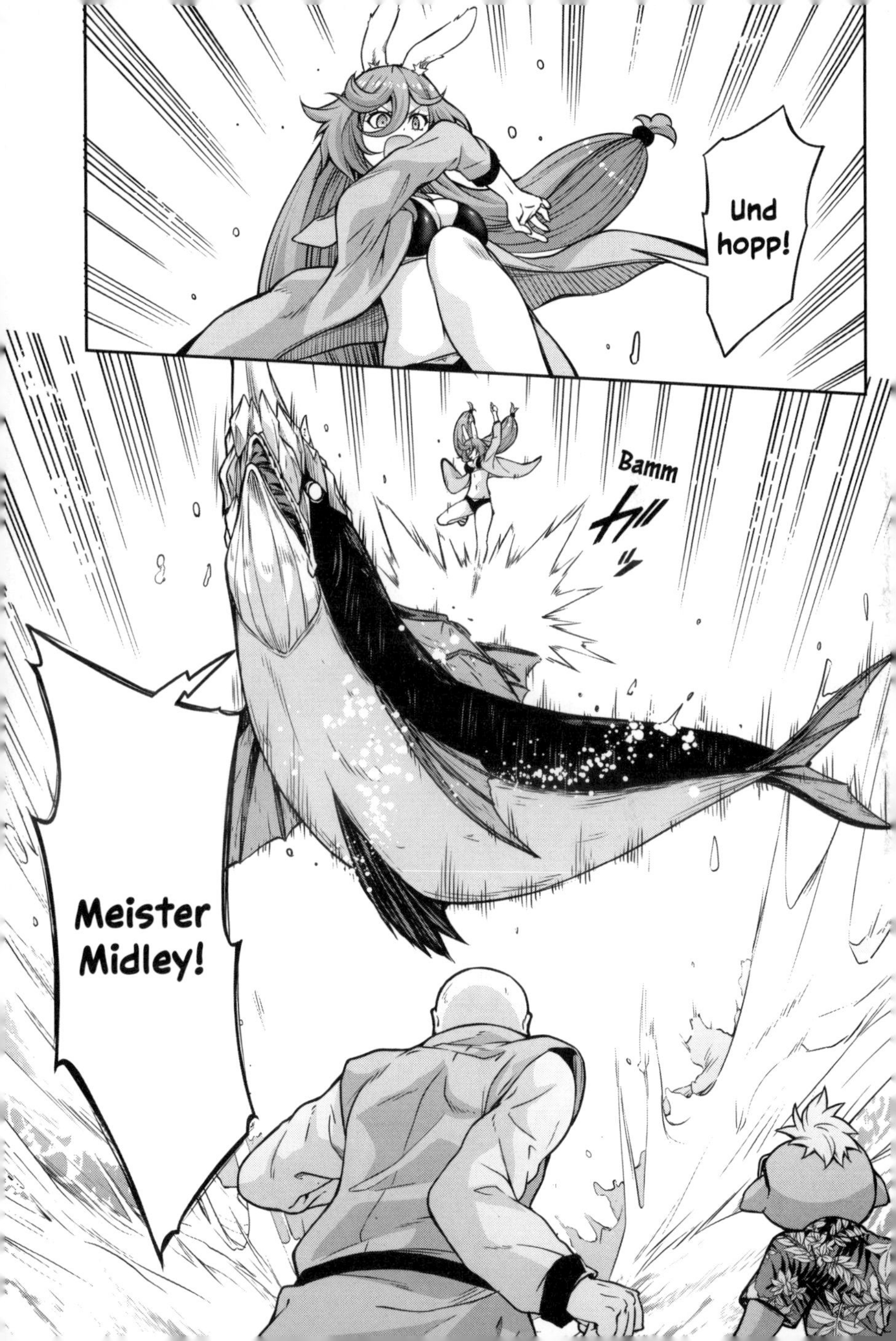
Und hopp!
Bamm
Meister Midley!

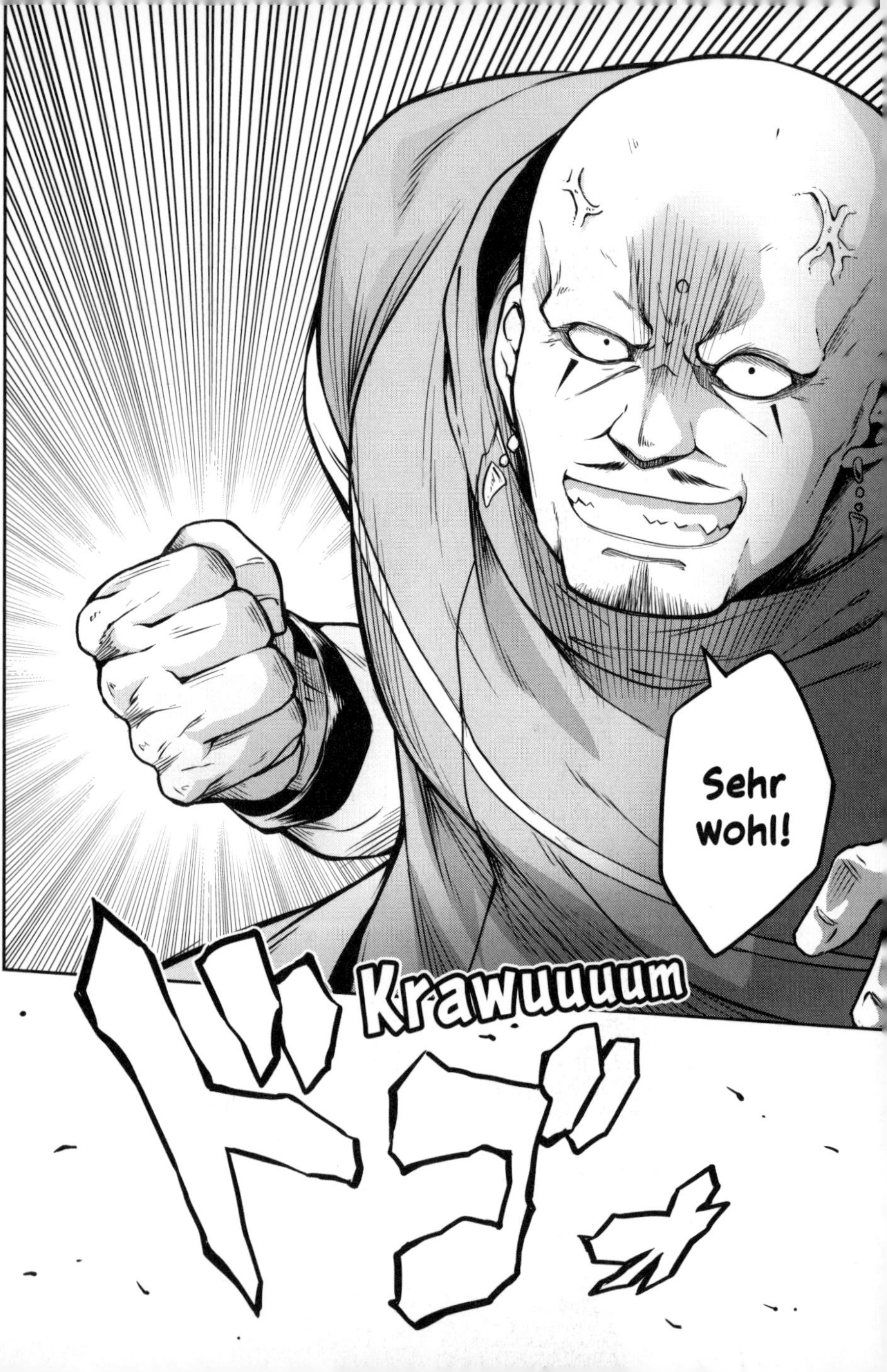
Sehr wohl!
Krawuuuuum

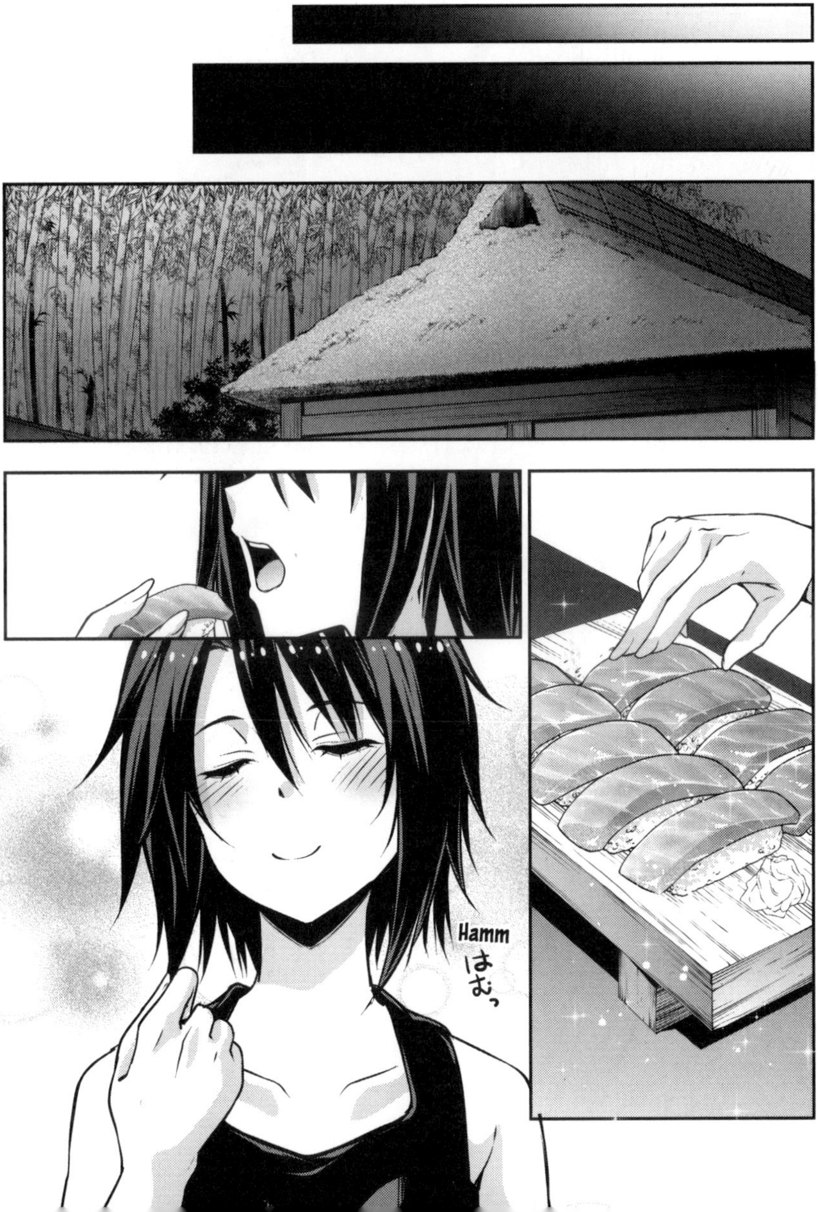
Hamm
はむっ

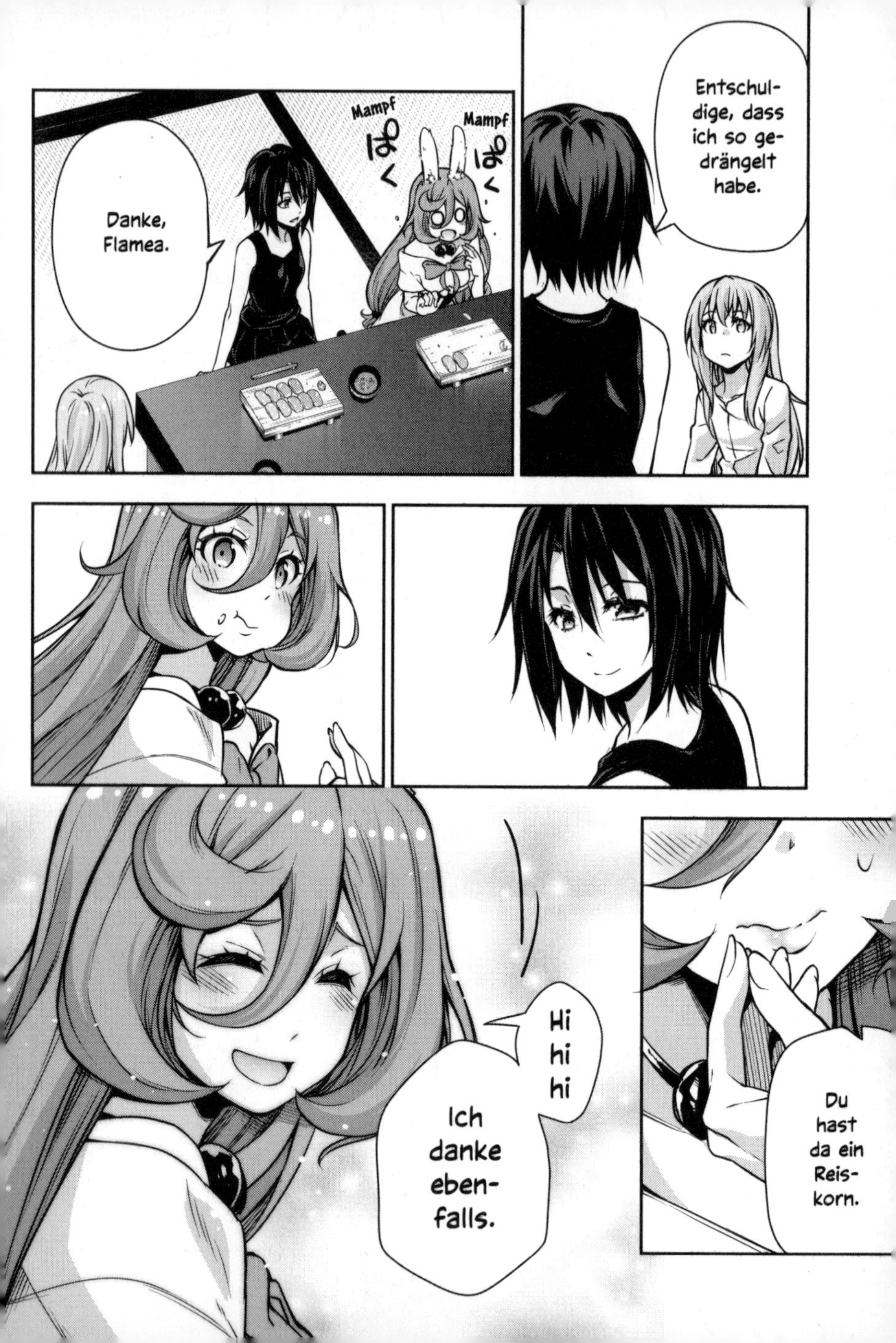
Entschuldige, dass ich so gedrängelt habe.
Mampf
ぱく
Mampf
ぱく
Danke, Flamea.
Du hast da ein Reiskorn.
Hi hi hi
Ich danke ebenfalls.

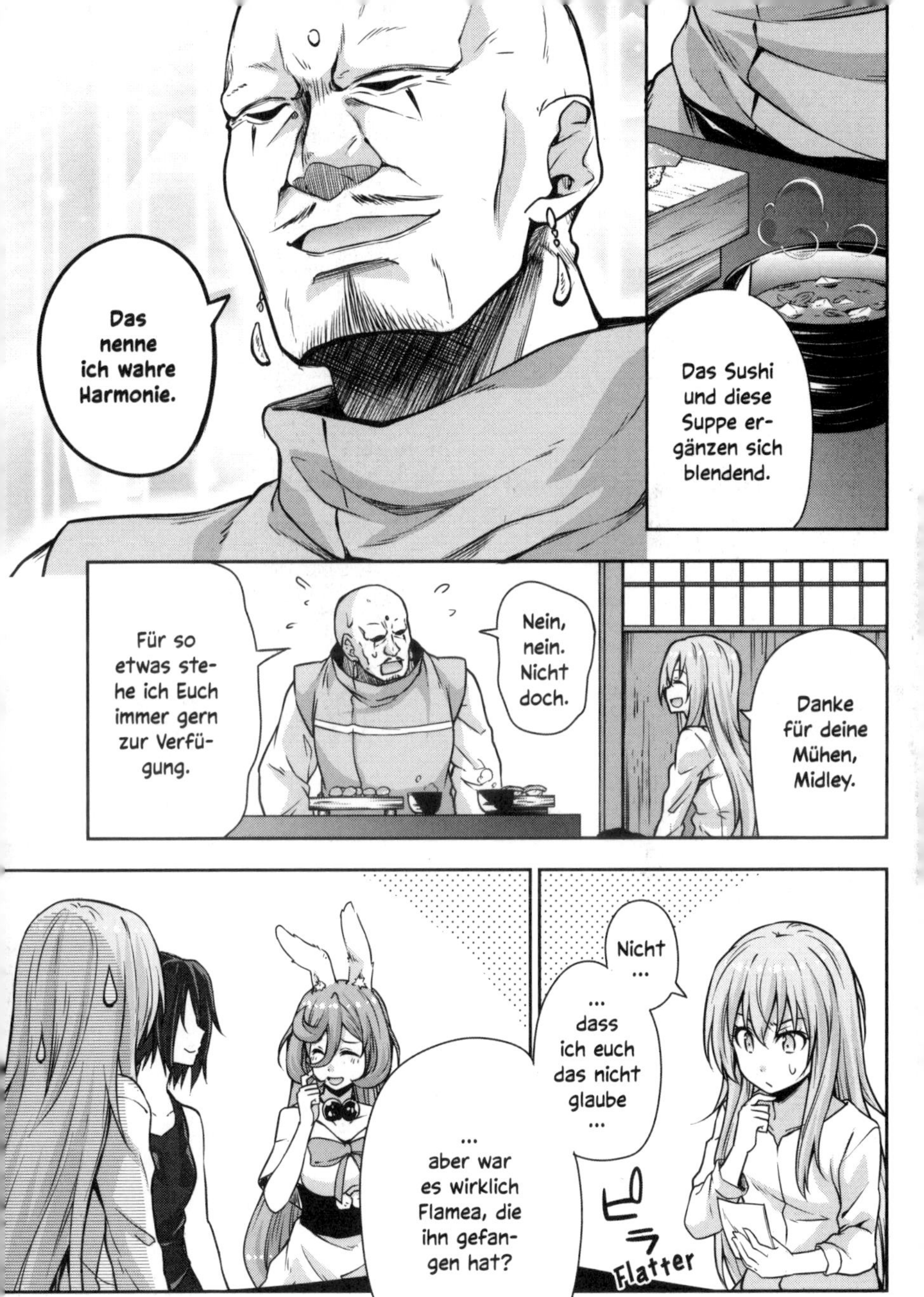
Das Sushi und diese Suppe ergänzen sich blendend.
Das nenne ich wahre Harmonie.
Danke für deine Mühen, Midley.
Nein, nein. Nicht doch.
Für so etwas stehe ich Euch immer gern zur Verfügung.
Nicht ...
... dass ich euch das nicht glaube ...
... aber war es wirklich Flamea, die ihn gefangen hat?
ピラ
Flatter

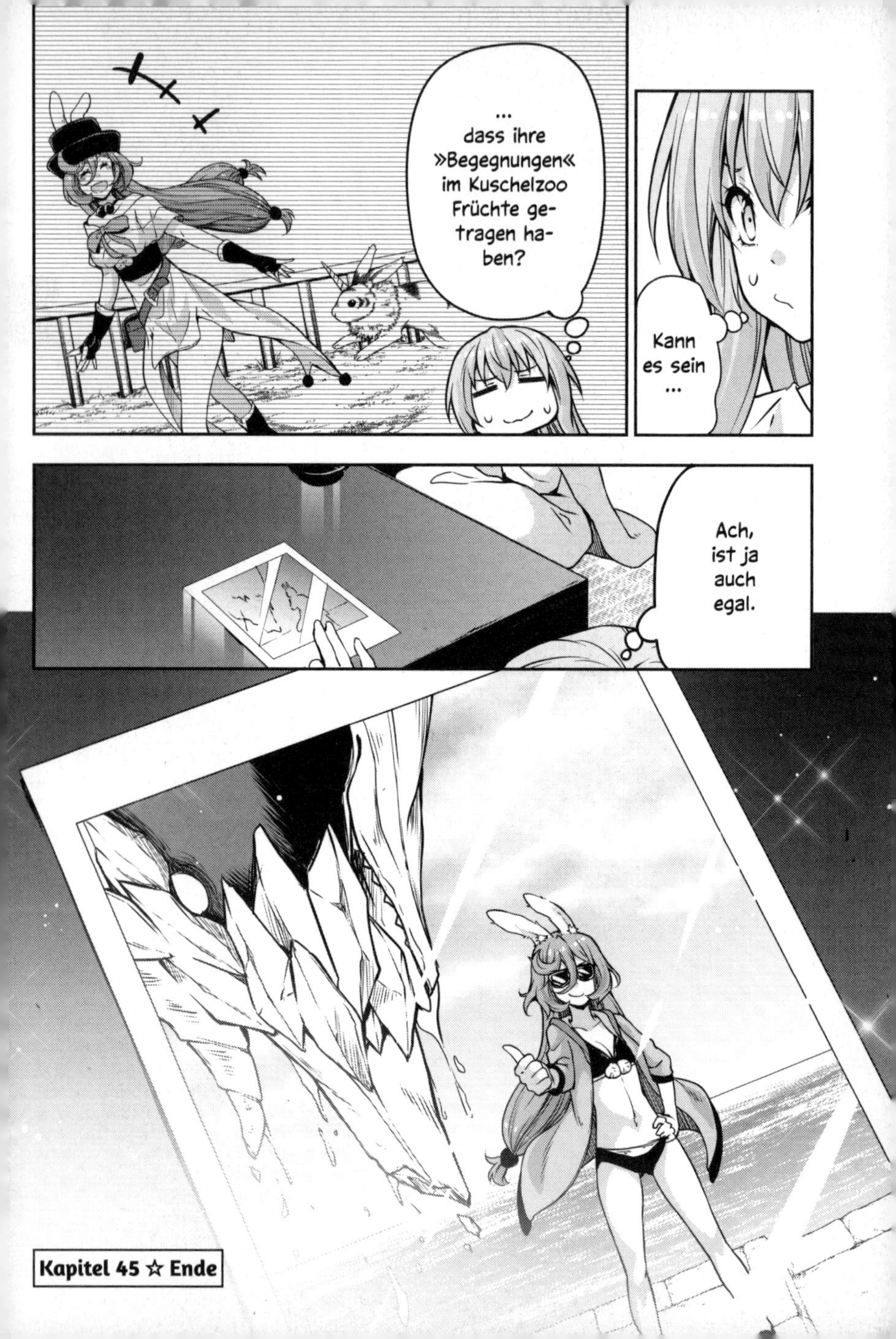

Kann es sein ...
... dass ihre »Begegnungen« im Kuschelzoo Früchte getragen haben?
Ach, ist ja auch egal.
Kapitel 45 ☆ Ende

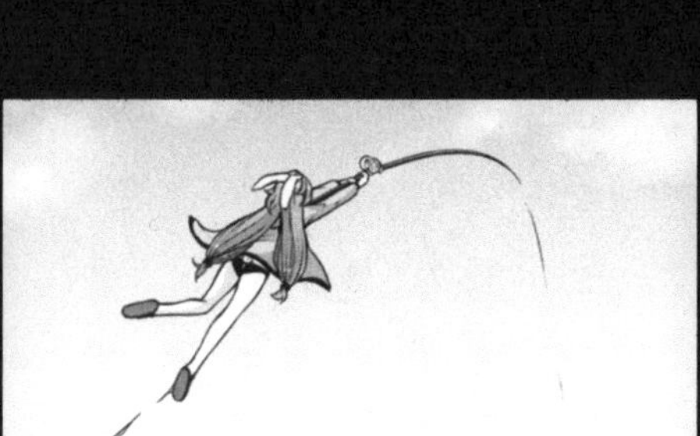

Der

SCHLEIM-

Reisefübrer in das Land der Dämonen

8

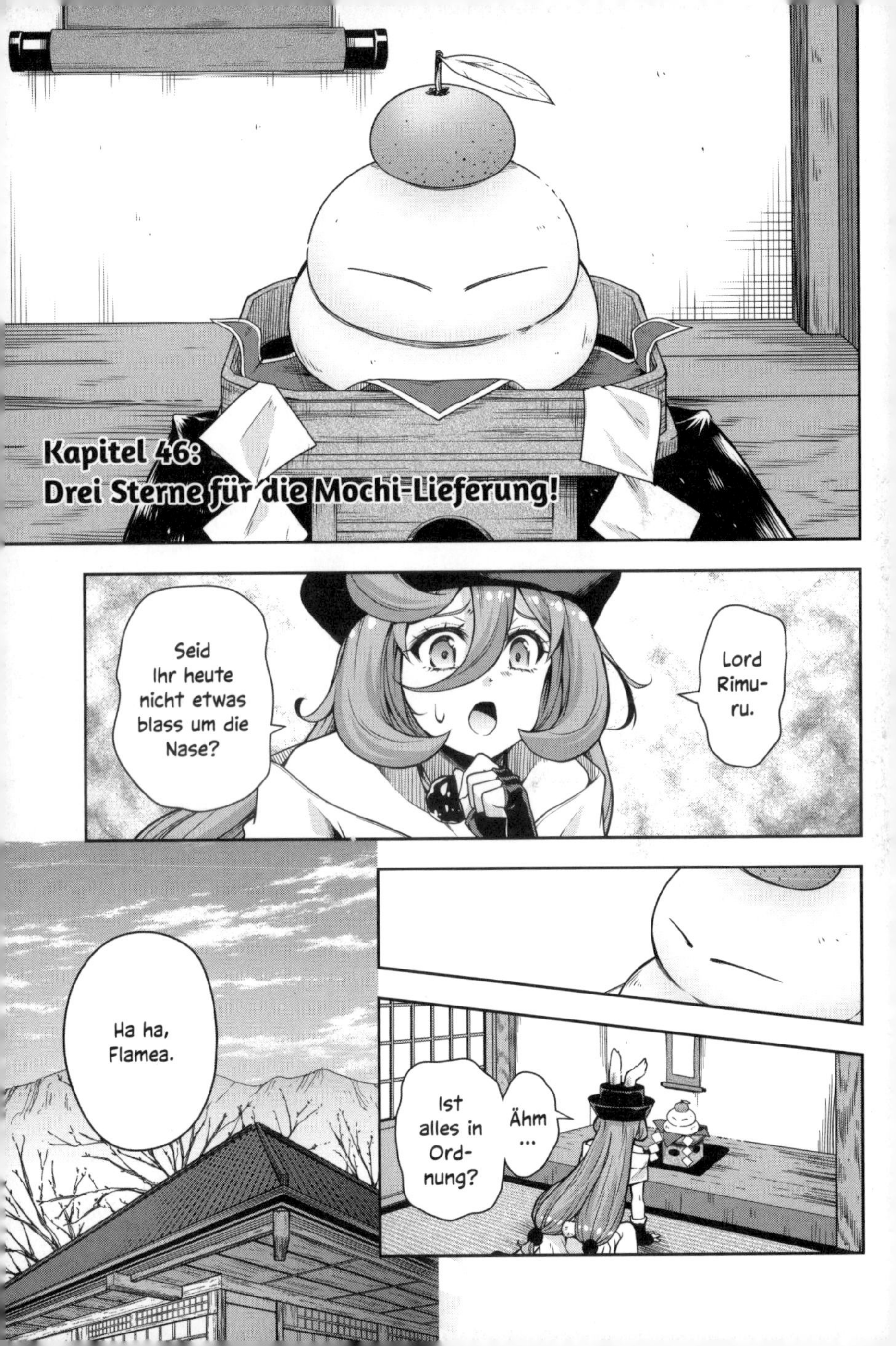
Kapitel 46:
Drei Sterne für die Mochi-Lieferung!
Lord Rimu-ru.
Seid Ihr heute nicht etwas blass um die Nase?
Ähm ...
Ist alles in Ord-nung?
Ha ha, Flamea.

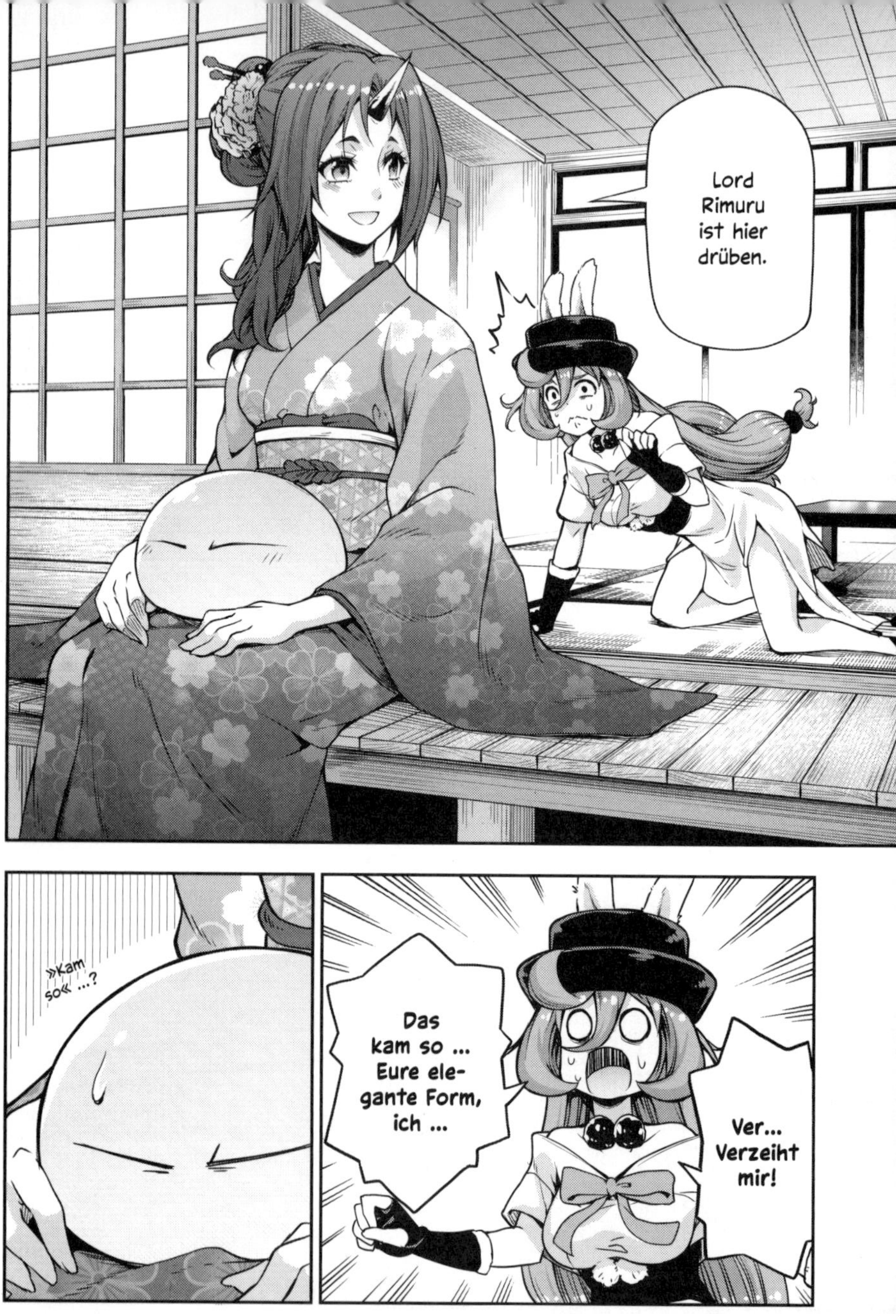
Lord Rimuru ist hier drüben.
Das kam so ... Eure elegante Form, ich ...
Ver... Verzeiht mir!
»Kam so« ...?

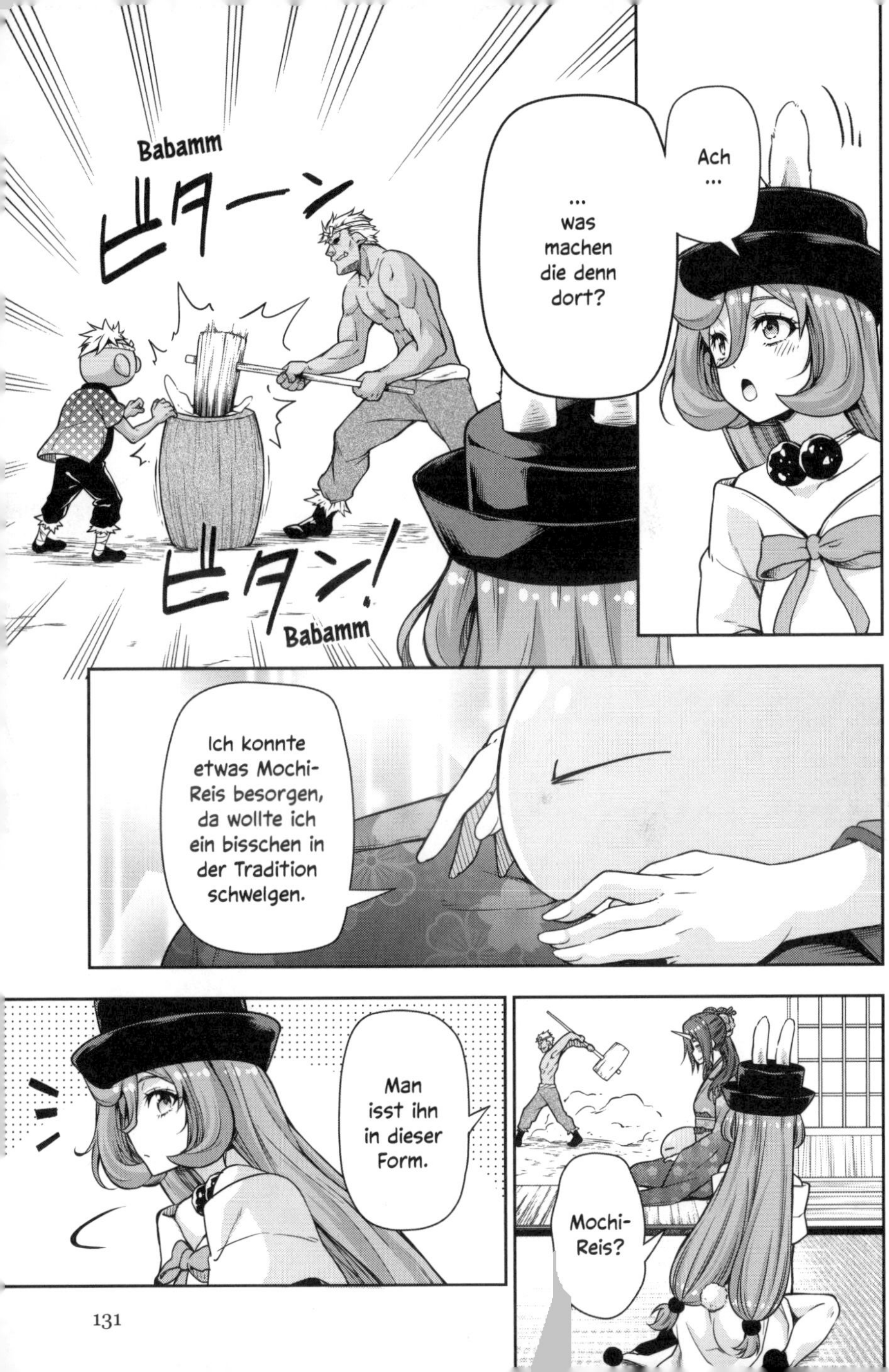
Ach ...
... was machen die denn dort?
Babamm
ビターン
ビタン!
Babamm
Ich konnte etwas Mochi-Reis besorgen, da wollte ich ein bisschen in der Tradition schwelgen.
Mochi-Reis?
Man isst ihn in dieser Form.

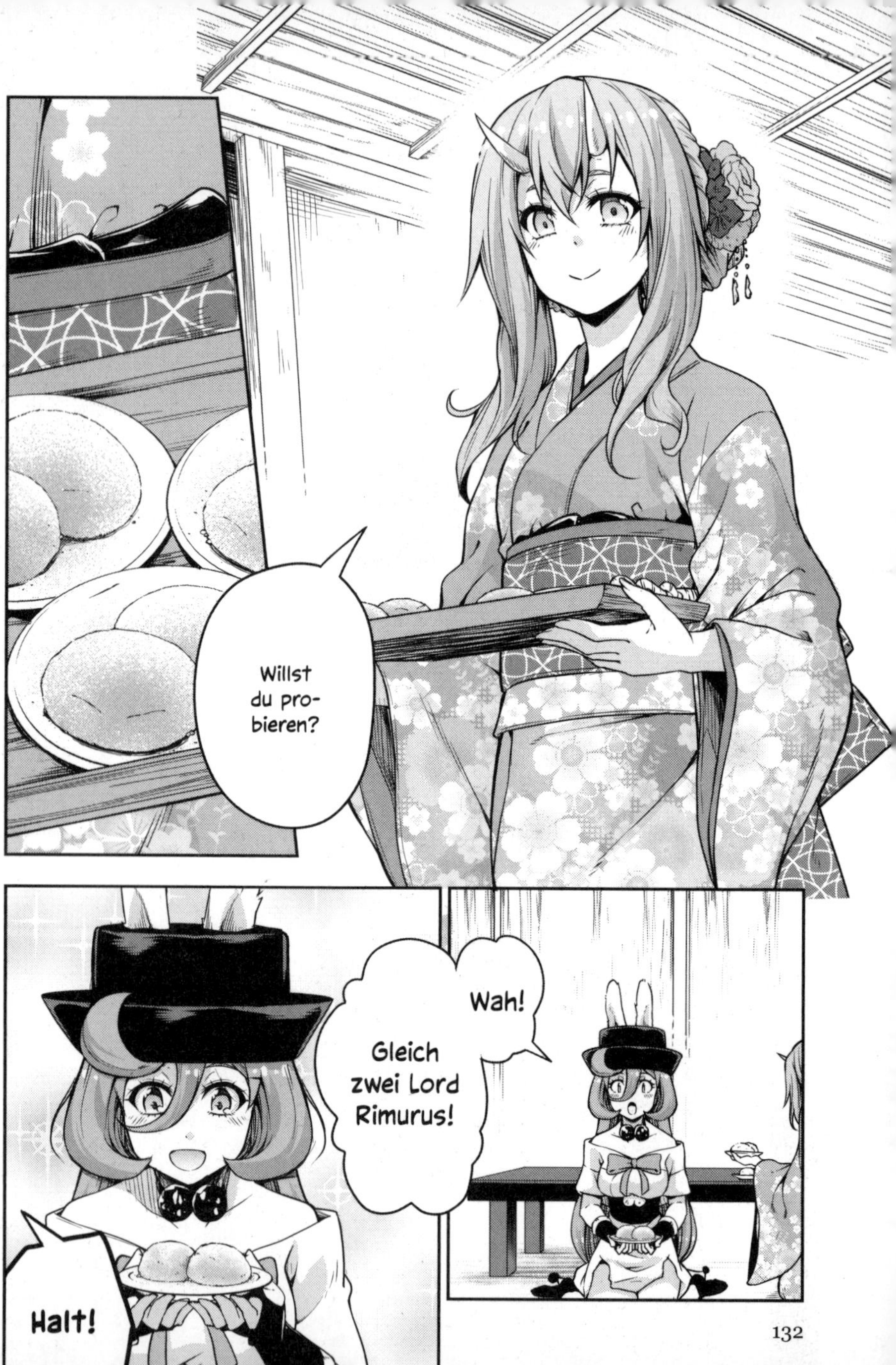

Willst du probieren?
Wah!
Gleich zwei Lord Rimurus!
Halt!

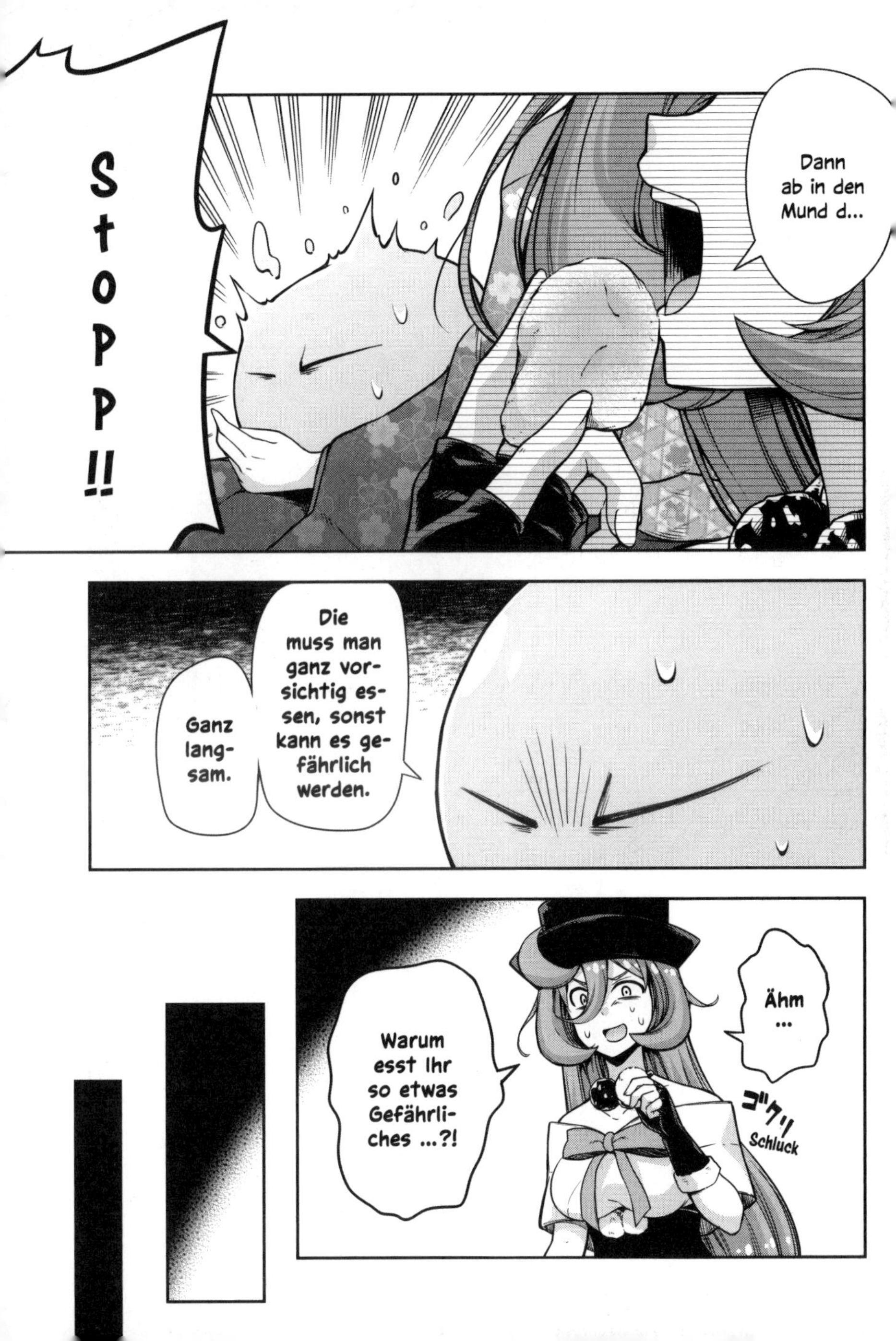
Dann ab in den Mund d...
STOPP!!
Die muss man ganz vorsichtig essen, sonst kann es gefährlich werden.
Ganz langsam.
Ähm ...
ゴクリ
Schluck
Warum esst Ihr so etwas Gefährliches ...?!

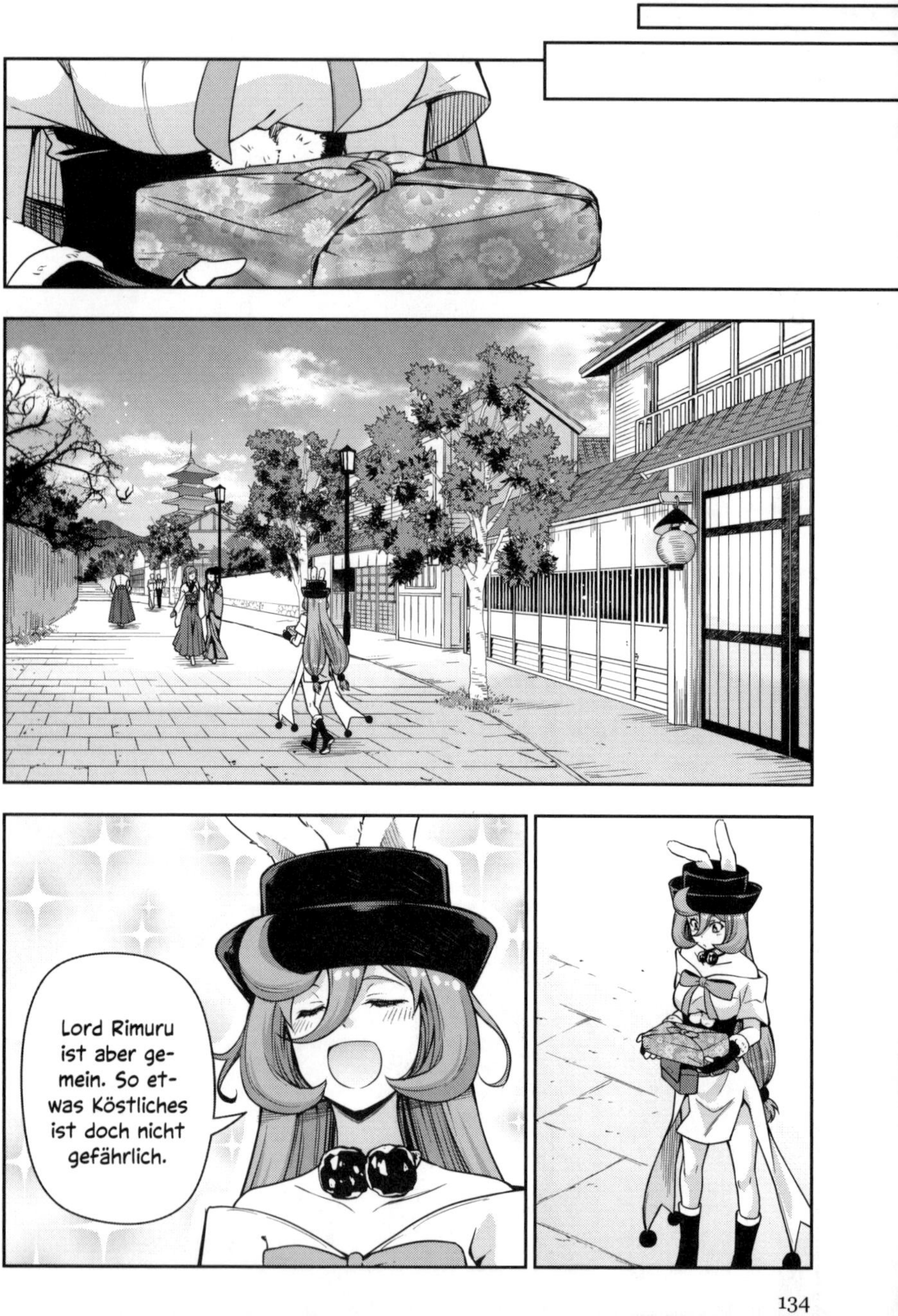
Lord Rimuru ist aber gemein. So etwas Köstliches ist doch nicht gefährlich.

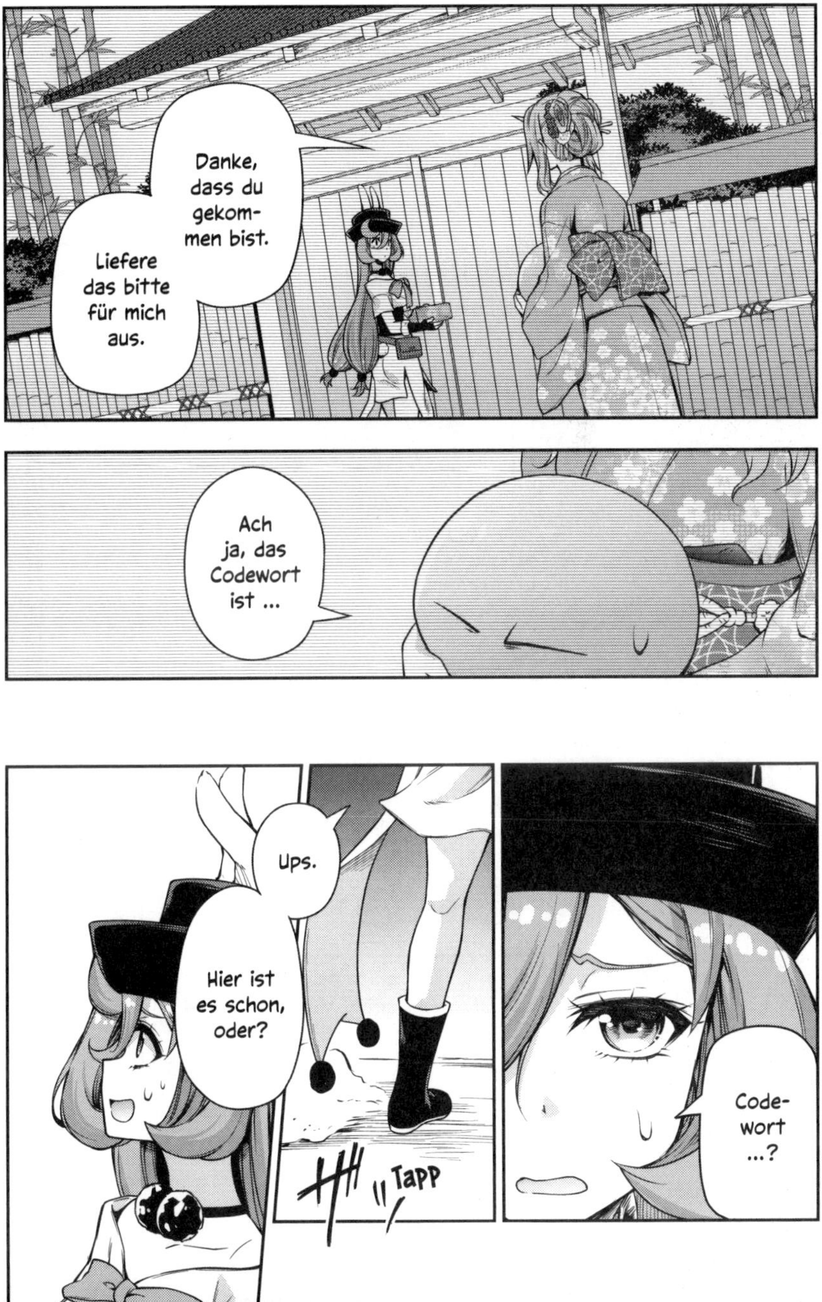
Danke, dass du gekommen bist.
Liefere das bitte für mich aus.
Ach ja, das Codewort ist ...
Codewort ...?
Ups.
Hier ist es schon, oder?
Tapp

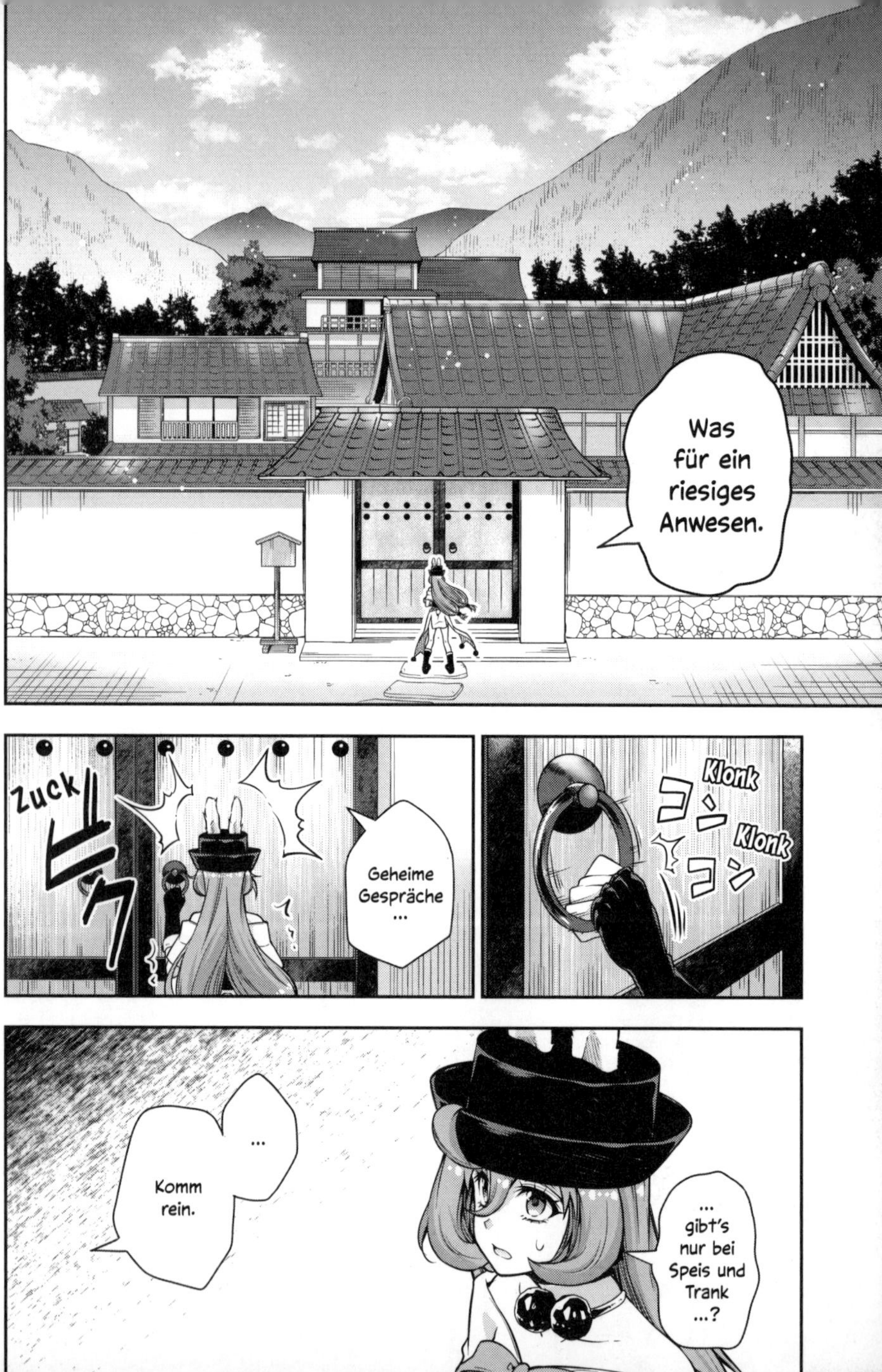
Was für ein riesiges Anwesen.
Klonk
Klonk
Zuck
Geheime Gespräche ...
... gibt's nur bei Speis und Trank ...?
...
Komm rein.

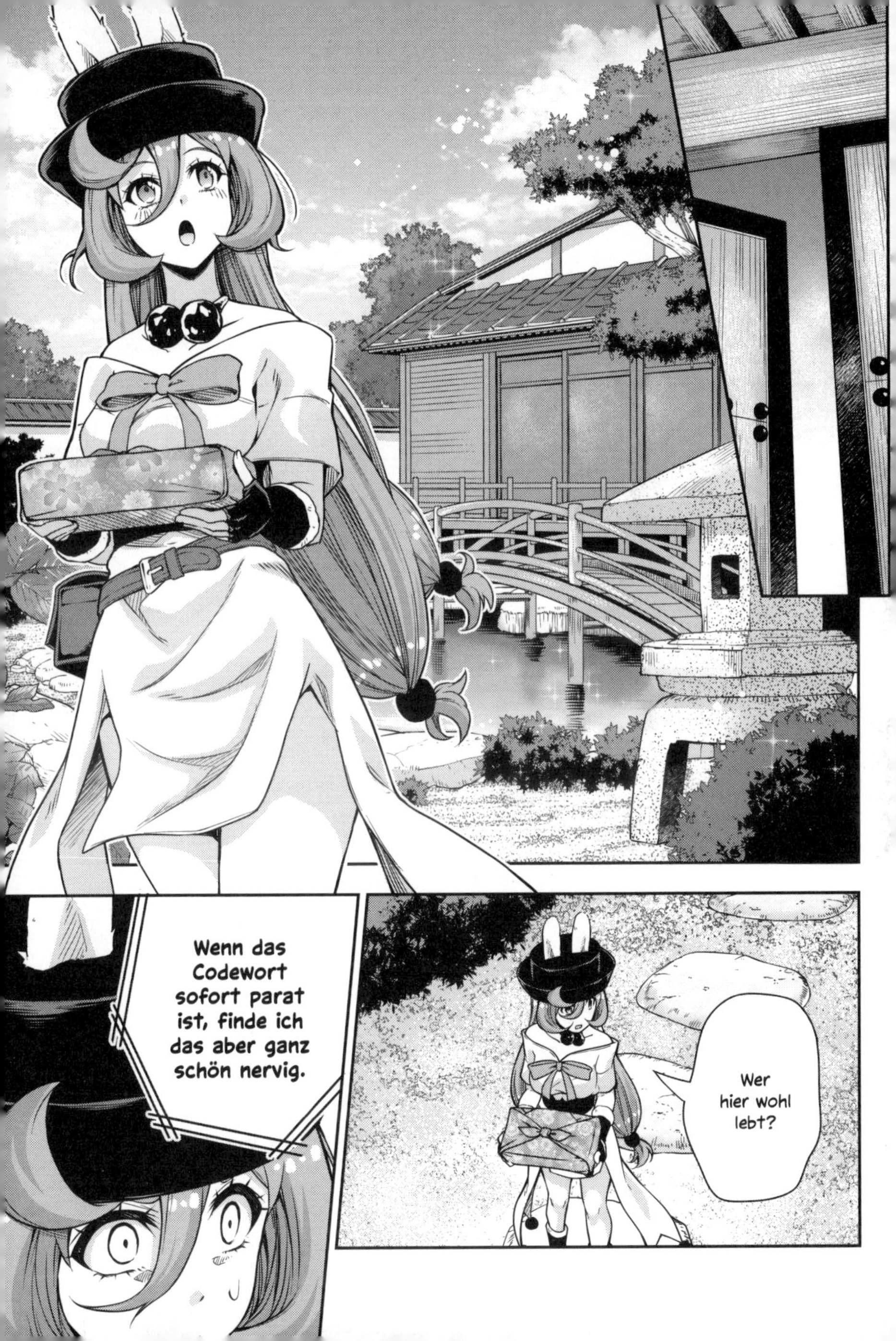
Wer hier wohl lebt?
Wenn das Codewort sofort parat ist, finde ich das aber ganz schön nervig.

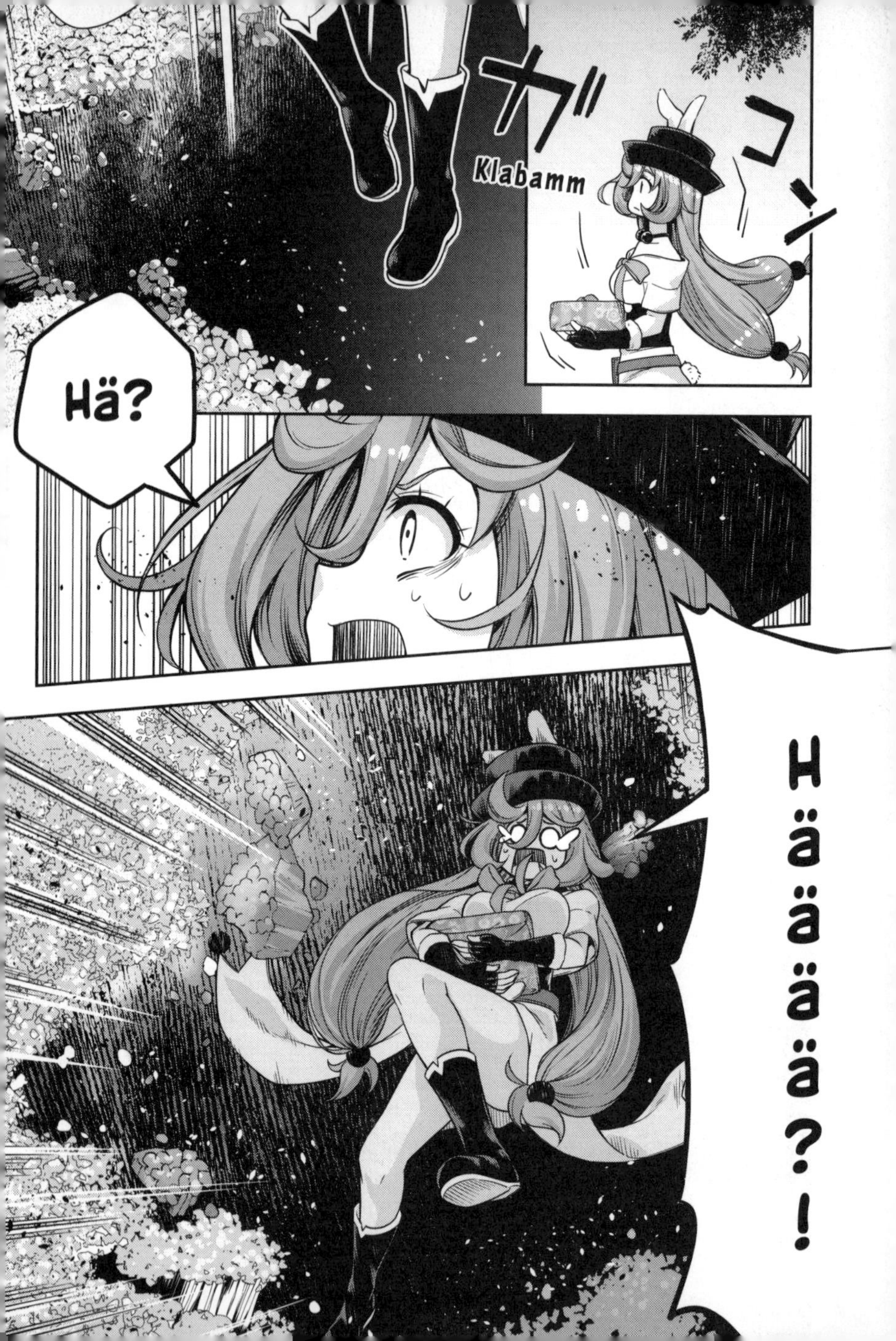

ガゴン
Klabamm
Hä?
Häääää?!

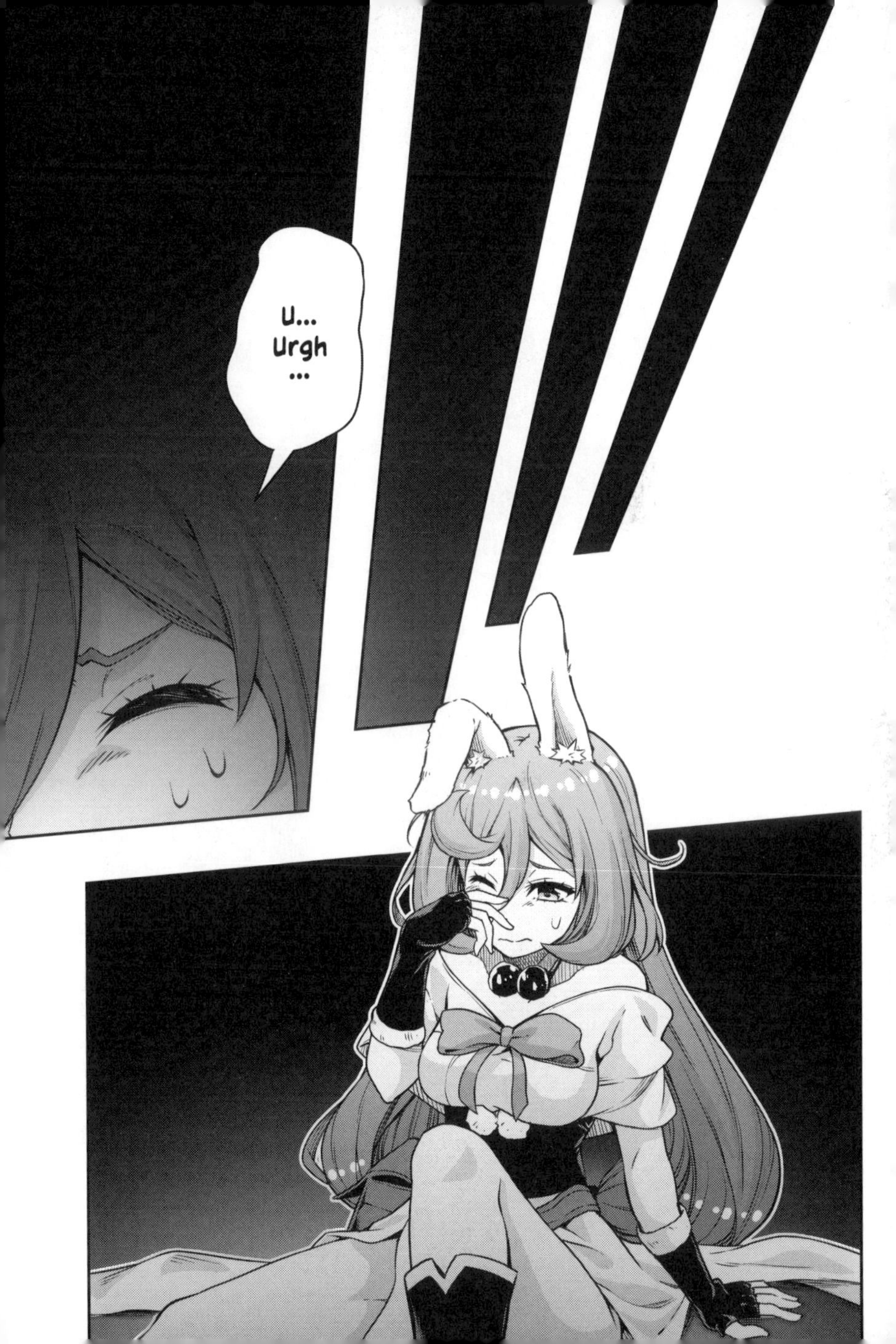
U... Urgh ...

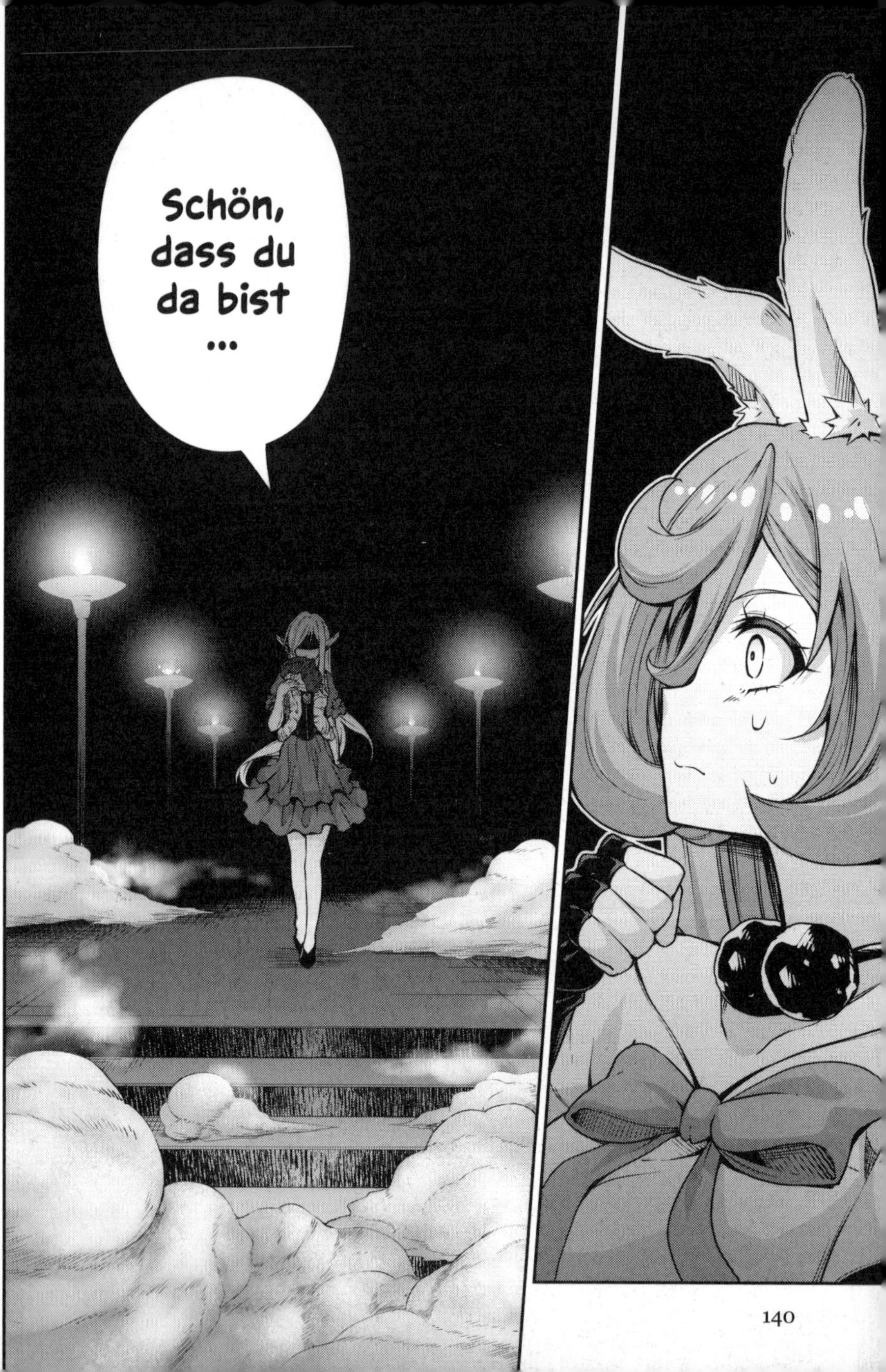
Schön, dass du da bist ...

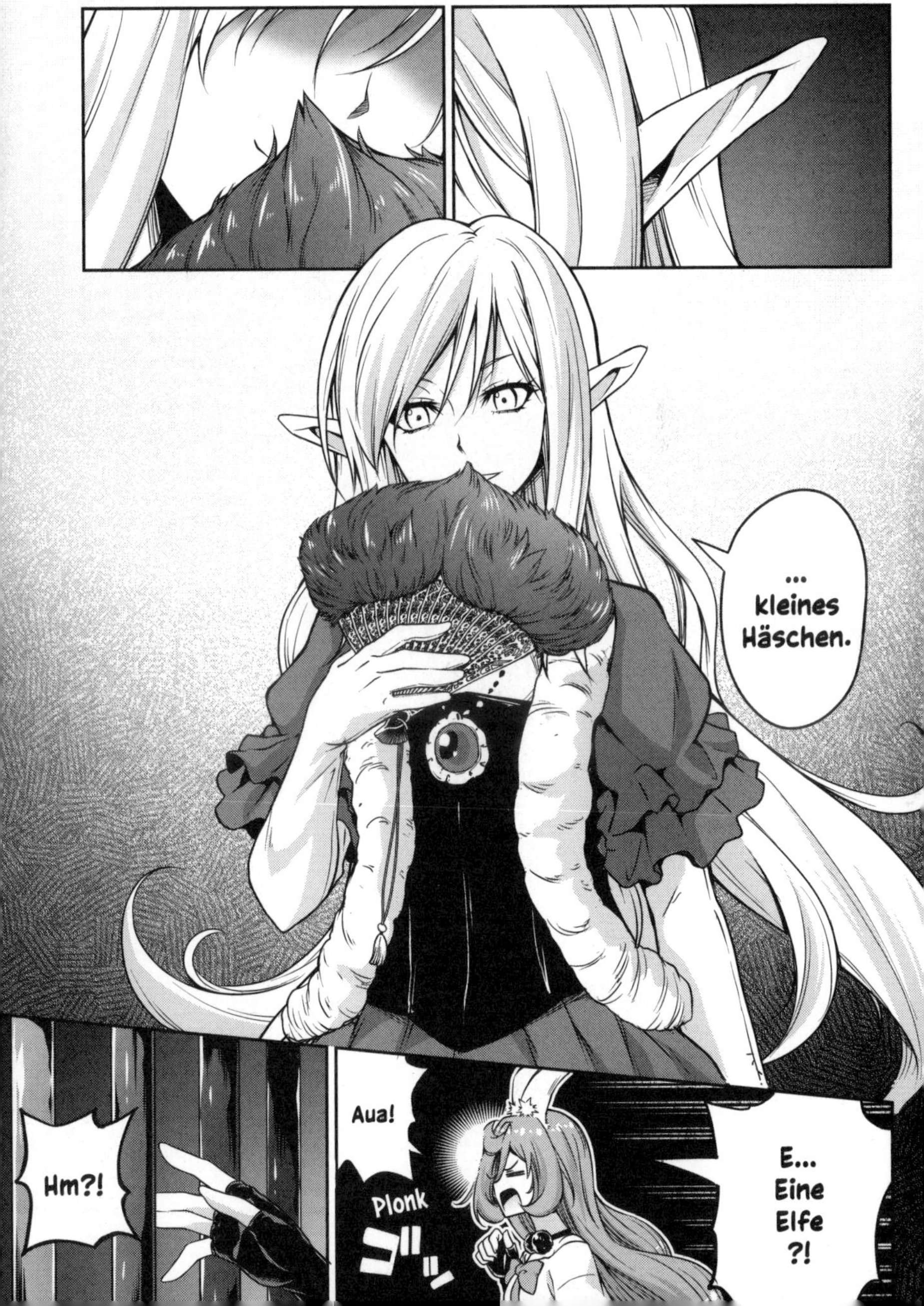
... kleines Häschen.
E... Eine Elfe ?!
Aua!
Plonk
Hm?!

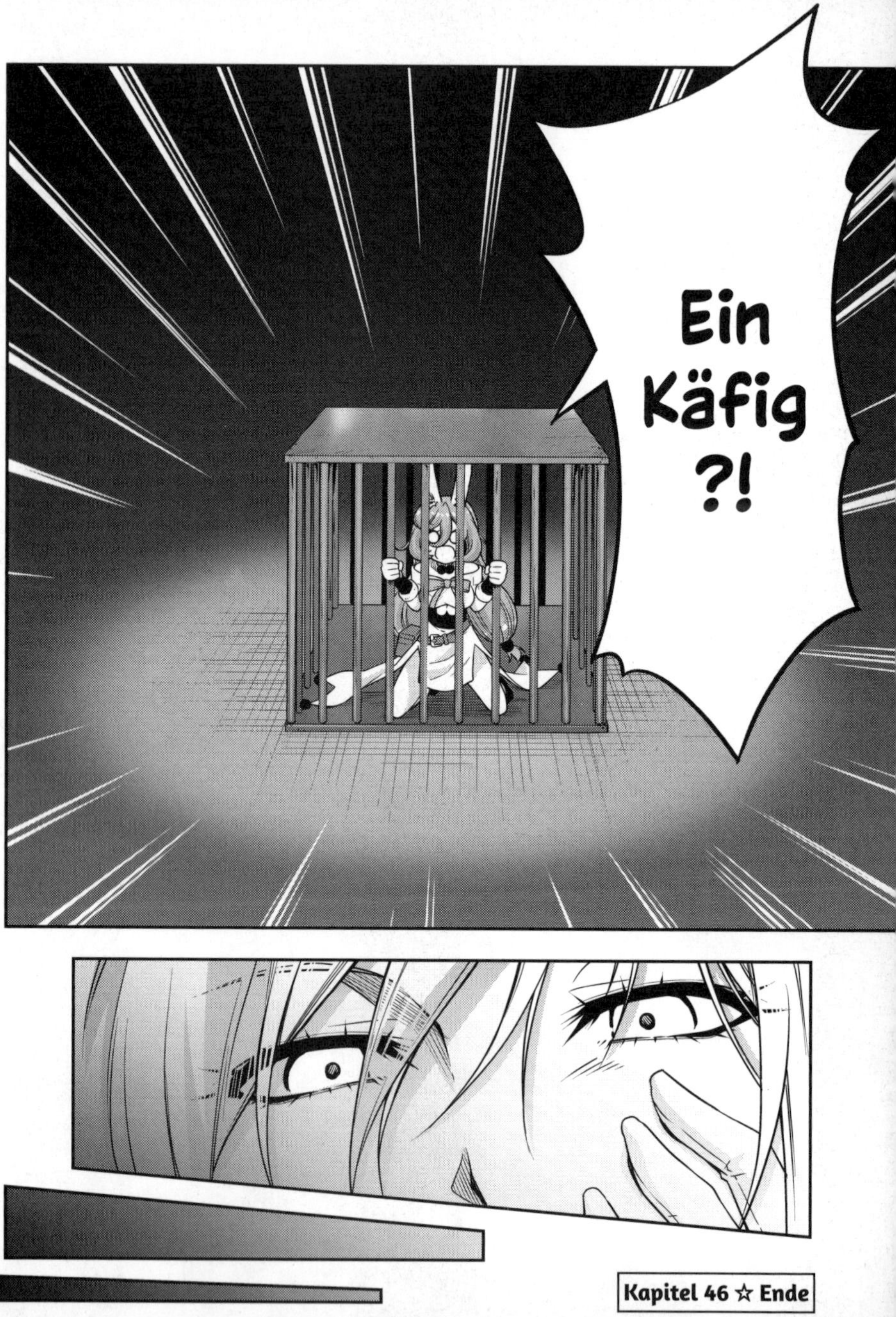

Kapitel 46 ☆ Ende

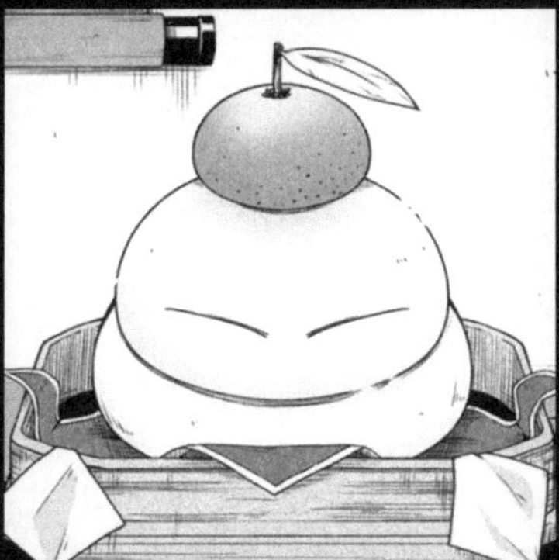

Der

SCHLEIM-

Reiseführer in das Land der Dämonen

8

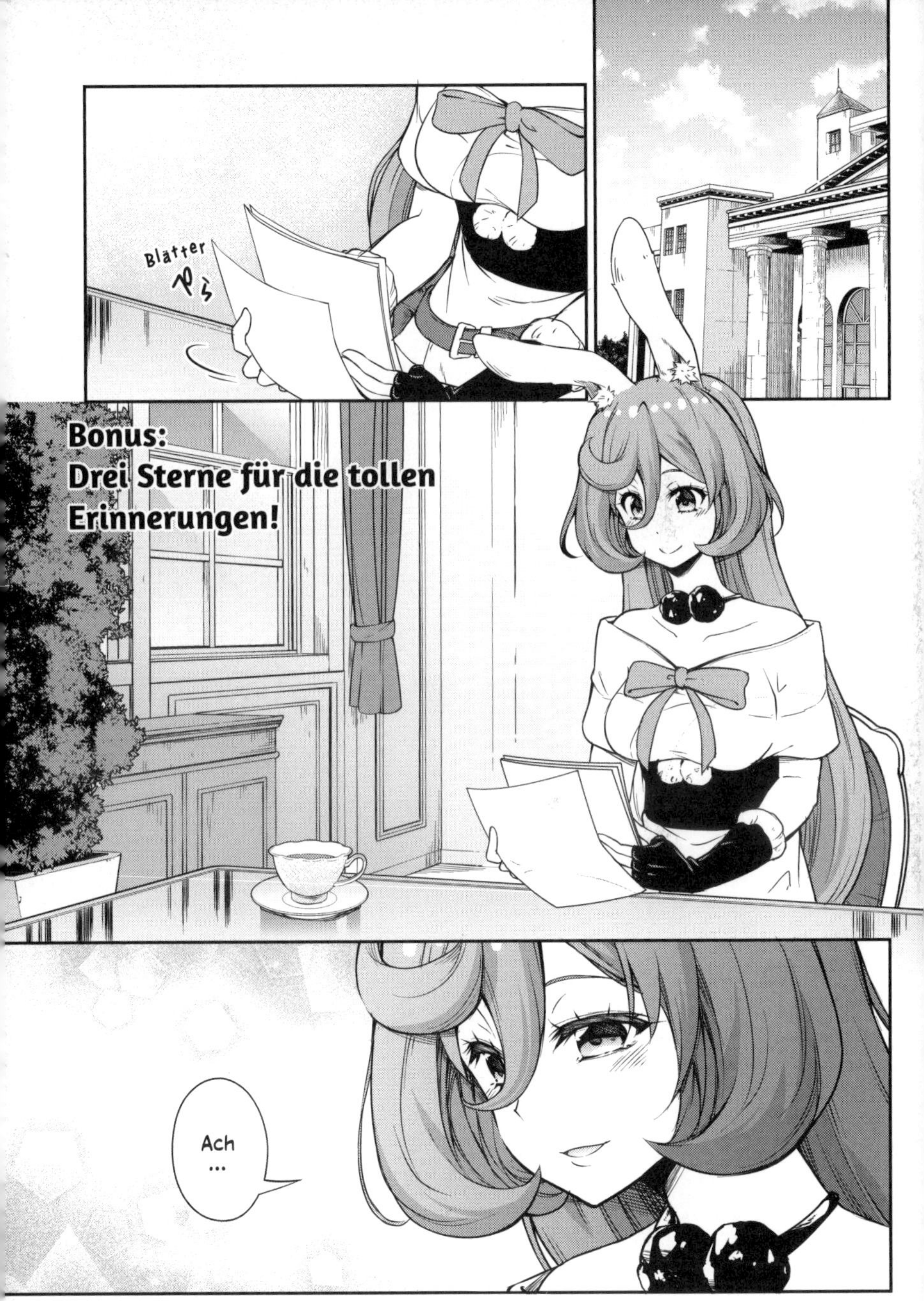
Blätter
Bonus:
Drei Sterne für die tollen Erinnerungen!
Ach ...

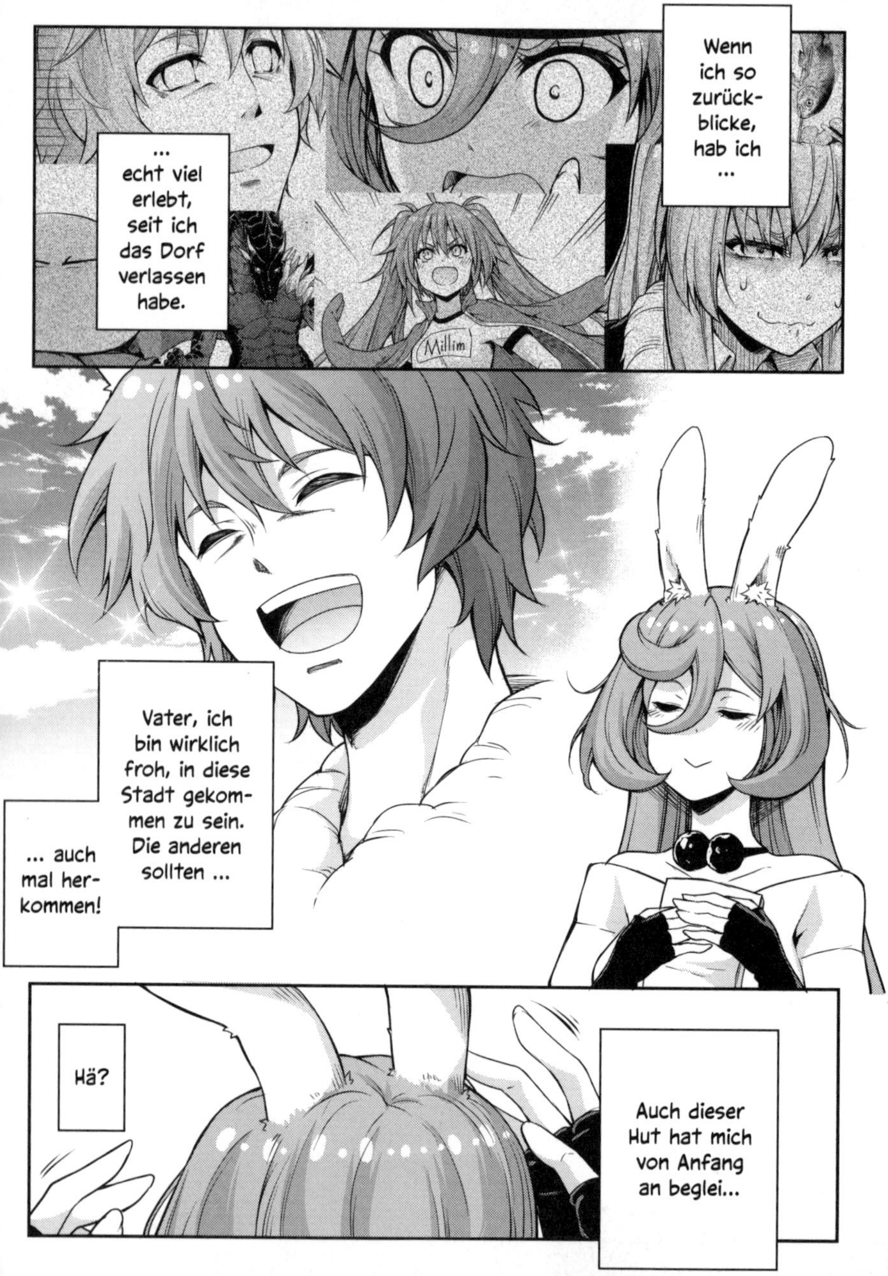
Wenn ich so zurückblicke, hab ich ...
... echt viel erlebt, seit ich das Dorf verlassen habe.
Millim
Vater, ich bin wirklich froh, in diese Stadt gekommen zu sein. Die anderen sollten ...
... auch mal herkommen!
Auch dieser Hut hat mich von Anfang an beglei...
Hä?

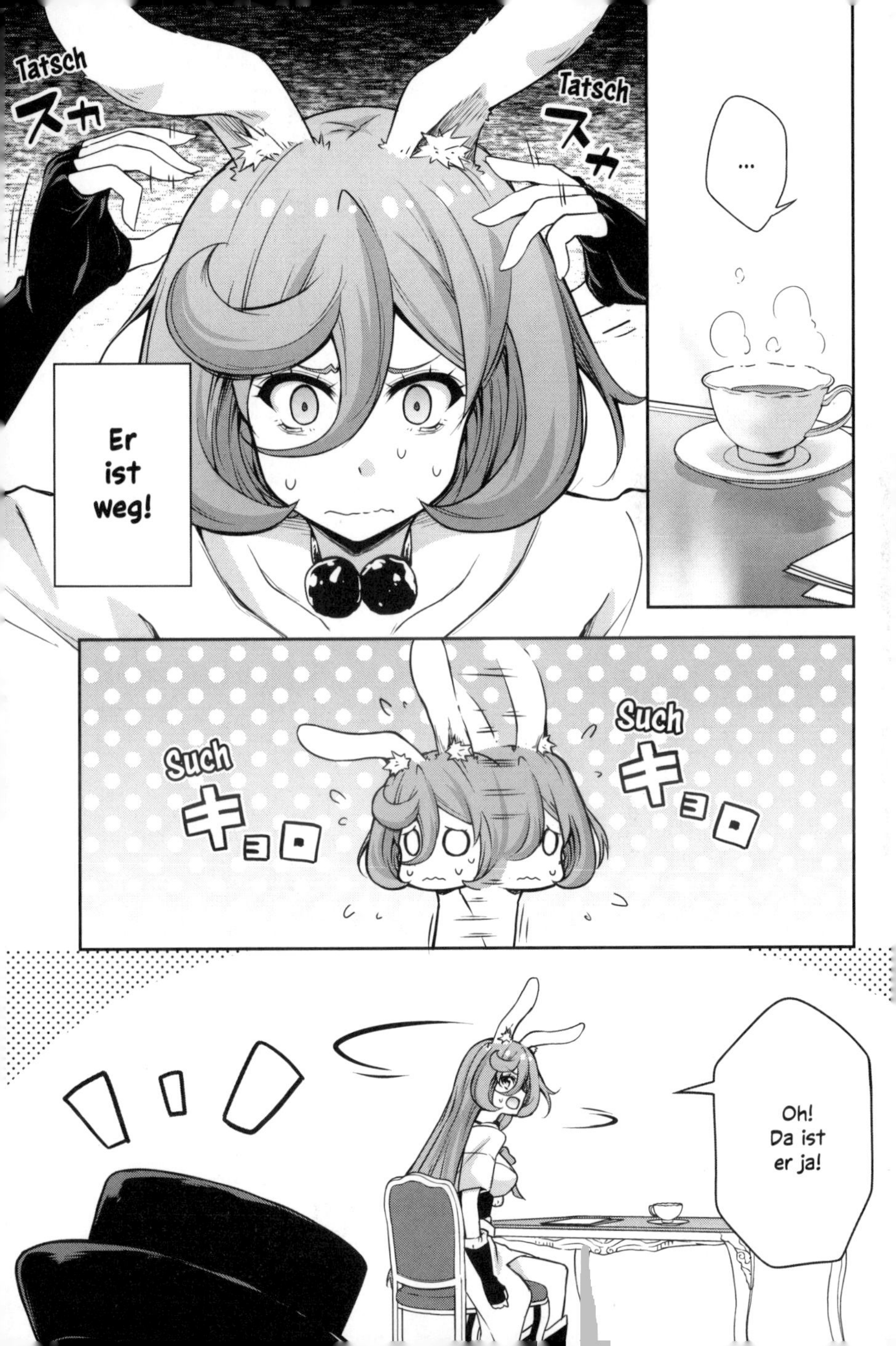
...
Tatsch
スカ
Tatsch
スカ
Er ist weg!
Such
キョロ
Such
キョロ
Oh! Da ist er ja!

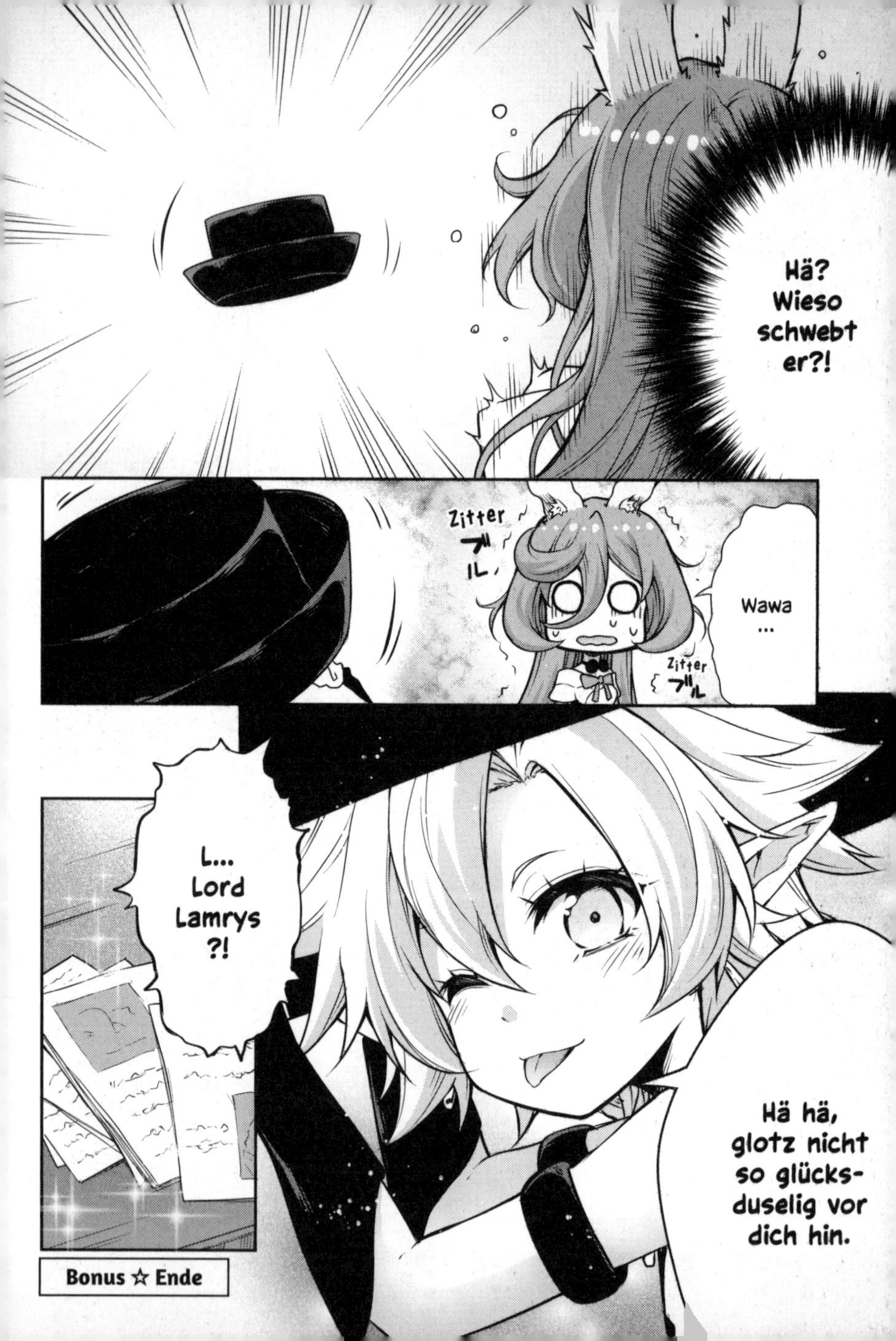
Hä? Wieso schwebt er?!
Zitter ブル
Wawa ...
Zitter ブル
L... Lord Lamrys ?!
Hä hä, glotz nicht so glücks-duselig vor dich hin.
Bonus ☆ Ende

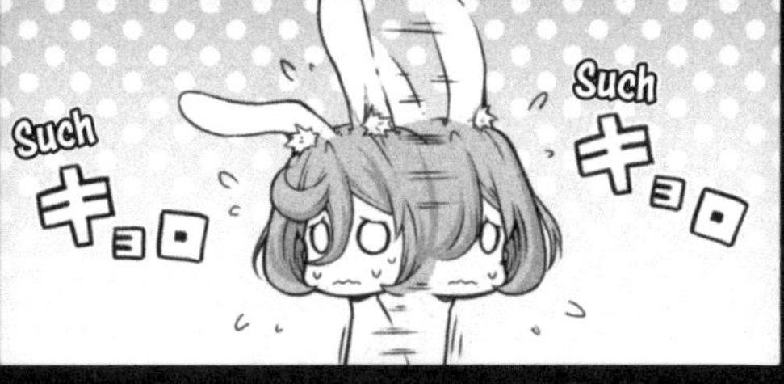
Such
キョロ
Such
キョロ

Vielen Dank

Vorlage: Fuse
Character Design: Mitz Vah

Taiki Kawakami
Shiba
Chacha
Tae Tono

Shinsei
Mizumura
Ezaki
Yamaguchifu
Ibuki Ichinose
Shuuichi Kawakami
Allen aus der Redaktion

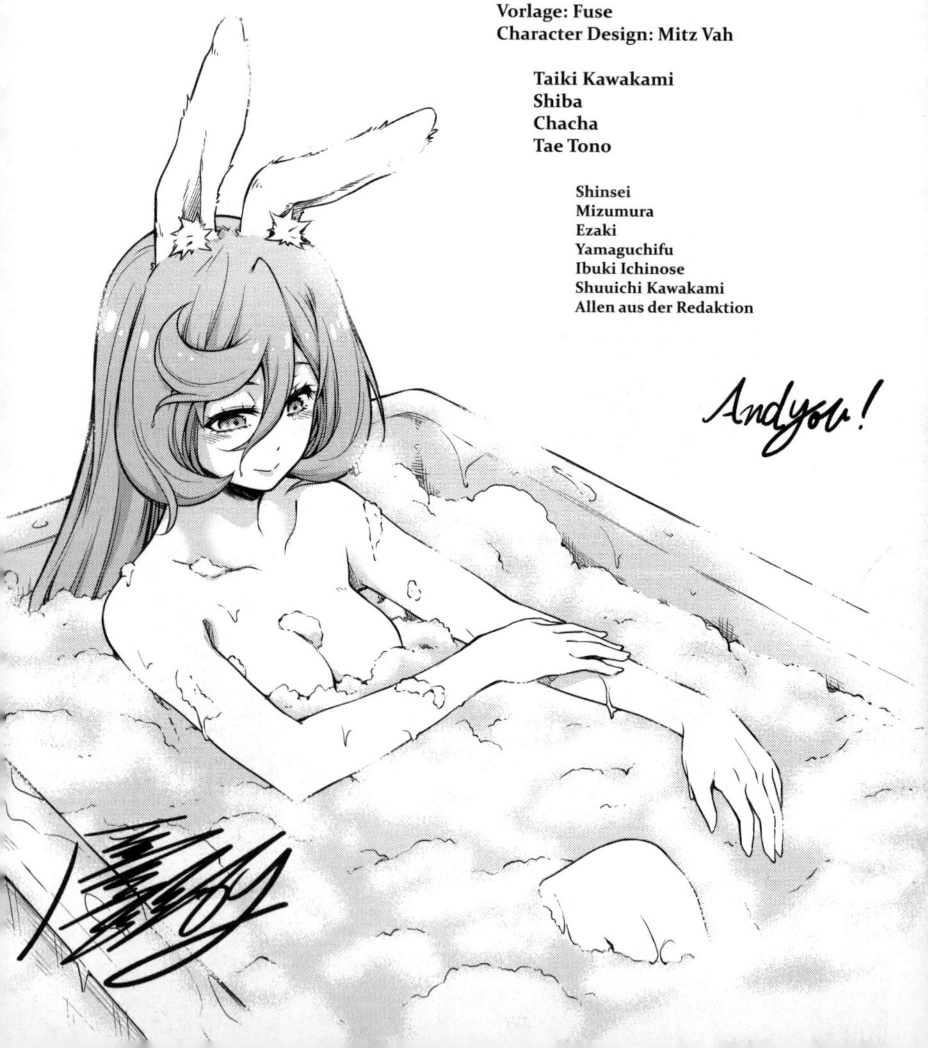

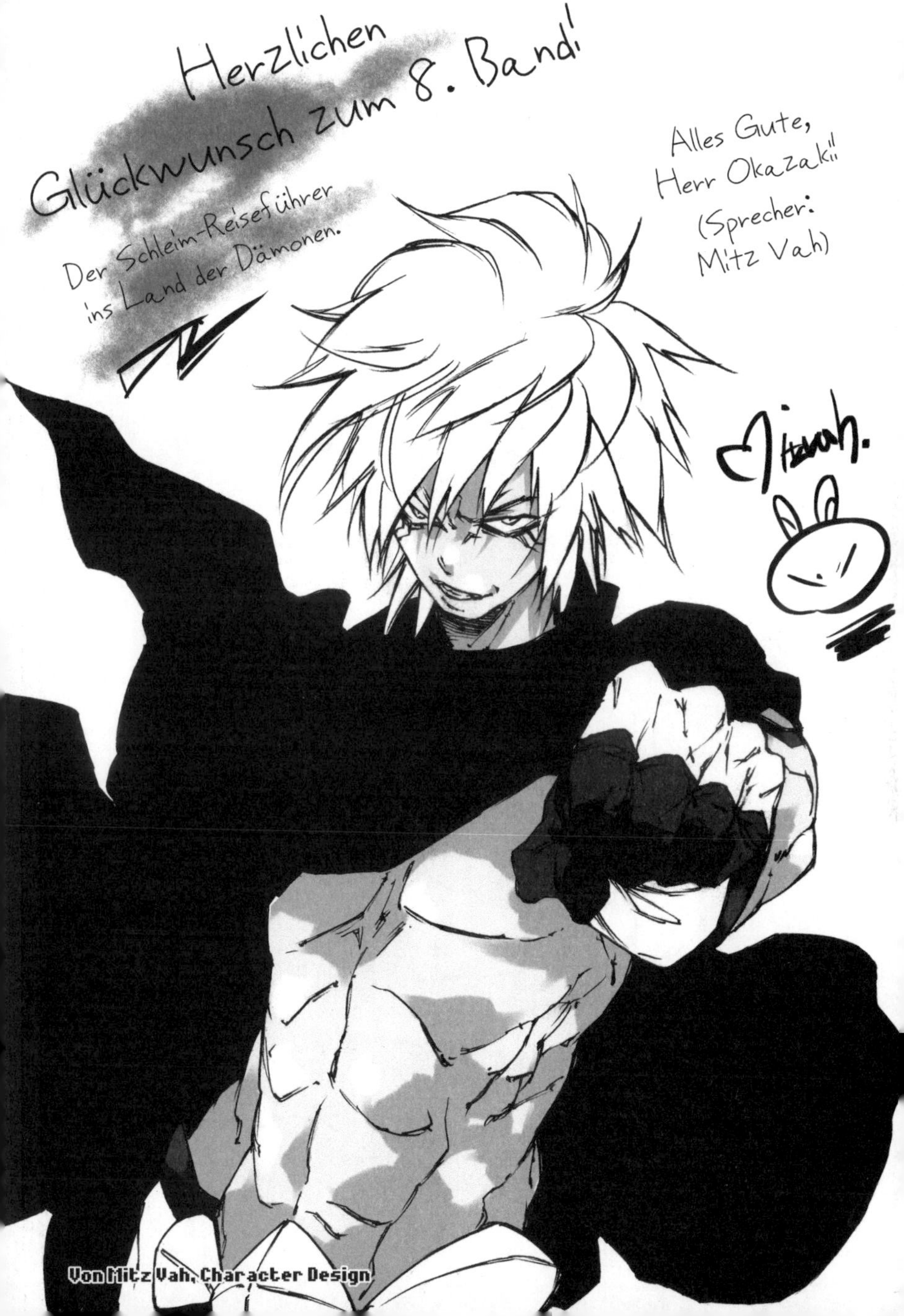

Von Mitz Vah, Character Design

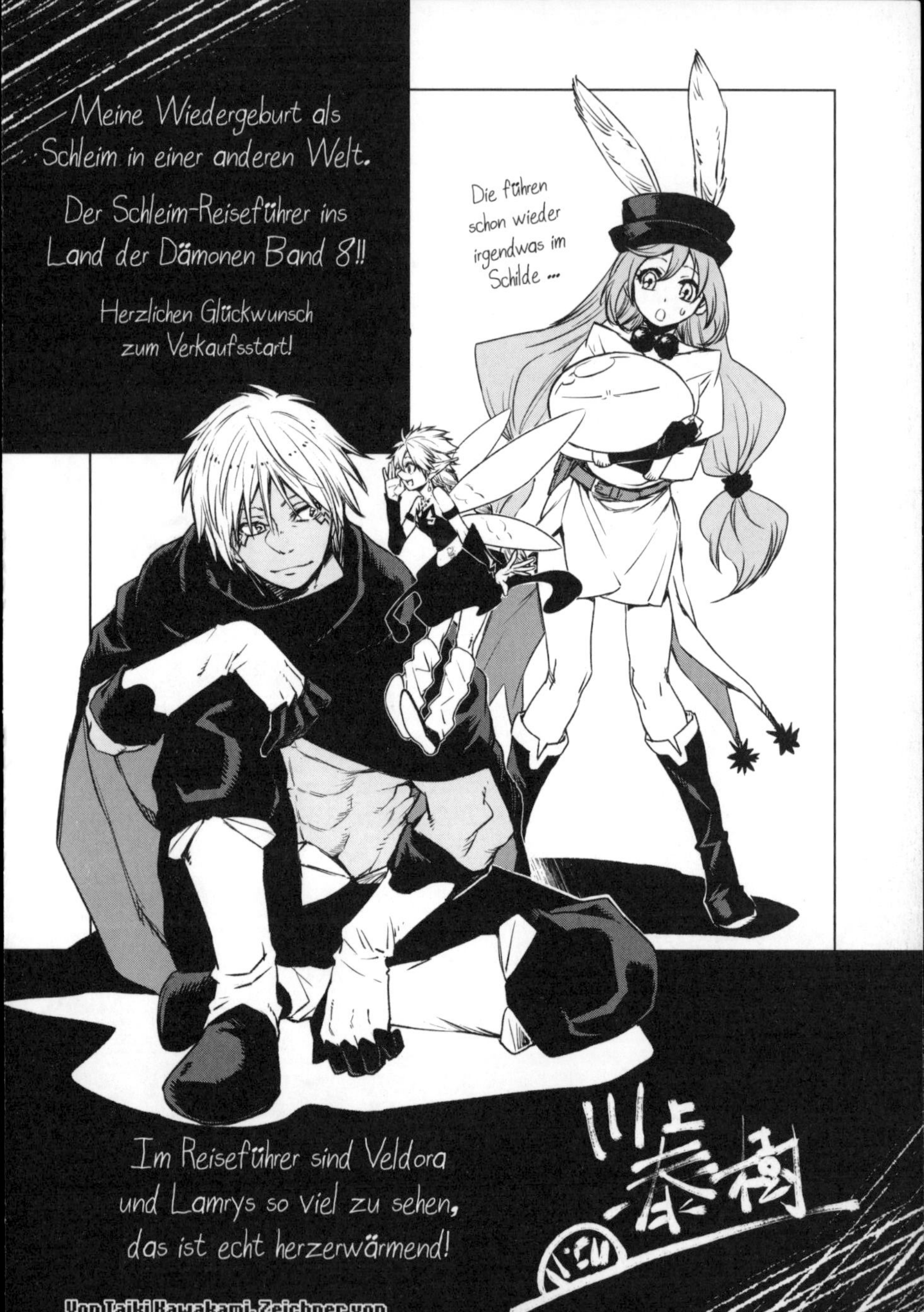

Von Taiki Kawakami, Zeichner von
Meine Wiedergeburt als Schleim in einer anderen Welt

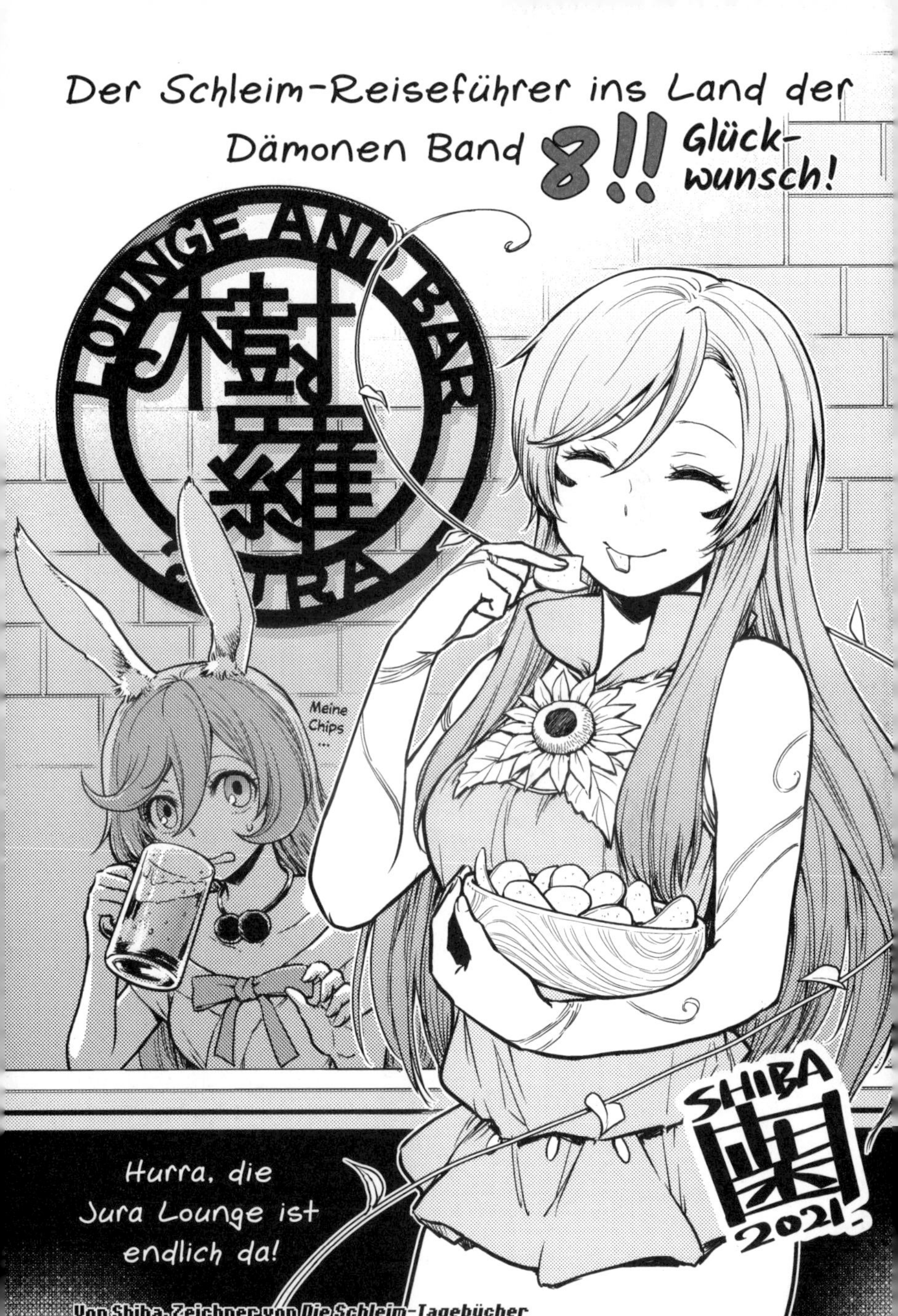

Von Shiba, Zeichner von *Die Schleim-Tagebücher*

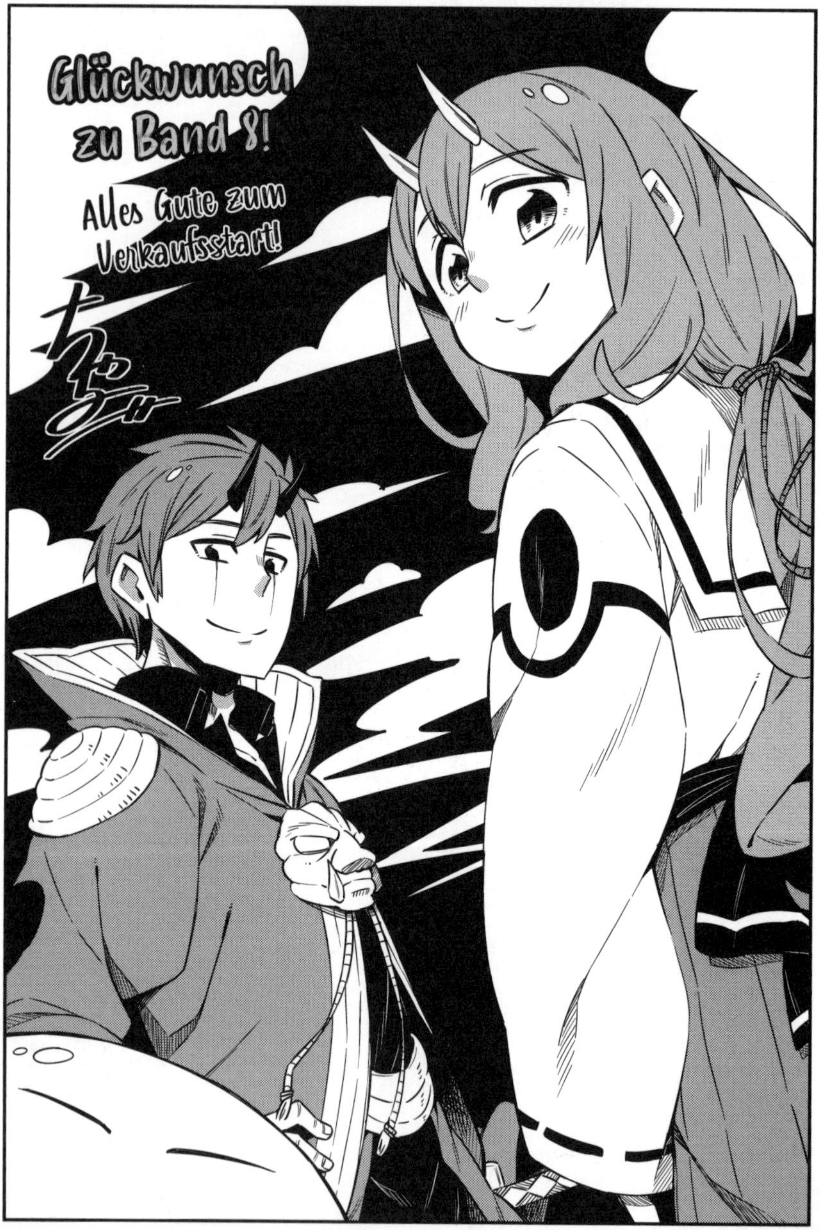

Von Chacha, Zeichner von *Tenchura!*

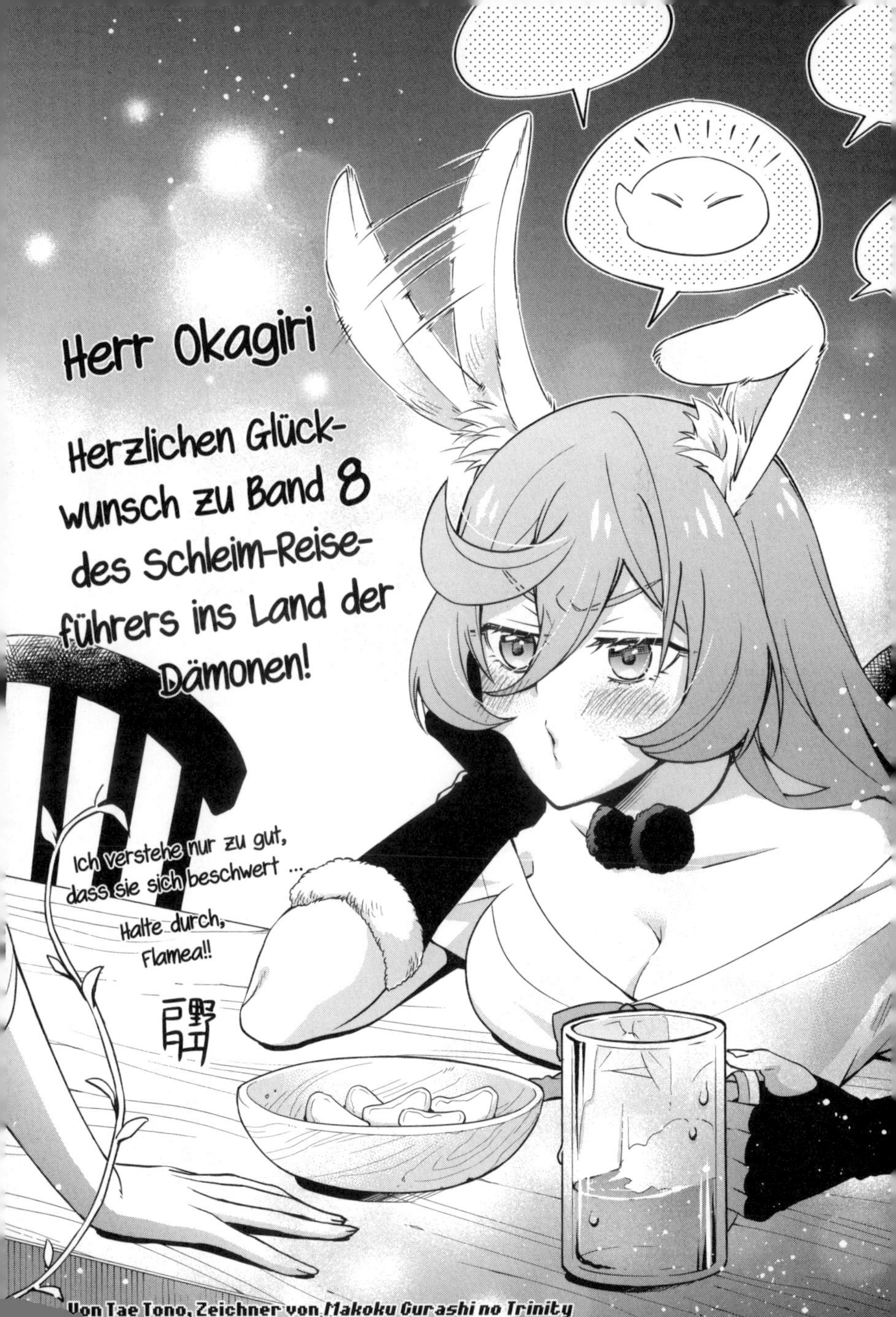

Von Tae Tono, Zeichner von *Makoku Gurashi no Trinity*

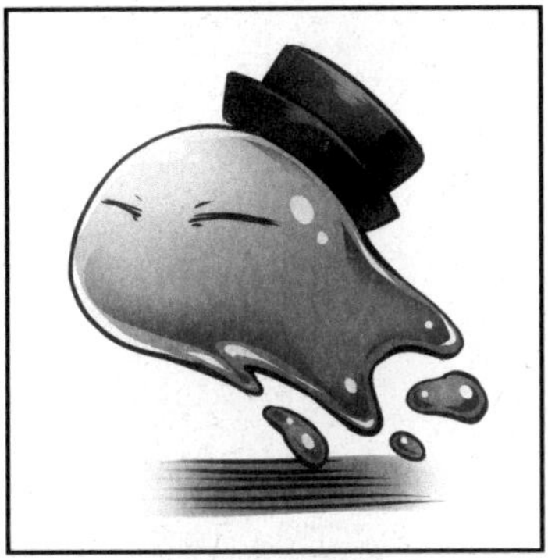

Sho Okagiri

Mit diesem achten Band ändert sich ein wenig die Stimmung ... Also wahrscheinlich, wenn man in diesem Moment nur Tempest und Flamea im Auge behält ...! Und sowieso will man den guten Thunfisch essen, den besten!

Fantasy 13+

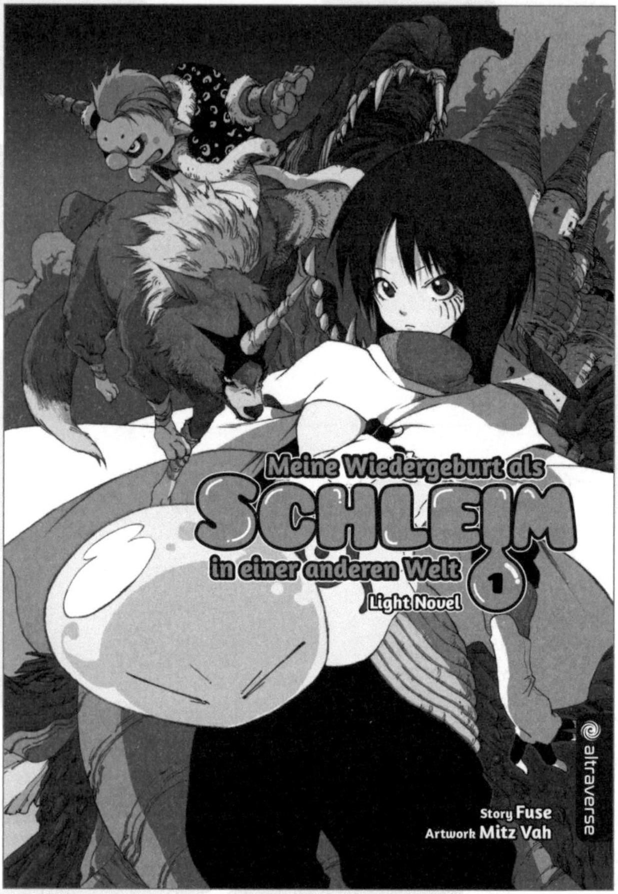

Meine Wiedergeburt als Schleim in einer anderen Welt Light Novel

Fuse | Mitz Vah

Als Satoru Mikami im Alter von 37 Jahren von einem Attentäter getötet wird, fällt der Vorhang für sein belangloses Leben – zumindest dachte er das! Plötzlich findet er sich in einer anderen Welt wieder und merkt, dass er als Schleim wiedergeboren wurde?!

Fantasy 13 +

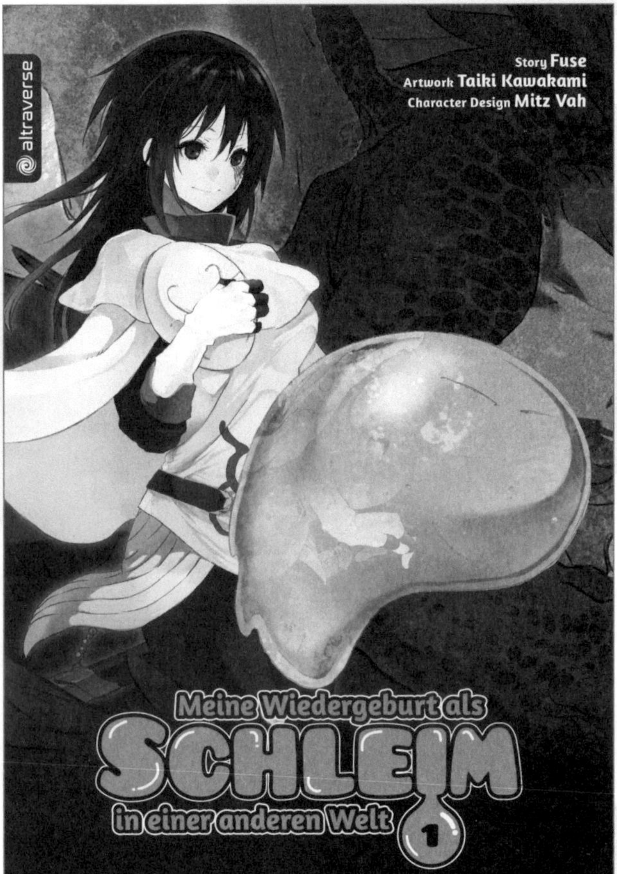

Meine Wiedergeburt als Schleim in einer anderen Welt

Fuse | Taiki Kawakami | Mitz Vah

Satoru Mikami wurde ermordet. Aber statt im Jenseits zu landen, wird er in einer anderen Welt als Schleim wiedergeboren. Verwirrt, aber mit mächtigen Skills ausgerüstet, begibt er sich auf ein wabbliges Abenteuer durch eine Welt voller Goblins, Drachen und Zwerge!

altraverse

Deutsche Ausgabe / German Edition
Altraverse GmbH – Hamburg 2022
Aus dem Japanischen von Anja Truong

TENSEI SHITARA SLIME DATTA KEN
-MAMONO NO KUNI NO ARUKIKATA- volume 8

First published in Japan in 2021 by MICRO MAGAZINE, INC.
German translation rights arranged with MICRO MAGAZINE, INC.
through Tuttle-Mori Agency, Inc, Tokyo

Redaktion: Esther Hornbrook
Herstellung: Vivien Bergau
Lettering: Vibrant Publishing Studio

Druck: CPI books GmbH, Leck
Printed in Germany

MIX
Papier
FSC FSC® C083411

ISBN 978-3-7539-0495-5
1. Auflage 2022

www.altraverse.de